Steven Carter
Julia Sokol
Lauf nicht vor der Liebe weg!

Meiner Frau Jill in Liebe

Steven Carter
Julia Sokol

Lauf nicht vor der Liebe weg!

8 Schritte zu einem dauerhaften Glück

Kösel

Übersetzung aus dem Amerikanischen: Karin Petersen, Berlin.
Die Originalausgabe erschien unter dem Titel »Getting to Commitment. Overcoming the 8 Greatest Obstacles to Lasting Connection (And Finding the Courage to Love)« bei M. Evans and Company, Inc., New York.

ISBN 3-466-34421-2
Copyright © 1998 by Steven Carter and Julia Sokol.
Published by Arrangement with Steven Carter and Julia Sokol.
© 2000 für die deutsche Ausgabe by Kösel-Verlag GmbH & Co., München.
Printed in Germany. Alle Rechte vorbehalten.
Druck und Bindung: Ebner, Ulm.
Umschlag: Kaselow Design, München.
Umschlagfoto: zefa visual media, Düsseldorf.

1 2 3 4 5 · 04 03 02 01 00

Gedruckt auf umweltfreundlich hergestelltem Werkdruckpapier (säurefrei und chlorfrei gebleicht)

Inhalt

Einleitung 7

Liebe ist ein Prozess, keine Lösung 11

Die acht Hindernisse auf dem Weg zur Liebe überwinden 27

Die erste Herausforderung:
Der Mut, keine Vorwürfe mehr zu machen 31

Die zweite Herausforderung:
Der Mut, sich von alten Geistern zu verabschieden 55

Die dritte Herausforderung:
Der Mut, sich selbst zu finden und für sich einzustehen 87

Die vierte Herausforderung:
Der Mut, in der Realität verwurzelt zu bleiben 115

Die fünfte Herausforderung:
Der Mut, sich so zu zeigen, wie man ist — 145

Die sechste Herausforderung:
Der Mut, Akzeptanz zu lernen — 177

Die siebte Herausforderung:
Der Mut, neue Wege einzuschlagen — 209

Die achte Herausforderung:
Der Mut, sich den eigenen Ängsten zu stellen — 235

Zum Abschluss: Bekommen, was Sie wollen — 271

Anhang:
Die acht größten Hindernisse auf dem Weg zur Liebe überwinden – Eine kurze Zusammenfassung — 275

Dank — 279

Einleitung

Geben wir es unumwunden zu: Wir sind Männer und Frauen, deren Beziehungen (oder sogar Ehen) offensichtlich immer wieder scheitern. Wir verlieben uns, aber wir sind nicht imstande, diese Liebe zu halten. Manchmal hat das den Grund, dass die Menschen, mit denen wir eine Beziehung wollen, uns nicht ebenso lieben können wie wir sie, und wir bleiben mit gebrochenem Herzen und zerstörten Träumen zurück. Manchmal sind wir diejenigen, deren Liebe schnell vergeht; statt selbst zurückgewiesen zu werden, weisen wir andere zurück und wir fühlen uns schuldig. Welchen Part wir auch spielen, meistens beginnen wir erneut mit der Suche nach einem Partner oder einer Partnerin und hoffen gegen alle Hoffnung, dass es beim nächsten Mal der oder die »Richtige« sein wird. Nicht wenige von uns sind jedoch in dieser Hoffnung so oft enttäuscht worden, dass sie jetzt am liebsten zu Hause bleiben und sich mit ihren Computern, Fernsehern, CD-Playern oder ihren liebevollen Katzen und Hunden begnügen.

Unsere Eltern fragen sich, was mit uns wohl nicht stimmen mag. Unsere glücklich verheirateten Freunde versuchen, uns passende Partner vorzustellen, selbst wenn sie sich ebenfalls fragen, was da falsch läuft. Wir verbringen unsere Abende mit unseren ebenfalls ungebundenen Single-Freunden und fragen uns gemeinsam, was nicht stimmt. Man filmt Komödien über Menschen wie uns, aber auf der Leinwand sieht das alles sehr viel witziger aus, als es sich im realen Leben anfühlt.

Und das Problem? Viele von uns sehnen sich nach einer liebevollen und verbindlichen Beziehung zu einem anderen Menschen. Doch obwohl das so ist, sabotieren wir unsere Chancen, die Liebe zu finden, die wir uns wünschen. Einfach gesagt, wir begreifen nicht, was Bindung bedeutet. Wir wissen nicht, wie wir Verbindungen herstellen und halten können, die wirklich sinnvoll sind. Wenn wir Beziehungen eingehen, stellen wir fest, dass es schwer ist, verletzlich zu sein und zu vertrauen. Es ist schwierig, eine gute Wahl zu treffen und zu finden, was wir zu wollen glauben. Es ist schwer, unser Herz zu öffnen.

So sehr wir auch einwenden mögen, dass wir wirklich eine Beziehung suchen, halten wir doch oft mehr an unseren Phantasien fest als an realen Menschen. Und häufig fordern wir auch unrealistische Garantien. Wir wollen wissen, was uns die Zukunft bringt. Wir wollen sicher sein, dass sowohl wir selbst als auch die Partner, die wir wählen, die anfänglichen Versprechen halten. Es ist jedoch eine Tatsache im Leben, dass wirkliche Liebe keine Garantien bietet. Wir sind nicht immer vollkommen, und die Menschen, die wir lieben, sind ebenfalls nicht immer vollkommen. Und das Gleiche gilt für die Verbindungen, die wir eingehen.

Es gab einmal eine Zeit, da blieben zwei Menschen, die sich sagten »Ich liebe dich«, die Sex miteinander hatten und unter einem Dach wohnten, ein Leben lang zusammen. Das ist nicht mehr so. Heute leben wir in einer Welt, die Veränderungen mehr zu schätzen scheint als alles andere. Wir stehen morgens auf, nehmen unsere Zeitung zur Hand, schalten unseren Computer ein und beginnen sofort mit der Suche nach Dingen, die neu und anders sind. »Was kommt als Nächstes?« und »Wie schnell bekommen wir es?«, scheint unser einziges Begehr zu sein. Unsere Gesellschaft schätzt Individualität häufig mehr als Partnerschaft, Freiheit mehr als Bindung und perfektionistische Maßstäbe mehr als Kompromisse. Unsere Beziehungen spiegeln diesen Trend. Es gibt so viele Wege, so viele Möglichkeiten, so viele Entscheidungen. Man könnte glauben, dass Beziehungen ebenso austauschbar, ersetzbar und messbar sind wie alles andere auch.

Vor diesem Hintergrund ist es leicht verständlich, warum einige von uns sich nervös fragen, wie viel wir in die Zukunft von Beziehungen im Allgemeinen oder in die Zukunft einer besonderen Beziehung investieren sollen. Und entsprechend verhalten wir uns auch. In unserem persönlichen Leben stellen wir häufig eine Distanz zwischen uns und unseren Partnerinnen oder Partnern her. Wir errichten unüberwindliche Grenzen und schaffen komplizierte Situationen, um niemals wirklich verletzlich zu sein. Die Gründe dafür sind ziemlich offensichtlich: Wenn wir uns auf die Liebe einlassen, lassen wir uns auf eine potentiell riskante Situation ein, in der unsere empfindsamen Herzen verletzt werden können. Und natürlich bringt das Einlassen auf eine andere Person noch ein weiteres Risiko mit sich: dass wir in einer Beziehung bleiben, die wir später vielleicht bereuen.

Doch das Weglaufen vor der Liebe bringt uns – wie viele von uns erkannt haben – immer zum selben Ausgangspunkt zurück. Und das ist ebenfalls beängstigend. Wir fragen uns: Was ist, wenn wir nicht imstande sind, eine wirklich liebevolle Bindung einzugehen? Leben wir dann das Leben, das wir wirklich leben wollen? Diese Frage spiegelt eines der großen Rätsel der menschlichen Existenz wider. Einen anderen Menschen zu lieben bedeutet, sich der Möglichkeit all der Verwicklungen – sowohl schwieriger als auch wunderbarer Art – auszusetzen, zu denen es zwischen zwei Menschen kommen kann. Allein sein und ein Leben ohne Bindung führen bedeutet ... nun, allein sein und ein Leben ohne Bindung führen. Es gibt gewiss gute Argumente für beide Lebensweisen. Aber wenn Sie sich Liebe und eine menschliche Bindung wünschen, dann sollten Sie sich darauf vorbereiten, einige Risiken einzugehen.

Bevor ich fortfahre, möchte ich an dieser Stelle noch eine wichtige Anmerkung machen. Bindungsängste und Bindungskämpfe sind universelle Probleme und weder Folge noch alleinige Domäne einer bestimmten sexuellen Ausrichtung. Auch wenn auf den folgenden Seiten oft von »ihm« und »ihr« die Rede ist und ich entsprechende Beispiele gebe, wendet dieses Buch sich nicht ausschließlich an heterosexuelle Menschen. Es handelt von menschlichen Problemen schlechthin.

Die Liebe stellt uns immer vor Herausforderungen. Für manche Menschen sind diese Herausforderungen unüberwindbare Hindernisse, andere jedoch schauen sich die gleichen Herausforderungen realistisch an und nehmen sie als Gelegenheit, in alle möglichen Richtungen zu wachsen. Sich zu verlieben und in Liebe zu bleiben erfordert ein ganz eigenes Heldentum. Wenn wir Nähe erleben möchten, müssen unsere Herzen ebenso tapfer wie liebevoll sein. Es erfordert echten Mut, zu lieben und eine Bindung einzugehen. In diesem Buch wird es darum gehen, diesen Mut zu entwickeln.

Liebe ist ein Prozess, keine Lösung

Ich stehe vor einem kleinen Publikum wohl wollender Frauen und Männer, die ihre Zeit, ihr Geld und ihre Hoffnung in einen Vortrag über das Thema »Bindung und Bindungskonflikte« investieren. Wie immer habe ich einige der Besucher gebeten, drei Fragen aufzuschreiben, auf die sie im Laufe des Abends eine Antwort haben möchten. Während sie sich in die Gästeliste eintragen, schaue ich mir ihre Fragen an. Ich lese sie ganz sorgfältig, obwohl ich die Fragen meistens bereits kenne. Auch wenn ich es zu würdigen weiß, dass jede Frage Ausdruck der einzigartigen Persönlichkeit und des individuellen Dilemmas dieses Menschen ist, so wollen die Fragenden in Wirklichkeit doch grundsätzlich immer das Gleiche wissen.

»Wie soll ich mich einem Partner gegenüber verhalten, der Angst hat, sich einzulassen ... einer Partnerin, die nicht zulässt, dass ich ihr nahe komme ... einem Partner, der Nähe meidet?«

»Warum bekomme ich in Beziehungen Angst?«

»Wie kann ich herausfinden, ob ich generell Angst vor einer Bindung habe oder ob das nur für diese eine spezielle Beziehung gilt?«

»Ich suche mir ständig Partnerinnen, die Angst haben, sich einzulassen. Was sagt das über mich aus?«

»Was kann ich tun, um einer Partnerin zu helfen, die sagt, dass sie Angst hat?«

»Einer von uns scheint immer Angst zu haben, einen Schritt weiterzugehen. Wie können wir dieses Muster durchbrechen?«

Jedes Mal, wenn ich solch einen Vortrag vorbereite und mir diese Fragen anschaue, überlege ich, mit welchen Antworten ich diesen Menschen wirklich weiter helfen könnte. Ich weiß, wie viel Enttäuschung und Schmerz sie mitbringen. Ich weiß, wie schwer es ist, das eigene Leben vor einer Gruppe von Fremden offen darzulegen. Ich weiß, wie viel Arbeit eine gute Beziehung bedeutet. Was ich aber nicht weiß, ist, ob die Menschen bereit sind, diese erforderliche Arbeit auch zu tun. Auf jeden Fall bin ich mir sicher, dass schnelle Antworten nicht reichen. Es gibt keine fixen Lösungen.

Manchmal, wenn ich vor diesen Männern und Frauen stehe, möchte ich sagen:»Selbst wenn ich Ihnen alles, was ich weiß, so offen und aufrichtig wie möglich mitteile, sind Sie ganz sicher, dass Sie es auch hören möchten? Hilft Ihnen das weiter? Denn wenn Sie es wirklich ernst meinen, stehen Sie vor einem Problem: Sie müssen dieses neue Wissen in die Tat umsetzen. Sie werden Ihr Denken und Handeln ändern müssen. Sie müssen sowohl an Ihrer Beziehung zu sich selbst als auch an Ihren Beziehungen zu anderen etwas ändern. Das erfordert Zeit und Arbeit und ist nicht immer ein Vergnügen.«

In den 90er-Jahren haben viele von uns sich regelmäßig im Fernsehen die Serie *Seinfeld* angesehen. Woche für Woche lachten wir über George Costanza und seine beharrlich wiederkehrenden Probleme. Wenn wir uns auf etwas verlassen konnten, dann darauf, dass George sich nicht verändern würde. Ich kann mich besonders an eine Episode gut erinnern: George verliebte sich in eine Frau, die im Gefängnis saß. Aufgrund ihrer Situation war sie die ideale unerreichbare Partnerin. Wie typisch! Diese besonderen Umstände nahmen der Beziehung eigentlich jede Chance und stellten keine besonderen Anforderungen an George. Natürlich war er begeistert von dieser Frau. Und natürlich ging diese Beziehung in die Brüche, sobald die Frau aus dem Gefängnis entlassen wurde. Wie immer änderte sich nichts. Wir können über George lachen, aber unser Verhalten ist oft ebenso durchschaubar. Wir folgen in unseren Beziehungen immer wieder den gleichen Mustern. Wir treffen entweder eine falsche Wahl oder wir vermasseln potentiell gute Beziehungen. Aber im wirklichen Leben ist das alles andere als komisch. Unser Weinen kann zwar hin und wieder in Lachen umschlagen, aber die Tränen sind trotzdem da. Ich glaube, nichts hinterlässt mehr innere Leere und Schmerz als die Unfähigkeit, sich wirklich auf einen anderen Menschen einzulassen. Ein ganzes Leben voll verpasster Gelegenheiten, erster Verabredungen und gescheiterter Beziehungen – wie unbefriedigend.

Für die meisten von uns funktioniert es nicht mehr, »einfach die Augen zuzumachen«. Wir stoßen uns immer an den gleichen Dingen und landen immer in den gleichen dunklen Ecken. Mit all unserem Bemühen ziehen wir uns doch immer wieder nur die gleichen Schrammen und Verletzungen zu, weil wir ständig gegen die gleichen Wände rennen und wieder und wieder die gleichen negativen Gefühle erleben.

Für die meisten von uns funktioniert es nicht, »einfach die Augen zuzumachen«.

Wenn unsere alten Verhaltensmuster uns in der Vergangenheit nicht weitergebracht haben, wieso sollten sie uns dann in der Zukunft bessere Dienste leisten? Sie haben uns nicht die Möglichkeit zu einer wirklichen Beziehung erschlossen; sie haben uns nicht geholfen, die Liebe zu finden, die wir suchen.

Noch vor zehn Jahren wusste ich alles, was man wissen muss, wenn man *keine* Bindung eingehen will. Ich kannte die Angst vor der Liebe – jede Nuance, jede Geste, das Vokabular und die Verhaltensweisen. Ich war Experte, wenn nicht *der* Experte überhaupt auf dem Gebiet der Angst. Ich kannte unzählige verschiedene Wege, vor der Liebe wegzulaufen. Eine Zeit lang hatte es in meinem Leben seinen ganz eigenen Reiz, vor der Liebe zu flüchten; manchmal machte es sogar Spaß. Spaß, sich zurückzuziehen, zu verschwinden und sich wieder neu zu verabreden. Und irgendwann begann ich, mich fürchterlich zu fühlen. Ich wollte eine langfristige Liebesbeziehung. Ich wollte ein reales Leben leben. Ich wollte mich auf einen anderen Menschen ebenso tief einlassen wie er sich auf mich. Ich wollte mich verlieben und diese Liebe leben können. Ich wollte imstande sein zu einer ganz realen Bindung.

Manche Leute mögen aufrichtig glauben, dass sie auch ohne eine stabile Beziehung glücklich werden können. Sie sagen, für ihr Leben sei eine Bindung nicht wirklich wichtig, nicht jeder wolle schließlich so leben. Aber *ich* wollte so leben. Und wenn Sie dieses Buch zur Hand genommen haben, dann wünschen sicherlich auch Sie sich eine verbindliche Beziehung. Und weil Sie diesen Wunsch verspüren, möchten Sie wahrscheinlich wissen, wie Sie ihn sich erfüllen können.

Meine Aufgabe besteht darin, Ihnen auf diesem Weg weiterzuhelfen. Um das zu tun, muss ich den Prozess entmystifizieren, Sie mit Ihren Möglichkeiten bekannt machen und Sie auf die üblichen Fallen hinweisen, damit Sie nicht zu weit vom Weg abkommen. Die Schwierigkeiten müssen Sie selbst bewältigen. Es gibt nur einen einzigen Unterschied zwischen jenen, die ans Ziel gelangen, und jenen, die auf der Strecke bleiben. Und dieser Unterschied hat nichts zu tun mit Ihrem Alter, Ihrem Hintergrund oder Ihrer Sehnsucht – sondern mit Mut.

Die eigene Bindungsangst erforschen

An einem heißen Sommertag vor mehr als zehn Jahren saß ich in Chicago auf der Bühne als Teilnehmer an der *Oprah Winfrey Show* und wartete darauf, dass die Kameras nach der Werbeunterbrechung wieder zu surren begannen. Thema der Show war »Bindungsphobie«.

Die Sendung wurde in weiten Teilen des Landes live ausgestrahlt, und in der ersten halben Stunde hatten mehrere Männer auf der Bühne vor den gespannten Zuschauern ihr Innerstes nach außen gekehrt. Diese Gruppe normal aussehender Männer, die zugaben, dass es ihnen schwer fiel, sich in der Liebe wirklich einzulassen und langfristige Beziehungen einzugehen, schien ein öffentliches Bekenntnis abzulegen. Die Männer sprachen über ihre Beziehungen und ihre Probleme mit Frauen und übernahmen dabei die Verantwortung für ihren Anteil an all den nicht gehaltenen Versprechungen, gescheiterten Träumen und gebrochenen Herzen. Die Zuschauer im Studio zeigten erstaunlich viel Anteilnahme. Vor allem die Frauen waren offensichtlich dankbar für die Aufrichtigkeit sowie die neuen Erkenntnisse und Einsichten in Bezug auf eine Problematik, die viele von ihnen aus eigener Erfahrung kannten.

Dann war ich an der Reihe. Aber ich sollte nicht von mir erzählen, ich war aus einem anderen Grund eingeladen: Ich hatte gerade ein Buch mit dem Titel *Men Who Can't Love* (dt. Ausgabe: Warum der Mann nicht lieben kann) veröffentlicht. In diesem Buch hatten meine Mitautorin Julia Sokol und ich den Begriff »Bindungsphobie« geprägt, um Menschen zu beschreiben, die auf Nähe mit Klaustrophobie reagieren. Dieses Buch, das für Frauen, die sich mit entsprechenden Männern einlassen, die Botschaft enthält, sich zu schützen, widmet sich dem Verständnis dieses Problems.

Ich kann mich an diesen Tag noch lebhaft erinnern. Auf der Bühne mit Oprah, die vor mir sitzt und ihre erste Frage stellt, bin ich wie gelähmt vor Angst. Ich schaue Julia an, um mir Unterstützung zu holen. Sie weiß, wie groß meine Angst ist. Nicht nur, weil Oprah vor mir sitzt, sondern weil ich mein eigenes kleines Geheimnis in Bezug auf Bindungsphobie habe, das ich gerne ausblenden möchte. In diesem Augenblick ist mir schmerzlich bewusst, dass ich, der ich als »Experte« der Show gelte, mich in keinster Weise von den Männern, die gerade gesprochen haben, unterscheide. In vielerlei Hinsicht bin ich schlimmer. Ich hatte bislang keine einzige verbindliche Beziehung. Die Fragen, die ich befürchte, sind ganz einfach: »Und was ist mit Ihnen, Herr Carter?«, »Wie sieht es in Ihrem Leben aus?«, »Was wissen Sie wirklich über Nähe?«, »Was ist mit Ihren Beziehungen?«, »Und was ist mit Ihrer Angst vor einer Bindung?«

Natürlich weiß ich, es gibt keine Regeln, die besagen, dass der Autor eines Buches über Beziehungen ein perfektes Leben führen muss. Niemand kann mir vorschreiben, dass ich nicht mit meinen eigenen Bindungsproblemen kämpfen darf. Seit Jahren haben alle möglichen Experten immer wieder die Klausel »Folgen Sie meinen Worten, nicht meinem Handeln« ins Spiel gebracht, um ihr eigenes Verhalten zu erklären und zu rechtfertigen. Und bis zu einem gewissen Maße ist das auch richtig. Weil der Botschafter Fehler hat, muss die Botschaft nicht falsch sein. Letzten Endes jedoch sind diese Rationalisierungen fadenscheinig. Außerdem schämte ich mich an jenem Tag für mein Verhalten in vielen, wenn nicht sämtlichen meiner Beziehungen. Meine Scham war so groß, dass ich mir nicht vorstellen konnte, irgendjemandem meine Geschichte zu erzählen – geschweige denn Millionen von Unbekannten im nationalen Fernsehen. Meine vorgespielte Überlegenheit als Beziehungsexperte wurde ernsthaft geprüft, und das war demütigend.

Nach dem Erscheinen von *Men Who Can't Love* bekam ich stapelweise Post von Frauen, die mich fragten, ob ich ihren Freund, Mann oder Geliebten zufällig persönlich kannte. Wie sonst, wollten sie wissen, hätte ich ihre Beziehung mit geradezu unheimlicher Präzision beschreiben können? Einer der Gründe dafür, warum das Buch das Verhalten von Menschen mit Bindungsproblemen so genau beschreibt, besteht darin, dass ich einer dieser Menschen war. Ja, Hunderte von anderen Männern und Frauen wurden zu diesem Thema interviewt, aber auch wenn die Details voneinander abwichen, war ihre Geschichte meine Geschichte. Wenn es darum ging, vor der Liebe wegzulaufen, gab es nur wenig, was ich nicht getan, gesagt oder gefühlt hatte. Ich war ständig »falschen« Beziehungen hinterhergelaufen und vor all jenen geflüchtet, die potentiell hätten »richtig« sein können.

Ein Buch über Bindungsängste zu schreiben hatte mir geholfen. Etwas. Aber nicht genug. Ich sah jetzt sehr deutlich, wie verletzend mein Verhalten für Frauen war. Ich war mir nun genau darüber bewusst, dass meine Ambivalenz und, machen wir uns nichts vor, meine Feigheit sowohl Schmerz als auch Verwirrung gestiftet hatten. Als das Buch erst einmal erschienen war, fühlte ich mich völlig am Ende. Ich konnte meine üblichen Verhaltensweisen in Beziehungen nicht länger rechtfertigen. Ich musste einen Schritt weitergehen. Aber wie konnte das aussehen?

Ich ging davon aus, dass sich meine Liebesbeziehungen irgendwie verändern würden, wenn ich die Verhaltensweisen unterließ, über die ich geschrieben hatte. Nachdem ich über Bindungsprobleme geforscht und geschrieben hatte, konnte ich mit meinen alten Verhaltensmustern einfach nicht mehr fortfahren. Also schlug ich einen – für mich – sehr viel gefährlicheren Weg ein. Jahrelang hatte ich an akuter Bindungsphobie gelitten und war vor Frauen weggelaufen, die mir durch ihr Verhalten zeigten, dass sie mich als Partner wollten. Was konnte ich stattdessen tun? Meine dumme automatische Reaktion war ziemlich klassisch: Ich begann, vor der Liebe wegzulaufen, indem ich Frauen verfolgte, die selbst auf der Flucht waren. Tief beschämt über meine Unfähigkeit, mich einzu-

Manche Menschen laufen vor der Liebe weg, indem sie Partnerinnen oder Partner verfolgen, die selbst auf der Flucht sind.

lassen, schaffte ich damit neue Ausreden für mich, indem ich Frauen ausfindig machte, die kaum bereit waren, sich auf eine Verabredung einzulassen, geschweige denn auf eine langfristige Beziehung.

Bald nach dem Erscheinen von *Men Who Can't Love* begann ich, mich mit einer Frau zu treffen, die äußerst unbeständig war. In meinem Kopf drehte sich alles nur noch um diese Beziehung. Ich glaube, ich wusste, dass ich diese Frau nicht liebte, aber ich empfand mit Sicherheit sehr viel Schmerz. Ich bekam eine erstklassige Lektion in der Erfahrung, jemanden zu wollen, der mich nicht wirklich wollte – zumindest nicht für sehr lange.

In der Woche, in der *Men Who Can't Love* auf der Bestseller-Liste landete, klingelte mein Telefon ununterbrochen. Einige der Anrufer waren Menschen, die mir gratulierten, aber es riefen mich auch ziemlich viele Freunde und Exfreundinnen an, um mir zu sagen, dass sie jetzt endlich anfingen, *mein* Verhalten zu verstehen. Meine augenblickliche Freundin wusste noch nicht einmal, ob sie sich darauf einlassen sollte, mit mir essen zu gehen. Sie fühlte sich durch die Beziehung etwas unter Druck gesetzt. Vielleicht nächste Woche? Plötzlich begann ich den Schmerz von Frauen, die sich auf Männer einlassen, die Beziehungen boykottieren und abbrechen, *wirklich* zu verstehen. Inzwischen hatte ich auch einen Verleger, der ein neues Buch wollte, das da weitermachte, wo *Men Who Can't Love* aufhörte, und meine Mailbox quoll über mit Briefen von Menschen, die mich fragten, wie sie die Verhaltensmuster der Bindungsphobie durchbrechen konnten. Sie wollten wissen, wie die nächsten Schritte aussahen. Das wollte ich auch. Aber ich wusste es nicht.

Die Wahrheit ist, dass *Men Who Can't Love* den Lesern und Leserinnen viele notwendige Einsichten vermittelte und immer noch vermittelt. Es informiert, eröffnet neue Sichtweisen und enthält viele nützliche Empfehlungen, wie man sich als Partner oder Partnerin schützen kann. Das alles ist sehr wichtig. Ich war und bin immer noch sehr stolz auf dieses Buch. Ich glaube bis heute, dass es zu den aufrichtigsten und verständlichsten Untersuchungen über Bindungsprobleme gehört. Aber wie ausführlich ich die Verhaltensmuster von Männern und Frauen, die vor der Liebe wegliefen, auch beschrieb, analysierte und sogar voraussagte, ich wusste nicht, wie man sie verändern konnte. Weder für mich noch für meine Leserinnen und Leser.

Ich glaube, heute weiß ich es.

Intime Beziehungen eingehen

Wenn wir über Liebe und Bindung reden, meinen wir in Wirklichkeit unsere Fähigkeit, mit den Beziehungen in unserem Leben umzugehen. Alles, was wir im Leben tun, beruht auf Beziehungen – zu unseren Freundinnen und Freunden, unserer Arbeit, unserem Zuhause, unseren Partnern, Kindern, Haustieren, Gemeinden und sogar unserem Planeten als Ganzem. Das Gefühl wirklicher Verbundenheit ruft Freude und Glück hervor; wenn wir uns nicht verbunden fühlen, sind wir unglücklich und verstimmt. Der Mangel an wirklich sinnvollen Verbindungen kann zu innerer Leere und Verzweiflung führen.

Wenn wir uns einem anderen Menschen (oder einer Sache) verbunden fühlen, sind wir präsent und offen. Eine Liebesbeziehung definiert sich darüber, wie stark die Partner miteinander verbunden sind oder sich gebunden fühlen – inwieweit sie präsent und offen füreinander sind. Wenn wir uns auf einen anderen Menschen verbindlich einlassen, sind wir bereit, präsent und offen für ihn zu sein; wir verkünden die aufrichtige Absicht, mit ihm verbunden zu bleiben.

Das Gelingen oder Scheitern von Beziehungen beruht auf dem Maß und der Integrität der Verbundenheit zwischen den beiden Partnern. Wenn eine Beziehung auf dem Prüfstein steht, dann geht es in Wirklichkeit um die Verbundenheit – die Bindung – zwischen den Beteiligten. Fehlt es an einer tiefen, umfassenden, sinnvollen Verbindung, wird die Beziehung den Test wahrscheinlich nicht bestehen.

Wenn wir über Verbundenheit sprechen, müssen wir auch über Nichtverbundenheit sprechen – und die Fähigkeit, mit Trennung umzugehen. Denn wenn es um Beziehungen geht, ist der Umgang mit Trennungen oft ebenso aufschlussreich und bedeutsam wie der Umgang mit Nähe.

Ich kenne eine Frau, die in den ersten fünf Monaten einer neuen Beziehung bis zu zehn Kilo zunimmt. Jedes Mal, wenn ihr neuer Partner sie abends verließ, verschlang sie tellerweise Pudding und/oder Butternudeln, um sich zu trösten. Sie erzählte mir, dass sie völlig die Kontrolle verlieren würde. Wenn sie mit ihm zusammen war, fühlte sie sich »gut«, doch wenn er abends aus dem Haus ging, landete sie sofort in der Küche und ein Sturm brach los. Hatte sie keine Beziehung, passierte das nie. Nicht, dass es ihr schwer fiel, allein zu sein. Sie hat sich allein immer gut gefühlt. Aber sowie sie sich auf jemanden einlässt, schrumpft sie zu einer unruhigen, primitiven Masse von Pudding verschlingender Angst. Jedes Mal, wenn ihr Partner von ihr geht, ist das für sie traumatisch. Diese Frau war klug genug zu begreifen, dass ihre Reaktion nichts mit dem Mann zu tun hatte. Er tat nichts, was ihr Angst machen musste. Sie hatte in ihrem Leben Trennungen einfach als traumatisch erfahren und trägt diese Erfahrung in jede ihrer Beziehungen.

Mit Menschen, die wir lieben, erleben wir einen endlosen Prozess, der daraus besteht, sich immer wieder neu zu verbinden und voneinander zu lösen. Wir kommen in unseren Beziehungen zusammen, gehen auseinander und begegnen uns erneut. Der Montagmorgen kommt heran, und das Paar, das ein idyllisches Wochenende miteinander verbrachte, wird von den Realitäten des Lebens auseinander gerissen. Was denkt und fühlt jeder der beiden Partner, wenn sie aufgrund ihres individuellen Lebens getrennt sind? Beim Abschied sind beide Partner offensichtlich vollkommen aufeinander eingestellt. Wird diese Verbindung ihr getrenntes Alltagsleben überdauern, oder verliert sich einer oder verlieren sich beide in neue Erfahrungen, so dass das gemeinsame Erleben verblasst? Verläuft die notwendige Phase der Getrenntheit emotional ereignislos, oder ist sie von intensiver Angst, Eifersucht oder besessener Sehnsucht geprägt?

Männer und Frauen mit Bindungsproblemen haben fast immer große Schwierigkeiten mit diesem Wechsel von Verbundenheit und Getrenntheit. Oft versuchen sie, den Prozess abzukürzen oder ganz zu vermeiden. Manchmal gehen sie intime Bindungen ein, die ebenso unverbindlich wie unpassend zu sein scheinen. Dann wieder errichten sie enorme Grenzen, mit denen sie ihre Partner hinhalten und verhindern, dass sich eine wirkliche Bindung entwickeln kann.

Liebe ist ein Prozess, keine Lösung

Ich wiederhole diesen Satz deswegen ständig, weil viele von uns ihn einfach nicht glauben wollen. Wir wachsen mit der Sehnsucht – und Erwartung – auf, dass die Liebe ein magisches Wundermittel ist und bei ihrem ersten Erscheinen unser Leben verändert, und zwar für immer. Vielleicht haben wir gehofft, dem oder der perfekten Fremden zu begegnen. Wir sind in dem aufrichtigen Glauben aufgewachsen, dass die Begegnung mit diesem speziellen Menschen, in den wir uns verlieben, die Gefühle, die wir uns selbst und der Welt entgegenbringen, *auf Dauer* verändert. Das ist unsere Definition von Liebe. Und oft halten wir sogar als reife Menschen an dieser unrealistischen Vorstellung von Beziehungen zwischen Menschen fest.

Mein Freund Mike zum Beispiel schlägt sich mit der Entscheidung herum, ob er mit einer Frau zusammenziehen soll, die er seit einem Jahr regelmäßig trifft. Ich fragte Mike, wann er sich seiner Freundin am tiefsten verbunden gefühlt habe. Er antwortete, das sei bei ihrer ersten Begegnung gewesen. Das zeigte mir, dass er nicht zu dieser anderen Ebene der Beziehung gelangt war, auf der wir auf die Anfänge zurückschauen und sie wunderschön, aber auch etwas schlicht finden. Wenn er immer noch denkt, er habe die tief greifendste Verbundenheit am Anfang erlebt, dann hat er eindeutig nicht zugelassen, dass diese Beziehung reift. Mike gibt zu, dass er derjenige von beiden ist, der sich dagegen sträubt zu wachsen.

Vor Jahren erzählte mir eine Frau, die sich auf einen Mann mit heftiger Beziehungsphobie eingelassen hatte, ihr Therapeut habe sie einmal darauf hingewiesen, dass diese gestörte Beziehung nie über das erste magische Treffen hinausgewachsen sei. Sie habe immer die Leidenschaft und Intensität einer spannungsreichen ersten Begegnung gehabt, aber nie diesen Punkt erreicht, wo man sich auf irgendetwas verlassen konnte. Nicht einmal auf das nächste Wiedersehen. Auf eine bestimmte Weise war das sehr romantisch und aufregend. Andererseits war es die Hölle.

Ja, eine neue Liebe hat etwas Magisches und Spontanes. Aber das ist nur der Anfang einer Liebesbeziehung – die erste Schicht eines Gemäldes, der noch Tausende folgen. Die Liebe entwickelt sich in Phasen und verändert sich, während sie wächst. Frisch Verliebte können glauben, ihre Verbindung sei sehr stark. Aber die außergewöhnliche Erfahrung, ein anderes menschliches Wesen wirklich zu lieben, machen wir, wenn wir Glück haben, in ihrer ganzen Tiefe erst im Laufe der Zeit.

Eine intime Verbindung einzugehen bedeutet, dass Sie sich diesem anderen Menschen, der Ihre Partnerin oder Ihr Partner ist, durch Ihr Handeln, Ihre Worte und Ihre Gefühle zeigen, während sie oder er hoffentlich das Gleiche tut. Um diese Verbindung herzustellen, müssen beide Seiten imstande sein, einem anderen Menschen nahe zu kommen und lange genug nahe zu bleiben, damit eine Bindung entstehen kann.

Überlegen Sie einmal, wie viele verschiedene Wege es gibt, unsere Verbindung zu einem anderen Menschen zu vertiefen: durch sozialen Kontakt und Gespräche; durch das Liebesspiel; durch gemeinsame Erfahrungen. Wir alle wissen, dass intime Beziehungen durch das Mitteilen der eigenen Gefühle, Verletzlichkeiten und Probleme vertieft werden. Nicht zu vergessen die Verbundenheit, die dadurch entsteht, dass wir zusammen nichts tun, wie zum Beispiel im Wohnzimmer sitzen und die Zeitung lesen oder fernsehen, ohne sprechen zu müssen.

Wenn wir jemanden lieben und unser Gefühl von Verbundenheit vertiefen möchten, unternehmen wir etwas zusammen. Wir lernen den anderen besser kennen und verstehen, wenn wir uns über unsere Interessen austauschen. Wir laden die Menschen, die wir lieben, in unsere Welt ein, indem wir sie mit unseren Freunden und unserer Familie bekannt machen. So entwickelt sich unsere Verbindung weiter.

Liebe entwickelt sich in Phasen.

Wenn eine Beziehung weiter wächst, werden all diese Fäden gleichzeitig geknüpft und sie überlagern sich, wodurch alle möglichen Verbundenheiten entstehen. Das sind die Bande, die fast jeder Wetterlage trotzen.

Menschen mit Bindungsschwierigkeiten lassen meistens nicht zu, dass diese Bande auf natürliche Weise entstehen. In den meisten Fällen sind sie mehr mit ihren Phantasien beschäftigt als mit einem anderen, realen, lebendigen menschlichen Wesen. Maggie, die schon lange in einer Beziehung mit einem Mann lebte, der sich einer Bindung widersetzte, so dass ihr Zusammensein aus ständigen Trennungen und Neuanfängen bestand, erzählte mir, sie habe Jahre gebraucht, um zu begreifen, dass viele ihrer äußerst intensiven Gefühle auf dem Festhalten an ihren Träumen und nicht auf der Verbundenheit mit einer realen Person beruhten. Wenn sie imstande gewesen wäre, sich ihren Partner realistisch anzuschauen, hätte sie gesehen und sich eingestanden, dass es keine wirkliche Verbindung zu ihm gab.

In Beziehungen, die geprägt sind von Bindungsphobie, hat mindestens einer der Partner Widerstände gegen eine Bindung. Der Partner, der vor der Liebe wegläuft, tut das meistens, indem er Grenzen konstruiert, die verhindern, dass sich Verbundenheit entwickelt oder vertieft. Diese Beziehungen können fast sofort mit großer Intimität und intensiven sexuellen Erlebnissen beginnen, aber dann weigert sich ein Partner zuzulassen, dass sich eine tiefere Verbundenheit entwickelt. Schließlich kann die Beziehung äußerst einseitig werden. Es gibt starke emotionale Bande von Leidenschaft und Intensität, aber das Band der gemeinsamen Erfahrungen fehlt. Die Beziehung öffnet sich niemals und wächst auch nicht.

Oft glauben wir, eine tiefe Verbindung eingegangen zu sein, nur um später feststellen zu müssen, dass ihr die Substanz fehlt. Wir glauben vielleicht, eine besondere Nähe erlebt zu haben, nur um sehen zu müssen, dass sie oberflächlich war, auf falschen Informationen oder, noch schlimmer, auf Phantasien und falschen Hoffnungen beruhte.

Manchmal sind wir so begierig, die Liebe zu finden, dass wir uns von der Möglichkeit einer liebevollen Verbindung verführen lassen, lange bevor eine reale Verbindung stattfindet. Oft entdecken wir auf schmerzliche Weise, dass manche Menschen einfach nicht imstande sind, eine reale Verbindung einzugehen. Es kann großartig sein, sich mit ihnen zu treffen, zu telefonieren oder zehn Minuten zusammen zu sein. Aber mehr halten sie nicht durch. Sie können nicht real sein und bleiben. Dann fühlen sie sich zu verletzlich, ungeschützt und ausgeliefert. Es gibt zu viele Möglichkeiten, abgelehnt, angegriffen, missverstanden oder manipuliert zu werden.

Wenn Sie eine wirkliche Verbindung eingehen, verknüpfen Sie fortlaufend kleine Teile von sich mit kleinen Teilen der anderen Person. Eine tiefe Verbindung herstellen heißt, im Laufe der Zeit Tausende dieser kleinen Teile miteinander zu verknüpfen. Dabei erleben Sie, wie einige dieser Knoten sich wieder lösen und dann neue und stärkere Knoten entstehen. Deswegen ist das Gewebe jeder Beziehung so einzigartig und ungewöhnlich.

Es ist durchaus sinnvoll, sich zu Beginn einer Beziehung einen Teil der eigenen Intimsphäre zu bewahren und beim Austausch eine gewisse Distanz zu halten. Wenn Sie sich mit einem Fremden treffen, ist es nicht klug, ihm alles aufzutischen und zu zeigen, was Sie mitbringen. Aber wenn Sie eine dauerhafte und erfüllte Beziehung mit einem anderen Menschen eingehen wollen, müssen Sie letzten Endes alle Seiten von sich enthüllen – natürlich in Phasen. Wenn wir unseren Partnerinnen und Partnern große Bereiche von uns vorenthalten, bewegen wir uns schließlich nur noch an der Oberfläche unserer Beziehung. Das kann sich manchmal gut anfühlen, aber die Tiefe und Fülle, die uns das Gefühl schenken, wirklich und dauerhaft verbunden zu sein, fehlen.

In *Men Who Can't Love* ging es darum, das Phänomen der Bindungsangst zu verstehen. In diesem Buch geht es um die Schritte, die notwendig sind, um eine Bindung einzugehen. Ich begegne oft Frauen, die sagen, sie könnten einen Mann mit Bindungsphobie jetzt schon von weitem wittern. Beim leisesten Anzeichen eines einzigen Symptoms würden sie ihm das Etikett verpassen, und das war es dann. Es wäre schön, wenn der Fall immer so eindeutig läge, aber die Realität ist anders. Die meisten von uns sind potentielle »Wegrenner« oder »Wegrennerinnen«. Und genauso richtig ist, dass die meisten von uns grundsätzlich imstande sind, eine erfüllte Beziehung zu leben.

Heute sieht mein Leben ziemlich anders aus als vor zehn Jahren. Ich bin glücklich verheiratet mit einer zuverlässigen, liebevollen und liebenswürdigen Frau. Ich will in dieser Beziehung bleiben und gehe davon aus, dass sie hält. Ich bin glücklich damit. Ich habe nicht das Gefühl, Kompromisse zu machen, mit denen ich nicht leben kann. Ich habe nicht das Gefühl, mich verkauft zu haben. All das ist kein Zufall. Meine Frau witzelt, ich sei der am schwersten arbeitende Mann im Beziehungsgeschäft. Sie weiß, wovon sie redet. Ich habe sehr hart daran gearbeitet, um dahin zu kommen, wo ich mich heute befinde. Und wenn ich an diesen Punkt gelangen konnte, können Sie es auch.

Die acht Hindernisse auf dem Weg zur Liebe überwinden

Zwischen Ihnen und der Beziehung, die Sie führen möchten, liegen einige grundsätzliche Hindernisse. Jedes Mal, wenn Sie versuchen, eine Verbindung einzugehen, werden Sie sich diesen Herausforderungen unweigerlich stellen müssen. Das gilt nicht nur für Sie oder Ihre Beziehung. Tatsächlich sind diese Hindernisse archetypisch und machen eine Beziehung als solche aus.

Auch auf das Risiko hin, zu sehr zu vereinfachen, habe ich diese Herausforderungen in acht Punkten zusammengefasst. Ach, mögen Sie sagen: Nur acht! Sie haben vielleicht das Gefühl, es sind Hunderte oder gar Millionen. Einige von Ihnen fühlen sich vielleicht so erschöpft von ihren Versuchen, eine Beziehung mit einem anderen Menschen aufzubauen, dass sie das Gefühl haben, die Hindernisse nehmen überhand. Zu viele Hürden sind zu überwinden, zu viele Kompromisse einzugehen. Zu viele Lektionen, die es zu lernen, zu viele Härten, die es durchzustehen gilt.

Viele Menschen sind chronisch unwillig, sich diesen Herausforderungen in Beziehungen zu stellen. Oft halten sie an ihren Phantasien von der einen richtigen Beziehung fest, in der alles leicht geht. Sie glauben, sich zu verlieben und diese Liebe zu leben, müsse ein völlig müheloser Prozess sein. Jedes Mal, wenn sie ins Stolpern geraten, glauben sie, es sei etwas falsch mit ihrem Partner, ihnen selbst oder der Beziehung. Mit dieser Einstellung stehen sie sich selbst im Weg.

Wenn Sie ein neues Haus oder eine neue Wohnung kaufen wollen, wissen Sie, dass Sie eine Reihe von Schwierigkeiten zu überwinden haben. Erstens muss klar sein, dass Sie die Anzahlung leisten können. Dann brauchen Sie einen vertrauenswürdigen Makler, der Ihnen hilft, das Objekt zu finden, das Ihren Bedürfnissen entspricht. Wenn Sie die passenden Räume gefunden haben, brauchen Sie einen Notar und müssen die Hürde mehrerer Inspektionen nehmen sowie einen Kredit beantragen und eine Versicherung abschließen. Und wenn Sie schließlich sämtliche Verhandlungen und den Kauf selbst glücklich abgeschlossen haben und Besitzer eines neuen Zuhauses sind, fängt die Arbeit erst richtig an. In einem Haus müssen Sie sich vielleicht um die Rohrleitungen, Heizung und Elektrizität kümmern. Und das Dach! In einer Kaufgemeinschaft sorgen Sie sich um die Zahlungen und die Instandhaltung, Instandhaltung, Instandhaltung. Der Prozess ist endlos, frisst Ihre Zeit, Ihr Geld und Ihre Nerven. Aber die einzigartigen Vorteile machen das alles wett. Und das Gleiche gilt für eine Beziehung.

Wenn wir uns nach einem Zuhause umschauen, akzeptieren wir die Tatsache, dass wir bestimmte Schritte unternehmen müssen. Der Prozess ist unvermeidbar. Aber wenn es um Beziehungen geht, wehren wir uns oft gegen die Vorstellung, dass sie ebenfalls ein Prozess und harte Arbeit sind. Vielleicht machen wir das Lippenbekenntnis, dass es Schwerarbeit ist, unser Leben mit einem anderen Menschen zu teilen, aber wenn der Kampf anfängt, beginnen wir in unserem Kopf häufig nach einer anderen Lösung zu suchen – »Vielleicht gibt es einen anderen Menschen ...«, »Vielleicht geht es mir als Single viel besser ...«, »Vielleicht bin ich noch nicht so weit ...«, »Vielleicht mache ich einen Fehler«.

Wenn Menschen die »harte Arbeit« von Beziehungen beschreiben, kommen sie fast immer auf eines dieser acht Hindernisse zu sprechen. Der Versuch, mit einem anderen Menschen eine Bindung einzugehen, bringt diesen Prozess unweigerlich in Gang. Es gibt keine Abkürzungen. Wir müssen uns diesen Herausforderungen stellen. Tun wir das nicht, zahlen wir dafür den Preis, dass unsere Beziehungen in vieler Hinsicht begrenzt sind.

Auch wenn wir uns diese Hindernisse im Folgenden der Reihe nach anschauen, zeigen sie sich »in freier Wildbahn« nicht unbedingt einzeln. Sie müssen sich im Prozess der Beziehung mit vielen dieser Barrieren, wenn nicht gar mit allen, gleichzeitig auseinander setzen. In manchen Zeiten stehen einige vielleicht mehr im Vordergrund als andere, aber diese Hindernisse repräsentieren nicht acht Stadien. Sie sind eher vergleichbar mit acht verschiedenen Richtungen, aus denen Widerstände auftauchen können.

Für mich hat es sich als sehr wichtig erwiesen, diese Hindernisse einzeln zu identifizieren und zu benennen. All diese Hindernisse zusammengenommen können nämlich beängstigende Ausmaße annehmen oder als unlösbares Problem erscheinen. Ich habe festgestellt, dass ich diese Barrieren überwinden konnte, indem ich sie mir getrennt anschaute und mich ihnen Schritt für Schritt stellte. Und ich denke, das wird auch auf Sie zutreffen.

Die erste Herausforderung

Der Mut, keine Vorwürfe mehr zu machen

Beth wird von ihren Freunden geliebt. Deswegen machen sie sich wahrscheinlich auch ernste Sorgen um sie. Auch ihre Familie ist besorgt. Sie verstehen nicht, warum eine schöne, begabte Frau wie Beth keinen Mann findet, der ihre Qualitäten zu schätzen weiß. Beth fragt sich das Gleiche. Sie denkt viel über die Männer nach, mit denen es nicht geklappt hat: Sam, der Mann, bei dem sie sich sicher war, ihn zu heiraten, bis er ihr erzählte, dass er eine andere Frau heiraten würde. Eric, mit dem sie glaubte, eine gute Beziehung aufbauen zu können, wenn er nur eingewilligt hätte, sie häufiger als einmal im Monat zu treffen. Hank, mit dem sie leidenschaftlichen, liebevollen Sex hatte, auch wenn er sich weigerte, andere Bereiche seines Lebens mit ihr zu teilen. Barry, der mit ihr sein Leben teilen, aber keinen Sex mit ihr wollte. Was für eine Liste! Wo hat sie all diese Männer gefunden? Und warum?

Einigen dieser Männer bringt Beth immer noch positive Gefühle entgegen. Sie weiß eigentlich nicht, was in all diesen Beziehungen schief ging. Sie weiß nur, was sie fühlt: dass die Männer in ihrem Leben sie letzten Endes abgelehnt haben. Auf die Frage, warum sie in ihrem Leben keine feste Liebesbeziehung habe, würde sie sagen, aufgrund der Männer, die ihr begegneten. Vielleicht würde sie den Männern generell die Schuld geben. Offensichtlich ist sie nicht in der Lage, ihren Part zu erkennen: dass sie sich diese Männer ausgesucht hat und damit am Verlauf dieser Beziehungen beteiligt ist.

Sam ist einer der Männer, mit denen Beth zusammen war. Er ist ebenfalls Single und einsam. Es stimmt, er hat geheiratet, so wie er es Beth erzählte. Aber schon nach nur einem Jahr war er wieder geschieden. Wenn Sie Sam fragen würden, warum keine seiner Beziehungen geklappt hat, käme er mit einigen ziemlich verwickelten Erklärungen. Er hat durchaus das Gefühl, Beth geliebt zu haben. Sie hatten eine starke sexuelle Verbindung. Trotzdem beschloss Sam, Beth nicht zu heiraten, da er der Meinung war, sie sei zu abhängig von ihrer Familie. Außerdem fand er ihren Beruf als Lehrerin nicht interessant genug.

Als Sam die Frau kennen lernte, die er heiratete, war er ganz begeistert von ihrem Ehrgeiz, ihrer Selbständigkeit und ihrer Kontaktfreudigkeit. Sie hatte all die Qualitäten, die Beth fehlten. Aber sie hatte auch einige negative Eigenschaften. Sam fand sie letzten Endes distanziert, anspruchsvoll und verwöhnt. Tatsächlich sagt Sam, dass er sich von seiner Frau scheiden ließ, weil sie nur wenige von Beths Qualitäten hatte. In seinen Zwanzigern hatte Sam schon einmal geheiratet, und obwohl ihm vieles am Verheiratetsein gefiel, verliefen seine beiden Ehen turbulent und verunsicherten ihn.

Sam hat jetzt eine neue Beziehung, glaubt aber nicht, dass sie hält, weil die Frau »keine schönen Beine hat«. Und Sam, der sich aufrichtig fragt, ob er treu sein kann, glaubt nicht, in einer Ehe mit einer Frau bleiben zu können, die keinen makellosen Körper hat.

Natürlich sind diese kurzen Beschreibungen von Beths und Sams Beziehungsgeschichten vereinfacht dargestellt und geben nicht die ganze emotionale Bandbreite wieder. Beth zum Beispiel ist mit jeder Trennung depressiver geworden. Außerdem hat sie jetzt Angst vor Beziehungen überhaupt. Wie Dornröschen zieht sie sich immer tiefer in ihr Schloss zurück, wo sie auf einen Prinzen wartet, der ihre Qualitäten zu schätzen weiß und sie wach küsst.

Anders als Beth ist Sam ständig auf der Suche nach der richtigen Partnerin. Er sucht und sucht. Und er findet immer Frauen, die ihn reizen. Aber ganz gleich, wie stark die anfängliche Anziehung ist, an jeder Frau findet er etwas auszusetzen. Es gibt zum Beispiel eine Frau, an der er seit Jahren interessiert ist, aber sie ist mit einem anderen Mann verheiratet – einem guten Freund. Im Augenblick ist Sam so verwirrt über seine emotionalen Hochs und Tiefs, dass er sich ganz abgestumpft fühlt.

Außer der Tatsache, dass sie ein paar Jahre zusammen waren, haben Beth und Sam noch vieles gemeinsam. Sie sind beide davon überzeugt – und zwar absolut –, dass der Hauptgrund für das Scheitern ihrer Beziehungen in den Mängeln ihrer jeweiligen Partner bzw. Partnerinnen liegt. Beth wünscht sich einen Gefährten, von dem sie sich geliebt fühlt – als vollständiger Mensch. Sam will das Gleiche. Beide glauben, bereit zu sein für eine »wirkliche« Beziehung; beide glauben, Liebe zu verdienen. Beide empfinden sich als Menschen, welche die besten Absichten haben. Beide halten sich für liebevoll. Und beide werfen ihren Partnern bzw. Partnerinnen vor, nicht »genug« zu sein.

Wenn unsere Beziehungen aus dem Gleis geraten, neigen wir alle dazu, unseren Partnerinnen oder Partnern die Schuld daran zu geben – ihren Mängeln, ihren Neurosen, ihren Beziehungsproblemen. Wenn ich einen Augenblick inne halte, lange genug nachdenke und dabei ganz aufrichtig bin, dann weiß ich, dass ich immer wieder bei meinen Partnerinnen die Schuld am Misslingen meiner Beziehungen gesucht habe, auch wenn ich abstritt, das zu tun.

> Wenn unsere Beziehungen aus dem Gleis geraten, neigen wir alle dazu, unseren Partnerinnen oder Partnern die Schuld daran zu geben.

Ich erinnere mich noch an eine Beziehung, in der ich mich weigerte, mich voll und ganz einzulassen. Meine Partnerin war zu Recht verärgert. Die vernünftige, korrekte Seite in mir sagte ihr, das sei mein Problem, nicht ihres. Tatsächlich führten wir oft lange, tief schürfende Gespräche, in denen ich ihr erklärte, dass ich derjenige sei, der nicht wirklich lieben könne. Dass ich noch nicht einmal mich selbst richtig liebe. Mich noch nicht einmal kannte. Meine Partnerin tat so, als glaube sie meinen Worten. Aber glaubte *ich* mir auch? Wirklich? Nein.

Noch während ich redete, dachte eine andere Stimme in meinem Kopf: *Sie* ist der Grund dafür, dass ich nicht weiterkomme. Wegen ihr kann ich mich nicht tiefer einlassen. Sie ist nicht ... nicht dies und nicht das. Und dann ging ich sämtliche Verhaltensweisen und Charakterzüge durch, die an ihr nicht ganz perfekt waren. Nicht perfekt genug für mich; nicht perfekt genug im Allgemeinen. Und nicht einen Augenblick lang bedachte ich, in wie vieler Hinsicht *ich* nicht vollkommen war.

Nicht lange nachdem diese Beziehung auseinander ging, machten diese wirklich tolle Frau und ich einen unserer Abschiedsspaziergänge. Ich musste die Trennung immer noch rechtfertigen, denn ich fühlte mich ziemlich in der Defensive, was nicht weiter überraschend war. Meine Verteidigungshaltung führte zu einem äußerst offensiven Gespräch. Ich weiß noch, wie ich mit diesem langen und verrückten Geschwätz begann und sagte, mein Gehirn arbeite wie eine raffinierte Computerzentraleinheit, während ihres eher einem PC für den Hausgebrauch gleiche. Obwohl wir beide gleich intelligent (ich log, denn zu der Zeit glaubte ich das nicht) und letzten Endes auch gleich praktisch begabt seien (auch davon war ich damals nicht überzeugt), würde ich in einem anderen Tempo als sie leben. Ich bräuchte mehr Input aus verschiedenen Kanälen. Ich bräuchte mehr Anreize. Ich bräuchte abwechslungsreiche Aufgaben. So beschämend das ist, ich muss zugeben, dass ich all das tatsächlich sagte. Warum diese Frau mir nicht das Knie in die Leisten stieß und mich auf der Stelle fallen ließ, weiß ich bis heute nicht. Vielleicht weil sie ein viel klügerer, anständigerer und menschlicherer Mensch war als ich. Ich war eindeutig nicht ganz richtig im Kopf.

Sie können sich vorstellen, wie beschämend es für mich ist, das einzugestehen, vor allem vor Tausenden von Leserinnen und Lesern, um deren Respekt ich seit Jahren kämpfe. Aber ich muss diese Geschichte erzählen, um schmerzlich deutlich zu machen, wie verrückt wir uns gebärden können, wenn wir nicht imstande sind, die Verantwortung für unsere eigenen Bindungsschwierigkeiten zu übernehmen.

Hier und jetzt anfangen

Ihre erste Herausforderung auf dem Weg zu verbindlichen Beziehungen besteht darin, den Finger auf all die selbstzerstörerischen Verhaltensweisen zu legen, die Sie in Beziehungen an den Tag legen. Dabei geht es um die Frage, wie *Sie* sich einbringen. Das hat nichts damit zu tun, was John, Bob oder Barbara getan oder auch nicht getan haben.

Wenn Sie sich potentiell wunderbare Partnerinnen oder Partner aussuchen und sich aufgrund Ihrer eigenen Ängste von ihnen abwenden, sind Sie verantwortlich. Und wenn Sie sich auf Partnerinnen oder Partner mit Beziehungsphobie einlassen und bei ihnen bleiben, sind Sie ebenfalls verantwortlich.

Verstehen Sie, worauf ich hinaus will? Die erste Herausforderung auf dem Weg zur Liebe besteht darin, mutig den Finger auf Ihr Verhalten und Ihre Beziehungsgeschichte zu legen. Sie können sich nicht außen nach etwas umschauen, was mit Ihnen zu tun hat und innen beginnt. Aber hier und jetzt anfangen heißt, dass Sie sich fragen müssen: »Wie mache ich das?«, »Wie sehen meine Verhaltensmuster aus?«, »Welche Ausreden habe ich?«, »Was will ich einfach nicht sehen?«

Sie können Ihre Augen nur dann öffnen, wenn Sie bereit sind, die Verantwortung für Ihre eigenen Beziehungsschwierigkeiten zu übernehmen und auch dafür, wie diese sich auswirken. Das ist das »Sesam, öffne dich«-Losungswort für einen wirklichen Neuanfang.

Mein Wort darauf: Jeder von uns hat Bindungsprobleme

Tatsache ist, dass die meisten von uns Bindungsschwierigkeiten haben. Nur dass einige von uns besser damit umgehen können als andere. Ich kenne keinen Menschen, dem die Vorstellung von einer festen, liebevollen Beziehung und einem Partner oder einer Partnerin, mit dem oder der er seine Liebe teilt, nicht gefällt. Und ich kenne auch keinen Menschen, für den es nicht eine schöne Vorstellung ist, sowohl all die intensiven neuen Gefühle bei neuen Bekanntschaften als auch den unbeschwerten Spaß zu erleben, die ein wirklich aufregendes Single-Leben mit sich bringen kann. Wenn wir erwachsen werden, erkennen wir aber hoffentlich, dass wir in den Ferien nicht bei den Kindern und unserer Partnerin oder unserem Partner bleiben und uns gleichzeitig im prachtvollsten Single-Club in der Karibik aufhalten und zum ersten Mal mit der schönsten Frau oder dem schönsten Mann der Welt schlafen können.

Beziehungskonflikte sind normal. Selbst die liebevollsten Partnerschaften erfordern harte Arbeit. Auch in den besten Beziehungen müssen wir bestimmte Freiheiten (persönliche, finanzielle, sexuelle) im Tausch für eine liebevolle Verbindung aufgeben. Die Konflikte sind vorgezeichnet. Sie sind Teil unserer Menschlichkeit. Wichtig ist nicht der Konflikt selbst, sondern wie Sie damit *umgehen*.

Wenn Sie nicht zugeben können, dass Sie Schwierigkeiten, Konflikte und Ängste in Bezug auf eine Bindung haben, können Sie mit diesen Gefühlen auch nicht positiv umgehen. Am Besorgnis erregendsten finde ich, wenn Männer oder Frauen absolut darauf bestehen, dass sie keine Angst davor haben, sich einzulassen. Manchmal sagt solch ein Mann, dass er sich voll einlassen würde, wenn er nur die »Richtige« fände. Manchmal erzählt solch eine Frau, wie sehr sie unter der Trennung von einem Mann leide, der weggelaufen ist. Keiner der beiden sieht sein eigenes Muster.

Ich bin davon überzeugt, dass Ihr Konflikt, wenn er im Verborgenen bleibt, das ganze Geschehen beherrscht. Ich weiß, wovon ich rede. Ich bin viele Jahre vor meinen eigenen Konflikten davongelaufen und habe mich für sie so geschämt, dass ich nur schlecht damit umgehen konnte. Ich habe mich selbst verurteilt, versucht, vor meiner Wirklichkeit die Augen zu schließen und mir das Leben ständig schwer gemacht. Ich konnte mich meinen Konflikten nicht auf gesunde Weise stellen und sie in den Griff bekommen, also hatten sie schließlich mich im Griff. Sie diktierten mein Verhalten, die Wahl meiner Partnerinnen und meine Gefühle.

Ob Sie ein »wilder, verrückter« Single oder ein monogamer und hingebungsvoller Ehemann und Vater von drei Kindern sind, es ist Teil unserer Menschlichkeit, der Bindung zu einem anderen Menschen zumindest etwas ambivalent gegenüberzustehen. Eine Bindung *ist* beängstigend. Ganz gleich, wie sehr Sie Ihre Partnerin oder Ihren Partner lieben, als Menschen empfinden wir manchmal Angst und Sorge. Das ist normal. Wenn wir uns diesen Ängsten im Rahmen einer stabilen Beziehung mit einem wohlmeinenden Partner oder einer wohlmeinenden Partnerin stellen, ist das ein Zeichen für emotionale Reife.

Es ist absolut menschlich, einer Beziehung etwas ambivalent gegenüberzustehen.

In den Zeiten, in denen ich die heftigsten Bindungsschwierigkeiten erlebte, hatte ich zwei Gruppen von Freunden, die in gewisser Weise die beiden möglichen Lebensstile repräsentierten. Die einen waren wie ich – sie rannten mit mir um die Wette. Mit ihnen konnte ich über meine Liebesphantasien und das Scheitern meiner Beziehungen reden. Die andere Gruppe bestand aus Menschen, die mit der Welt total verbunden waren – Menschen, die für mich wie Anker waren. Sie klebten geradezu auf der Erde und hatten Kinder, mussten Raten zahlen und hielten Haustiere. Diese Menschen waren so freundlich, mich in ihre Wohnzimmer einzuladen, wo ich ihnen meine traurigen Geschichten erzählen konnte. Für sie war es unterhaltsam, und ich fand dabei neuen Boden unter den Füßen. Trotzdem hielt ich es bei ihnen nicht lange aus. Es war fast zu beruhigend. Ich weiß, dass sie mich manchmal anschauten, als sei ich nicht von dieser Welt. Sie dachten, ich sei nicht ganz richtig im Kopf, ein solch anstrengendes Leben zu führen, bei dem ich nichts und niemandem verbunden war. Und trotzdem war es das einzige Leben, das ich kannte.

Ich genoss diese Besuche bei meinen Freunden mit festen Liebesbeziehungen; und trotzdem beneidete ich sie nicht wirklich. Wie verwirrt ich auch sein mochte, tatsächlich fühlte ich mich ihnen oft überlegen. Ihre Liebe strahlte etwas Behagliches aus, trotzdem war sie aber auch »eng«. Ich suchte nach etwas Größerem – einer Lawine von Gefühl, Tiefe, Verbundenheit und Besonderheit. Was, fragte ich mich, wussten all diese Menschen denn wirklich von der Liebe? Ihre Probleme schienen so weltlich und alltäglich.

Seit Jahren interviewe ich Männer und Frauen mit Bindungsproblemen. Ich bin immer wieder verblüfft darüber, wie geringschätzig manche von ihnen über Menschen reden, die in festen Beziehungen leben. Wenn sie sich ihre Freunde und andere Gleichaltrige anschauen, haben sie das Gefühl, dass diese sich mit weniger als der »vollkommenen Liebe« zufrieden geben. Ich weiß aus persönlicher Erfahrung, wie sie fühlen. Sie glauben, nach etwas ganz Besonderem zu suchen, das diese Menschen nicht gefunden haben.

Der Versuch, mit solchen Männern und Frauen zu reden, ist sehr frustrierend. Sie laufen vor der Liebe weg und erkennen es noch nicht einmal. Eines ist all diesen Menschen mit Bindungsschwierigkeiten gemeinsam: Sie erwarten, dass die Liebe sie mit absoluter Gewissheit trifft. Sie alle glauben, dass eine Beziehung mit dem »richtigen« Partner oder der »richtigen« Partnerin anfängt, der Person, von der sie sich angenommen, geliebt und dadurch als Teil eines besonderen Universums fühlen. Manche Menschen reisen um die ganze Welt, um die »Richtige« oder den »Richtigen« zu finden. Andere bleiben zu Hause und träumen davon, dass ER oder SIE sie findet. Keine der beiden Methoden funktioniert.

Menschen mit Bindungsschwierigkeiten übertragen diese Haltung oft auf andere Bereiche ihres Lebens. Sie sind immer auf der Suche nach dem perfekten Job, der perfekten Wohnung oder sogar dem perfekten Paar Schuhe. Sie weigern sich in allen möglichen Lebensbereichen, sich einzulassen, und vermeiden Entscheidungen, bei denen sie das Gefühl haben, es gäbe kein Zurück.

Ich sage das nicht, damit Sie anfangen, sich Selbstvorwürfe zu machen, sondern damit Sie *aufhören*, sich – und andere – fertig zu machen. Je eher Sie Ihre Konflikte offen auf den Tisch legen, desto schneller können Sie beginnen, sie abzubauen. Veränderung ist möglich.

Statt Vorwürfe machen Verantwortung übernehmen

Der Weg zu Liebe und Bindung beginnt damit, dass Sie aufhören, vor Ihren eigenen Konflikten davonzulaufen. Nicht damit, dass Sie dem richtigen Menschen begegnen. Nicht damit, dass Sie monogam werden. Nicht damit, dass Sie sich verloben. Nicht damit, dass Sie heiraten. Nicht damit, dass Sie Ihr erstes Kind bekommen. Und auch nicht mit Ihrer Silberhochzeit. Der Weg beginnt damit, dass Sie aufhören, Partnerinnen oder Partnern, mit denen Sie Schiffbruch erlitten haben, Vorwürfe zu machen, und stattdessen anfangen, die Verantwortung für *Ihr* Verhalten in *Ihren* Beziehungen zu übernehmen.

Machen Sie sich bewusst, wie Sie Beziehungen eingehen

Es gibt drei große Fragen, die Sie sich stellen müssen:
- Wie trage *ich* dazu bei, dass *ich* enttäuscht werde?
- Wie trage *ich* dazu bei, dass andere enttäuscht sind?
- Was könnte *ich* in Zukunft anders machen?

Diese Fragen können Sie sich in fast jeder Situation stellen. Neulich rief mich bei einer Radiosendung eine Zuhörerin an, um über ihr Liebesleben zu sprechen. Sie sagte dabei unter anderem:
»Die letzten drei Männer, mit denen ich zusammen war, hatten alle Angst. Aber der letzte war der Schlimmste. Ich war ganz sicher, dass wir Partner fürs Leben werden würden, aber dann drehte er sich auf völlig überraschende Weise praktisch über Nacht um 180 Grad und beendete unsere Beziehung. Ich möchte wissen, was

mein Anteil daran ist, dass so etwas geschieht. Warum finden mich solche Männer immer wieder?«

Solche Fragen bekomme ich in verschiedenen Abwandlungen ziemlich häufig zu hören. Und ich glaube, dass diese Frau und auch die anderen die falsche Frage stellen. Wenn Sie immer wieder auf Menschen treffen, die ernsthafte Schwierigkeiten haben, sich zu binden, dann denken Sie daran: Von diesen Menschen gibt es viele. Wenn Sie vor die Haustüre treten, stehen die Chancen gut, dass Sie potentielle Partner finden, die nicht imstande sind, eine reale Beziehung zu führen. Die Frage ist nicht, warum diese Menschen Sie finden, sondern *warum Sie eine Beziehung mit ihnen eingehen*. Statt sich auf sämtliche problematischen Menschen der Welt zu konzentrieren, sollten Sie beginnen, darüber nachzudenken, wie Sie *Ihr eigenes Verhalten* ändern könnten.

Die erste große Frage, die Sie sich stellen sollten, lautet:
Wie trage ich dazu bei, dass ich enttäuscht werde?

Es ist kein Vergnügen, als verwirrtes Opfer durch die Welt zu laufen. Und es ist fast unmöglich, eine Bindung einzugehen, wenn Sie immer wieder die falsche Partnerwahl treffen. Möchten Sie wissen, wie Sie immer wieder dazu beitragen, in der Liebe enttäuscht zu werden? Meistens geschieht das auf die eine oder andere Weise (oder es trifft alles zu).

1. Sie achten nicht ausreichend auf Ihre eigene Beziehungsgeschichte und Ihre Bedürfnisse.
Sie können Ihr eigenes Verhalten selbst am besten verstehen. Nur Sie wissen, wie anfällig Sie dafür sind, auf eine bestimmte Art umworben und verführt zu werden. Haben Sie die Tendenz, sich nicht angemessen zu schützen? Haben Sie jemals zugelassen, dass eine Beziehung sich zu schnell entwickelt oder Sie zu schnell intim werden? Wenn Sie einem potentiellen Partner begegnen, halten

Sie dann einen Augenblick inne und hören auf die kleine weise, warnende Stimme in Ihrem Kopf, oder stürzen Sie einfach los und hoffen das Beste? Haben Sie eine Reihe halbherziger Ausreden, die Ihnen in der Vergangenheit gar nichts genützt haben, so wie: »Wie soll ich wissen, ob ich jemandem vertrauen kann, so lange ich ihm nicht vertraue?«

Beachten Sie die Lektionen, die Ihr eigenes Leben Ihnen beibringt, genau. Wenn Sie sich zum Beispiel jemals auf eine Beziehung mit Distanz eingelassen haben, in der Ihre Partnerin oder Ihr Partner verheiratet, ständig untreu, emotional nicht offen war oder weit weg wohnte, müssen Sie sich der Tatsache stellen, dass Sie vielleicht Beziehungen suchen, bei denen die Distanz bereits programmiert ist.

Wir alle müssen uns besser schützen und an unseren emotionalen und körperlichen Grenzen festhalten, bis wir *wissen* – nicht *hoffen* –, dass es gut gehen wird.

2. Sie finden nicht heraus oder lassen außer Acht, welche Beziehungen Ihr potentieller Partner oder Ihre potentielle Partnerin vor Ihnen hatte.

Wenn jemand bislang Bindungsschwierigkeiten hatte, wird er sie fast immer auch in Zukunft haben. Finden Sie heraus, wie die früheren Beziehungen Ihres potentiellen Partners, Ihrer potentiellen Partnerin aussahen, bevor Sie ihm bzw. ihr Ihr Herz schenken. Sie müssen diesen Menschen nicht gleich beim ersten Treffen mit Fragen überschütten. Lassen Sie einfach zu, dass Ihre Verbindung sich auf natürliche Weise entwickelt, und Sie werden es herausfinden. Menschen reden; ihre Freunde und Verwandten reden. Sie müssen nicht herumspionieren, und Sie müssen den anderen auch nicht beschuldigen oder verurteilen. Hören Sie einfach zu, und stellen Sie hin und wieder einige *freundliche* Fragen. So werden Sie herausfinden, was Sie wissen müssen. Und wenn Sie etwas hören oder sehen, das auf mögliche Schwierigkeiten hinweist, dann seien Sie aufmerksam und schützen Sie sich.

Donna, eine Frau, die ich einmal interviewte, sagte, ihr Freund habe so große Angst vor einer Bindung gehabt, dass er ihre Verlobung per E-Mail löste. Nichts an seinem Verhalten, erzählte sie, habe sie zu Beginn der Beziehung gewarnt. »Es muss aber Hinweise gegeben haben«, sagte ich. »Nun«, entgegnete sie, »bei unserem ersten Treffen in einem sehr teuren Restaurant saß diese gut aussehende Frau an einem der Tische. Als Gerald sie sah, sagte er: ›Oje.‹ Dann kam diese Frau an unseren Tisch, setzte sich und sagte: ›Du hast dich seit fünf Monaten nicht bei mir gemeldet. Ich dachte, wir hätten eine Beziehung. Werde ich jemals von dir eine Erklärung bekommen für das, was passiert ist?‹«

»Also«, fragte ich Donna, »haben Sie sich denn da nicht besorgt gefragt, ob er Sie nicht eines Tages genauso wütend macht wie diese andere Frau?«

Während Donna weiter redete, fielen ihr noch zahlreiche andere Geschichten ein, die Gerald ihr erzählt hatte und in denen es darum ging, wie er vor Beziehungen weggelaufen war. Sie hatte ihnen einfach keine Beachtung geschenkt.

3. Sie glauben, (a) Sie seien etwas Besonderes und (b) Ihre Beziehung würde so besonders werden, dass die Gesetze des normalen Menschenverstandes in Ihrem Fall nicht gelten.

Manche von uns haben ihr Leben lang auf diesen einen besonderen Menschen gewartet. Übertrieben romantisch, verlieben wir uns in die Liebe. Wir möchten glauben, unsere Verbindung sei so außergewöhnlich, dass Magie im Spiel ist. Wenn wir andere Menschen sehen, die unrealistisch sind, können wir sehen, auf welche Schwierigkeiten sie zusteuern. In unserem eigenen Leben jedoch glauben wir, sämtliche Regeln außer Kraft setzen zu können.

Donna zum Beispiel konnte sehen, dass Gerald die Frau, die sie beim Essen störte, unfreundlich behandelt hatte, aber sie war so verstrickt in die Romanze mit ihm, dass sie sich nicht vorstellen konnte, er würde auch sie eines Tages schlecht behandeln. Natürlich können wir nicht mit einer völlig zynischen und negativen Sicht der Dinge durchs Leben spazieren. Selbst Gerald mag sich eines Tages ändern. Aber Menschen ändern sich meistens nur, wenn in ihrem Leben etwas Wichtiges geschieht, das ihnen eine neue Sicht der Dinge vermittelt, oder weil sie sich bewusst auf eine Veränderung verpflichten.

4. Sie achten nicht gleich zu Beginn auf die Doppelbotschaften des Partners oder der Partnerin.

Ich betone gerne, dass Menschen mit Bindungsschwierigkeiten mit Dementis kommen. Meistens geben sie uns durch ihr Verhalten oder ihre Worte eine deutliche Warnung. Oft sagen sie laut und deutlich Dinge wie: »Meine Ex-Frau/Freundin/Familie sagt, ich könne mich nicht wirklich einlassen« oder »Ich warne dich vor mir«, »Mir kann man nicht wirklich trauen«, »Mir gelingt es einfach nicht, mich kontinuierlich für einen Menschen zu interessieren« oder »Mein Ehe läuft schlecht«.

Es ist nicht einfach, diese Botschaften wirklich zu beachten, besonders wenn Ihr potentieller Partner oder Ihre potentielle Partnerin Sie mit Zuneigung und Aufmerksamkeit überschüttet. Wir alle neigen dazu, eher auf das positive Verhalten zu achten und zu hoffen oder anzunehmen, dass die geäußerten Vorbehalte sich in Luft auflösen werden. Das ist ein großer Fehler.

Doppelbotschaften sind fester Bestandteil von Beziehungen mit Bindungsphobie. Der Partner mit aktiven Konflikten sagt fast immer Ja und Nein gleichzeitig. Er kann Sie mit zärtlichen, liebevollen Worten überschütten und dabei gleichzeitig krasse Grenzen ziehen, die Sie abhalten, ihm zu nahe zu kommen. Das Problem mit diesen vermischten Botschaften besteht darin, dass fast immer beide Seiten stimmen.

Menschen mit Bindungsproblemen sind innerlich meistens wirklich gespalten. Die eine Seite will – und das oft ganz verzweifelt. Die andere Seite will nicht – und das oft ebenso verzweifelt. Wenn Sie sich auf einen solchen Menschen einlassen, müssen Sie *beide* Botschaften hören – die sich distanzierende, negative ebenso wie die leidenschaftliche, positive. Damit Sie sich gut schützen können, rate ich Ihnen, dem negativen Verhalten ebenso viel Aufmerksamkeit zu schenken wie dem positiven.

5. Sie ignorieren die Realität und achten nicht hinreichend darauf, was in der Gegenwart geschieht.

Es ist sehr wichtig, die Realität zu überprüfen. Eine Frage, die Sie sich stellen sollten, lautet, ob Ihre Beziehungen Sie von Augenblick zu Augenblick erfüllt haben. Haben sie Sie Tag für Tag glücklich gemacht? Haben sie Ihnen etwas gegeben und Sie unterstützt? Oder spinnen Sie Mythen über das, was passiert?

Wenn Sie zulassen, dass Ihre Träume, Phantasien oder die Versprechungen Ihres Partners auf eine rosige Zukunft wichtiger werden als die Alltagsrealität, machen Sie einen Fehler. Natürlich können Sie die Liebe, die Sie sich wünschen, nicht finden, wenn Sie in der Vergangenheit leben.

Es kann sehr viel Mut abverlangen, sich ein genaues Bild von den eigenen Beziehungen zu machen. Aber die Mühe lohnt sich.

6. Sie lassen sich von den romantischen Plänen des oder der anderen mitreißen, selbst wenn Sie das Gefühl haben, dass er oder sie unrealistisch ist.

»Sie sagte, sie habe sich gleich bei unserem ersten Treffen in mich verliebt.«

»Er war schon dreimal verheiratet, aber er gab mir das Gefühl, er sei noch nie so verliebt gewesen.«

»Nach unserem ersten Treffen schickte sie mir ein halbes Dutzend reizender Faxe, in denen stand, wie wunderbar sie mich fände.«

»Er gefiel mir noch nicht einmal besonders. Er eroberte mich einfach mit reiner Beharrlichkeit.«

Ich habe es bereits gesagt und werde es bestimmt immer wieder sagen: Die einzigen Menschen, die es wagen, in der Liebe so hemmungslos voranzupreschen, haben darin oft sehr viel Praxis. Ich bin nicht gegen Romantik, im Gegenteil, sie ist etwas Wunderbares. Ich werde jedoch misstrauisch, wenn ich von völlig unrealistischen Werbefeldzügen höre.

Wenn Sie daran glauben, dass Ihnen eines Tages »die große Liebe« begegnen wird, dann werden Sie leicht zum Opfer für den erstbesten Menschen, der mit großartigen Liebesschwüren daherkommt oder sich entsprechend verhält. Sie können glauben, dass Ihre Träume wahr werden, selbst wenn die großen Töne nicht viel hermachen und die grundlegenden realen Elemente fehlen.

Menschen wird häufig geraten, »ihrem Herzen zu folgen« statt ihrem Kopf. Ich meine, dies ist eine der irreführendsten Botschaften der Welt. Ich möchte hier nicht zynisch klingen, denn ich glaube, dass in einer Beziehung sehr viel Raum für Herz ist. Ich muss hier lediglich deutlich machen, dass Menschen, die behaupten, sie folgten ihrem Herzen, meistens ihren Phantasien und ihren Hormonen folgen. Eine Herzensverbindung braucht Zeit, um sich zu entwickeln, und ist in Wirklichkeit etwas sehr Subtiles. Unsere Phantasien und Hormone hingegen haben meistens die Subtilität eines King Kong.

7. Sie ziehen keine angemessenen Grenzen.

Manche von uns hungern so sehr nach Liebe, dass sie zu schnell zu viel geben. Wir befürchten, wenn wir nicht hundertprozentig akzeptieren, geben und lieben, könnten wir zurückgewiesen werden. Wir öffnen unser Herz, unsere Türen, unseren Kühlschrank und manchmal sogar unser Scheckbuch. Wir setzen kaum Grenzen und halten nichts oder wenig zurück.

Wie sieht das aus? Hier eine – unvollkommene – Liste: Wir lassen fremde Menschen zu schnell in unser Leben. Wir schützen uns nicht genug. Wir geben mehr, als von uns verlangt oder uns gegeben wird. Wir riskieren im Namen der Liebe zu viel. Wir wechseln unsere Religion oder unseren Beruf. Wir ziehen um. Wir zahlen die Miete und das Haushaltsgeld für beide. Wir stellen die Bedürfnisse des oder der anderen über unsere eigenen. Und manchmal verlassen wir sogar unsere Freundinnen und Freunde, geben unsere Haustiere weg und behandeln unsere Kinder anders.

Wo wir uns gerade noch wie Männer und Frauen gefühlt haben, die ihr eigenes Leben leben, haben wir im nächsten Augenblick das Gefühl, uns nur noch anzupassen. Und weil die Empfängerin oder der Empfänger oft weiß, dass sie bzw. er dieses Verhalten nicht verdient hat und bezweifelt, ob es ehrlich gemeint ist, wirkt es noch selbstzerstörerischer.

Denken Sie daran, wenn Sie 10.000 Prozent geben, bevor Sie wissen, ob eine Beziehung das wert ist, können Sie nur noch rückwärts gehen.

Die zweite große Frage, die Sie sich stellen sollten, lautet: Wie trage ich dazu bei, dass andere enttäuscht sind?

Manche Menschen verletzen sich selbst, indem sie andere verletzen. Es ist kein Vergnügen, schuldbewusst und verwirrt durchs Leben zu laufen. Möchten Sie genau wissen, wie Sie andere in der Liebe enttäuschen? Meistens geschieht das auf die eine oder andere Weise (oder es trifft alles zu).

1. Sie achten nicht ausreichend auf Ihre eigene Beziehungsgeschichte und Ihre Bedürfnisse.

Nur Sie wissen, wie oft Sie die Grenzen und die Abwehr eines potentiellen Partners oder einer potentiellen Partnerin mit dramatischen Liebesbeweisen und Schwüren stürmisch übergangen haben – um später zu dem Schluss zu kommen, dass Sie nicht daran interessiert sind, die Beziehung weiter zu verfolgen. Haben Sie jemals die Initiative für eine Beziehung ergriffen, obwohl Ihnen tausend leise Stimmen zuflüsterten, dass dieser Mensch nicht der Richtige für Sie ist – Stimmen, auf die Sie erst gehört haben, nachdem Sie Ihre Eroberung gemacht hatten?

Sie wissen wahrscheinlich, dass Sie Schwierigkeiten haben, sich zu binden. Wenn Sie Beziehungen mit mehr als einer Person eingehen und jeder das Gefühl geben, sie sei Ihre einzige Liebe, wissen Sie besser als jeder andere, wie es um Sie bestellt ist. Sie können nicht durch das Leben gehen und annehmen, dass Ihre Partnerinnen oder Partner schon auf sich selbst Acht geben werden. Ihr Verhalten diesen Menschen gegenüber fällt fast immer auf Sie zurück.

2. Sie achten nicht genau darauf, welche Beziehungen Ihre potentielle Partnerin oder Ihr potentieller Partner vor Ihnen hatte und wie sie bzw. er emotional veranlagt ist.

Schauen Sie sich den Menschen, den Sie beeindrucken möchten, gut an. Wird er oder sie ernsthaft enttäuscht sein (und mehr als Sie), wenn die Beziehung, die Sie anstreben, schief geht? Ist er oder sie spürbar verletzlich? Ist dieser Mensch durch einschlägige Erfahrungen wie emotionale Verzweiflung, eine erst kürzlich erlebte verheerende Liebesgeschichte, die Versorgung abhängiger Kleinkinder oder augenblickliche Probleme im Leben besonders empfindsam?

Ich habe einmal einen Mann interviewt, der mir erzählte, er habe besonders große Schuldgefühle einer Frau gegenüber, zu der er gerade den Kontakt abgebrochen hatte. Gleich zu Beginn ihrer Beziehung hatte sie zu ihm gesagt: »Versprich mir eines. Ganz gleich, was geschieht, lüg mich nicht an.« Und er ließ sich von der emotionalen Intensität des Augenblicks dazu hinreißen, das Versprechen zu geben. »Und dann?« fragte ich ihn. »Und dann log ich sie doch an. O Mist!« sagte er. »Ich habe sie wahrscheinlich damals schon angelogen.«

3. Sie glauben, Sie müssten sich besonders anpreisen.

Vielleicht neigen Sie dazu, potentielle Partner oder Partnerinnen zu behandeln, als seien sie Käufer, denen Sie Ihre Waren anpreisen müssen. Bedenken Sie, dass Sie kein neuer (oder gebrauchter) Wagen sind, und wenn Sie den »Kauf« abgeschlossen haben, können Sie vielleicht die Schlüssel nicht übergeben. Ihr bemühter Charme und das implizite Versprechen, das Ihr »Verkaufsangebot« enthält, sollen die andere Person glauben machen, dass Sie dies aber vorhaben, wenn sie erst einmal »Ja« sagt.

Manche Verkäufer konzentrieren sich vielleicht mehr auf das Verkaufsgespräch und die angepriesene Ware als auf ihren Kunden. Tatsächlich entpersonalisieren sie ihren Kunden sogar manchmal. Leider hat dieses Verhalten in der Liebe problematische Folgen: Der Partner oder die Partnerin, dem bzw. der Sie Ihr Produkt »verkaufen«, denkt sich aufgrund Ihres Verhaltens dreierlei:

1. Toll, er bzw. sie ist ein ganz besonderer Mensch.
2. Toll, er bzw. sie mag mich so sehr, ich muss auch etwas Besonderes sein.
3. Toll, wir werden eine Super-Beziehung haben.

Seien Sie nicht überrascht, sollte der Mensch, dem Sie Ihre Besonderheit »verkaufen«, empört reagieren, wenn Sie abspringen. Er kann dann das Gefühl haben, dass Sie einen schweren emotionalen Vertragsbruch begangen haben. Der wirkliche Grund dafür, dass Sie einem potentiellen Partner oder einer potentiellen Partnerin ständig Ihre eigene »Besonderheit« oder Ihren Wert verkaufen, kann Ihre eigene Unsicherheit sein. Meistens nimmt Ihr Gegenüber Ihre Unsicherheit wahr. Oft verstärkt das den Reiz nur noch – es kann Sie sogar noch sensibler und anziehender erscheinen lassen.

4. Sie verstehen nicht, dass Sie Ihrem Partner oder Ihrer Partnerin zwei ganz verschiedene Botschaften vermitteln.

Kürzlich erzählte mir ein Anrufer in einer Radiosendung, er könne nicht verstehen, warum Frauen mehr von ihm erwarteten, als er bereit sei zu geben. Er sagte: »Ständig verlieben sich Frauen in mich, und ich weiß nicht, warum, weil ich sie immer warne, sich nicht ernsthaft auf mich einzulassen.«

Ich weiß noch, wie ich ihm erwiderte: »Ich akzeptiere die Tatsache, dass Sie diese Frauen warnen, aber ich weiß nur allzu gut, dass viele Menschen diese Warnungen nicht hören, sondern als Herausforderung betrachten. Aber ich muss Sie fragen: Kann es sein, dass Sie etwas tun, was die Frauen verwirrt? Spielen Sie nicht den unwiderstehlichen Verführer?«

Er sagte, er müsse zugeben, dass er sich sehr ins Zeug lege, um einer Frau zu gefallen. Er kaufte Frauen, die er kaum kannte, Geschenke, besuchte mit ihnen teure Restaurants und war ein leidenschaftlicher, einfühlsamer Liebhaber. Er genoss es, bei Frauen Gefühle zu entzünden. Und er tat es.

Die Moral von dieser Geschichte: Wenn Sie in der Liebe voranstürmen, müssen Sie sich nicht wundern, wenn Ihr Partner oder Ihre Partnerin das Gefühl hat, in besonderer Weise umworben zu werden. So verhält sich kein Mensch, der einfach nur ein paar angenehme Stunden verbringen möchte. Dieses Verhalten ist sowohl verwirrend als auch verführerisch.

Tatsächlich kenne ich viele Menschen – sowohl Männer als auch Frauen –, die sich ähnlich äußern wie dieser Anrufer. Niemals werde ich Doug vergessen, einen 35-jährigen Buchhalter, der mit seiner Freundin zusammenzog und sämtliche Wochenenden damit verbrachte, mit ihren beiden Kindern zu spielen, die er wirklich liebte. Seine Freundin glaubte aufgrund dieses Verhaltens natürlich, ihre Beziehung habe eine Zukunft. Doug hingegen dachte, er würde sich klar und deutlich äußern, da er ihr immer wieder sagte: »Ich weiß nicht genau, was ich will.«

Manche Männer und Frauen achten natürlich sorgfältig darauf, nichts zu *tun*, was darauf hinweisen könnte, dass die Beziehung eine Zukunft hat. Mit ihren *Worten* aber gehen sie weniger achtsam um. Ich habe einmal eine Frau interviewt, die mir erzählte, ihr Freund habe sie durchschnittlich dreimal am Tag angerufen, um ihr zu sagen, dass er sie liebe, sie aber niemals zu gesellschaftlichen Anlässen mitgenommen, weil er darin eine Verbindlichkeit sah, die er nicht eingehen wollte.

Wenn Sie selbst nicht wissen, was Sie wollen, und deswegen Doppelbotschaften senden, sollten Sie bedenken, dass Ihre Partnerinnen oder Partner menschliche Wesen sind; sie hören, was sie hören wollen und ignorieren den Rest. Und dann bleibt die Beziehung am extremen Ende der einen oder anderen Botschaft stecken; sie wird zur Achterbahnfahrt ohne wirkliches Zentrum.

5. Sie ignorieren die Wirklichkeit und machen sich vor, dass Ihr Verhalten keine Folgen hat.

Wenn Sie mit einem anderen Menschen zusammen leben, ist das etwas ganz Reales; Sie haben eine Beziehung. Wenn Sie jemanden ein halbes Jahr lang mehrmals die Woche treffen, ist das real; Sie haben eine Beziehung. Wenn Sie Ihre Geheimnisse und Gedanken regelmäßig mit einer anderen Person austauschen, ist das real; Sie haben eine Beziehung. Wenn Sie einen anderen Menschen zu Intimität und Vertrauen ermutigt haben, ist das real; Sie haben eine Beziehung.

Haben Sie jemals versucht, sich selbst einzureden, dass Sie eine Beziehung haben, obwohl das einfach nicht stimmte? Haben Sie sich jemals vorgemacht, Ihre Partnerin oder Ihr Partner wisse schon, dass zwischen Ihnen nichts Ernstes ist, obwohl das einfach nicht der Wahrheit entsprach?

Stellen Sie sich den Tatsachen: Wenn Sie glauben, Sie könnten ohne weiteres in das Leben eines anderen Menschen eindringen und sich wieder zurückziehen, ist das unrealistisch. Sie phantasieren. Die Realität ist, dass Sie leiden werden – und Ihr Partner oder Ihre Partnerin wird wahrscheinlich noch mehr leiden.

6. Sie tun und sagen Dinge, die Erwartungen hervorrufen, die Sie nicht erfüllen.

Ich habe gewiss Verständnis dafür, dass man leicht den Kopf verliert, wenn man verliebt ist und einen anderen Menschen für sich gewinnen möchte. Ich weiß, wie schnell man zu weit geht. Und ich weiß, dass man dabei völlig überzeugt sein kann, das Richtige zu tun. Ich weiß aber auch, dass man beim Aufwachen am nächsten Morgen, wenn der Adrenalinspiegel gesunken ist, denkt: »O Gott, was habe ich getan?«

Wenn Ihr Liebesverhalten und dessen mögliche Folgen Ihnen jemals einen gehörigen Schrecken eingejagt haben, dann müssen Sie einen Schritt zurücktreten und sich genau anschauen, was Sie tun. Überlegen Sie einmal, was Sie alles angestellt haben, um dem anderen nahe zu kommen und sein Vertrauen zu gewinnen. Denken Sie daran, wie oft Sie kein Nein akzeptieren konnten ... bis jemand Ja gesagt hat. Wenn Sie ehrlich sind, hat niemand Sie aufgefordert, sich so ins Zeug zu legen. Aber wenn Sie erst einmal so weit gegangen sind, kann der Mensch, den Sie umwerben, durchaus glauben, was Sie sagen und tun. Sie müssen die Sache langsamer angehen.

7. Ihre Grenzen stehen und fallen je nach den äußeren Umständen.

Wenn Sie versuchen, jemanden für sich zu gewinnen, können Sie einen so dichten romantischen Kokon spinnen, dass der Eindruck entsteht, nichts könne Sie und Ihren Partner oder Ihre Partnerin trennen und Sie beide existierten ganz allein auf dieser Welt. Dann aber, oha, verändern sich Ihre Bedürfnisse, und Sie können so enorme Grenzen zwischen sich und der anderen Person errichten, dass diese sich völlig ausgeschlossen fühlt. Können Sie in der einen Minute leidenschaftlich, herzlich und verbunden erscheinen und im nächsten Moment distanziert, zurückhaltend und regelrecht kalt sein?

Kürzlich traf ich einen Mann, der mir erzählte, seine »Freundin« verbringe mindestens vier heiße Liebesnächte in der Woche in seiner Wohnung, trotzdem wolle sie nicht, dass er sie bei sich zu Hause besuche, und sie wolle mit ihm auch nicht unter Menschen gehen – zum Beispiel ins Kino –, damit er sich keine falschen Vorstellungen mache. Mit anderen Worten: Manchmal wollte diese Frau ihm so nahe sein, dass nichts zwischen sie treten konnte und dann wieder schaffte sie eine enorme Distanz, indem sie riesige, unüberwindbare Hindernisse errichtete.

Viele Männer und Frauen mit Bindungsschwierigkeiten möchten beides: Manchmal wünschen sie sich eine intime Beziehung, dann wieder möchten sie, dass diese Beziehung nicht existiert. Also reißen Sie ständig Grenzen ab und bauen sie wieder auf.

Die dritte große Frage, die Sie sich stellen sollten, lautet: Was könnte ich in Zukunft anders machen?

Die Antwort darauf ist natürlich ganz offensichtlich: Machen Sie sich bewusst, wie Sie sich bislang verhalten haben und wiederholen Sie diese Muster nicht. Wenn Sie sich zum Besseren verändern, werden auch Ihre Beziehungen besser sein.

Wenn es darum geht, Beziehungen in Zukunft befriedigender zu gestalten, müssen Sie wissen, dass manche Menschen meiner Erfahrung nach einfach nicht wollen, dass die Dinge anders laufen. »Ich möchte das ändern«, erzählen sie mir. »Ich bin bereit für eine gesündere Beziehung. Ich bin bereit für die Liebe«, sagen sie. Diese Worte kommen aus ihrem Mund, fallen aber nicht auf fruchtbaren Boden. Sie schlagen keine Wurzeln und bringen kein neues Verhalten hervor. Manche Menschen äußern diese guten Vorsätze, ohne sich wirklich auf Veränderungen einzulassen. Da Bindung ihr zentrales Problem ist, überrascht das natürlich nicht weiter.

Wenn Sie sich zum Besseren verändern, werden auch Ihre Beziehungen besser sein.

Wenn Sie den aufrichtigen Wunsch nach einer sinnvollen, dauerhaften Liebesbeziehung verspüren, müssen Sie diesen Kampf um Veränderungen ernst nehmen. *Sie* müssen wirklich wollen. *Sie* müssen sich wirklich verändern. Vor zehn Jahren wünschte ich mir ein anderes Leben, glaubte aber immer noch, dass Zeit und Umstände mir neue Partnerinnen bescheren würden, mit denen alles anders liefe. Ich dachte, die Zeit und die Umstände würden mir die Zukunft bringen, die ich mir erhoffte, und ich bräuchte nichts anderes zu tun, als zu warten. Also wartete ich. Und wartete. Und schaute zu, wie nichts passierte.

Der erste mögliche konkrete Schritt kann darin bestehen, ein Gespür dafür zu entwickeln, wie reale Beziehungen verlaufen. Beziehungen beruhen nicht auf magischem Wunschdenken. Sie erfordern immer Zeit und aufrichtige Bereitschaft von Seiten beider Beteiligten. Es gibt *immer* Dutzende von Fragen, sowohl große als auch kleine, die aus dem Weg geräumt werden müssen, *bevor* zwei Menschen wissen, ob sie zusammenkommen sollten. Und auch *nachdem* zwei Menschen sich entschieden haben, eine Beziehung einzugehen, türmen sich Dutzende von Fragen vor ihnen auf. Mit der Verpflichtung, an sich selbst zu arbeiten, beginnen Sie, an Ihrer Beziehung zu arbeiten.

Die zweite Herausforderung

Der Mut, sich von alten Geistern zu verabschieden

Bevor wir uns auf eine verbindliche Beziehung einlassen können, müssen wir uns oft zunächst einmal unsere persönliche Vergangenheit anschauen, die uns bislang Probleme bereitet hat. Ich habe eine gute Freundin namens Angela, die ziemlich viel über das redet, was sie ihre »Beziehungsgeschichte« nennt. Vor einem Jahr trennte Angela sich von ihrem Freund, mit dem sie zusammenlebte und den sie zu heiraten beabsichtigt hatte, weil sie ab sofort nur mit dem Menschen zusammen sein wollte, den sie seit einiger Zeit für ihre »große Liebe« hielt. Kurz darauf ließ ihre große Liebe sie wegen einer anderen Frau »fallen«, wie sie es ausdrückt. Sie sagt, es sei schwierig herauszufinden, was damals wirklich geschehen ist. Warum, fragt sie sich, hat sie ihren Verlobten verlassen? Warum hat sie sich in einen anderen Mann verliebt? War das lediglich eine vorübergehende Verrücktheit, ausgelöst durch den Gedanken an die bevorstehende Heirat? Warum hat ihre neue Liebe sie nur eine Woche, nachdem sie ihre Verlobung löste, verlassen? Angela sagt, dass sie sich oft depressiv und einsam fühlt. Tatsächlich fühlt sie sich von ihren Erinnerungen verfolgt. Sie weiß nicht genau, wen sie eigentlich vermisst. Vermisst sie ihren Verlobten oder das stabile Zusammenleben mit ihm? Vermisst sie ihre »große Liebe«, von der sie so großartig verlassen wurde? Oder vermisst sie, wie ihre Therapeutin meint, in Wirklichkeit ihre Mutter, die sie bereits als Kleinkind einer Reihe von Babysittern überlassen hat?

Zum Zeitpunkt, an dem wir alt und klug genug sind, um eine reife, liebevolle Beziehung einzugehen, tragen die meisten von uns schon eine »ziemliche Geschichte« mit sich herum. Diese Vergangenheit beschert uns, was ich als »Geister« bezeichne. Keiner von uns ist frei davon.

Wenn Sie dieses Buch lesen, möchten Sie Ihre eigene Vergangenheit besser verstehen lernen. Sie möchten begreifen, warum Sie in der Liebe die falschen Entscheidungen getroffen haben und mit leeren Händen da stehen. Wenn Sie Ihre Geister besser begreifen und wissen, warum sie existieren, lernen Sie sich selbst besser kennen und erfahren, warum Sie sich so verhalten, wie Sie es tun. In Beziehungen, wie wir wissen, sehen wir im Nachhinein immer alles sehr viel klarer.

Heute Beziehungen eingehen heisst, eine Beziehung zur Vergangenheit eingehen

Manche von uns haben es offenbar ziemlich leicht, mit einem anderen Menschen eine Beziehung anzufangen: Man geht zusammen essen und ins Kino. Ein angenehmes Gespräch, miteinander lachen, ein Spaziergang am Strand Hand in Hand, ein Kuss, der zu weiteren Küssen führt, und das nächste, was ihnen einfällt, ist das

Wort *Beziehung*. Warum sollte es komplizierter sein? Warum? Weil wir nun einmal sehr viel kompliziertere Wesen sind.

Die Psychologen sagen, unser heutiger Kampf um Beziehungen beruhe auf unseren früheren Erfahrungen und werde ganz von diesen bestimmt. Wenn die Last der Vergangenheit uns drückt, sind wir selten »frei«, uns auf unsere Partner einzulassen; wir lassen nur so viel Nähe zu, wie unsere früheren Kämpfe es uns erlauben.

Kurz gesagt, um eine neue liebevolle Beziehung einzugehen und aufrechtzuerhalten, müssen Sie gedanklich und gefühlsmäßig noch einmal sämtliche früheren Beziehungen durchgehen. Mit jeder neuen Beziehung betreten Sie automatisch die Straße der Erinnerungen. Ob es Ihnen gefällt oder nicht, die neuen Gefühle bringen Erinnerungen an sämtliche Beziehungen mit sich, die Sie jemals hatten, seien sie liebevoll oder schmerzlich gewesen, und damit auch die dazugehörigen alten Gefühle. Das heißt, jede Freundschaft und jede Feindschaft, jeder Triumph und jede Träne, jedes Scheitern und jede Phantasie.

Und wenn das für Sie bereits nach sehr viel emotionalem Aufruhr klingt, müssen Sie wissen, dass dieser Prozess der Rückschau nicht auf Beziehungen beschränkt ist, die mit Ihrer ersten Verliebtheit begannen. Sie werden sich auch mit den Beziehungen zu Ihren Eltern, Geschwistern und anderen wichtigen Personen aus Ihrer Kindheit vom Augenblick Ihrer Geburt an (und wenn wir Untersuchungen über das Bindungsverhalten von Zwillingen im Uterus ernst nehmen, vielleicht sogar *vor* Ihrer Geburt) auseinander setzen. Überlegen Sie einmal, welche Beziehung Sie zu Ihrer Mutter, Ihrem Vater, zu Schwestern, Brüdern, Tanten, Onkels, Großmüttern und Großvätern, Haushälterinnen, Babysittern, Nachbarn, Freundinnen und Freunden hatten – ganz gleich, ob diese Menschen in Ihrem Leben noch eine Rolle spielen oder nicht, ob sie leben oder bereits gestorben sind. Ein Mensch, der in Ihrem Leben war, kann Sie bis in Ihre augenblicklichen Beziehungen hinein verfolgen. Und solange Sie keinen Frieden mit Ihrer Vergangenheit schließen, wird das auch immer wieder passieren.

Der emotionale »Supercomputer«, den wir alle verinnerlicht haben, kann die Informationen aus Ihrer inneren Datenbank so schnell finden und abrufen, dass Sie sich davon überwältigt fühlen können. Die emotionale Inventur, die in jeder neuen Situation stattfindet, beruht nicht auf unserer freien Entscheidung. Sie geschieht automatisch und ist unvermeidbar. Und um die Sache noch komplizierter zu machen: Sie verläuft weitgehend unbewusst. Wenn Sie also keine konkreten Schritte unternehmen, kann der Prozess der Rückschau völlig Ihrer Kontrolle entgleiten. Schauen Sie sich hingegen die zahlreichen verschiedenen emotionalen Geister aus Ihrer Vergangenheit genau an, kann Ihnen das helfen, bewusster und damit freier für augenblickliche und künftige liebevolle Beziehungen zu werden.

Sie brauchen Mut, um sich Ihren Geistern zu stellen

Fast alles, was wir über Liebe und Bindung wissen, haben wir von unseren Geistern gelernt. Manche Menschen können sich sehr glücklich schätzen. Sie haben eine wunderbare Kindheit gehabt und waren umgeben von liebevollen Bezugspersonen und Gleichaltrigen. Wenn sie heranwachsen, probieren sie eine Reihe von Beziehungen aus, bevor sie sich verlieben und heiraten. Diese Menschen fühlen sich von ihrer Vergangenheit nicht verfolgt. Sie empfinden die Erinnerung an durchgehend liebevolle Verbindungen als unterstützend. Für die meisten von uns jedoch gilt, dass unsere Vergangenheit zumindest von einigen Geistern bevölkert wird, welche wir gerne hinter uns lassen würden. Diese Geister stehen für die Erfahrungen und Ereignisse, die uns in unseren Spurrillen festhängen lassen, so dass wir nicht imstande sind, wirklich liebevolle Beziehungen zu leben.

Diese Geister verschwinden nicht dadurch, dass wir sie ignorieren. Obwohl sie uns nicht 24 Stunden am Tag verfolgen, tauchen sie aber immer gerade dann auf, wenn wir sie am wenigsten haben wollen und hindern uns daran, in guten Beziehungen einen Schritt nach vorn zu tun. Sie zeigen sich, wenn das Telefon klingelt oder nicht klingelt; wenn wir um eine Verabredung bitten und uns wünschen, geküsst zu werden; wenn wir Hand in Hand im Park spazieren gehen; und selbst wenn wir vor den Altar treten. Unsere Geister tauchen jedes Mal dann auf, wenn wir versuchen, eine liebevolle Verbindung einzugehen. Der einzige Weg, unsere Geister zum Verschwinden zu bringen, besteht offensichtlich darin, sie realistisch zu betrachten und als das zu erkennen, was sie sind. Schauen wir uns einmal einige der emotionalen Geister an, die uns in unserem Leben mit ihren Buh-Rufen verfolgen.

Die Geister früherer Geliebter

Wir leben heute in einer Zeit, in der es üblich ist, vor der Ehe einige oder auch viele Beziehungen zu haben. Überlegen Sie einmal, was Sie sich von Ihren früheren Partnerinnen oder Partnern alles merken mussten – von Geburtstagen über Kleidergrößen bis zu Ess- und Trinkgewohnheiten. Kein Wunder also, dass wir, wenn wir schließlich unseren Partner oder unsere Partnerin fürs Leben gefunden haben, feststellen, dass uns die Geister all dieser anderen Menschen mit ihren Gewohnheiten, sexuellen Vorlieben und persönlichen Besonderheiten immer noch im Kopf umgehen.

Machen Sie sich ein Bild von Ihren Geistern, indem Sie einen Erinnerungsspaziergang unternehmen, bei dem Sie sich auf Ihr Liebesleben konzentrieren. Denken Sie über die Beziehungen nach, die Sie eingegangen sind, und über die Verluste, die Sie erlebt haben. Ganz gleich, ob viele Erinnerungen hochsteigen oder nur wenige, sie alle sind von starken Emotionen geprägt. Denken Sie an Ihr erstes Verknalltsein, Ihr fünftes Verknalltsein, Ihr soundsovieltes Verknalltsein, denken Sie an die Sommerflirts, die Winterflirts, die Herbst- und Frühlingsflirts. Was ist mit Ihrer ersten Verabredung, dem ersten Kuss und all den Treffen und Küssen, die folgten? Vielleicht gab es Verlobte und Ehefrauen oder zumindest »die eine große Liebe Ihres Lebens«. Ganz gleich, ob diese Beziehungen gut oder schlecht ausgingen (was auch immer das bedeuten mag), haben wir nicht alle Abschiede und Verluste erlebt?

Menschen glauben oft, die Vergangenheit sei Vergangenheit, aber wir lassen nichts wirklich hinter uns, solange wir es nicht verarbeitet haben und ruhen lassen können. Wenn es in Ihrem Leben zum Beispiel viele Verluste gibt, die Sie nicht ganz verarbeitet oder betrauert haben, können diese Erfahrungen jedes Mal, wenn Sie versuchen, sich neu einzulassen, Unbehagen, Angst oder sogar ein Gefühl von Bedrohung in Ihnen auslösen.

Wir lassen nichts wirklich hinter uns, solange wir es nicht verarbeitet haben und ruhen lassen können.

Wenn wir einen geliebten Menschen verlieren durch das Auseinandergehen der Beziehung, trauern wir nicht immer in angemessener Weise. Manchmal halten wir an der Erinnerung an diese verlorene Bindung auf nostalgische Weise zu lange fest. Dann wieder radieren wir das Bild von Menschen, die wir geliebt haben, aus und tun, als hätten sie niemals existiert. Es gibt gute Gründe dafür, warum bei so vielen Bewältigungsprozessen die Betonung darauf liegt, zu verzeihen und Abbitte zu leisten. Die Entwickler dieser therapeutischen Methoden wissen nur allzu gut, wie schwer es ist, im Leben nach vorne zu gehen, wenn man mit der Vergangenheit keinen Frieden geschlossen hat.

Ich fand es extrem heilsam, meine sämtlichen früheren Beziehungen in einer Grafik darzustellen und die Gefühle aufzuschreiben, die ich bei Beendigung jeder Beziehung hatte, wobei ich mich besonders darauf konzentrierte, mir bewusst zu machen, wie diese Gefühle meine nächsten Schritte bestimmten. Ich begann in der siebten Klasse. Meine erste kleine Liebelei war keinesfalls eine positive Erfahrung. Sie begann auf dem Schulhof während der Pause, als eine Klassenkameradin auf mich zukam, um mir zu sagen, dass ein anderes Mädchen aus meiner Klasse – ich erinnere mich nicht an ihren Namen, nennen wir sie Nancy – mich *wirklich* möge. Ich fühlte mich sofort geschmeichelt. Nach dem Mittagessen sagte dieselbe Botschafterin, Nancy wolle wissen, ob ich sie auch gern habe. »Klar«, sagte ich daraufhin, ohne zu wissen, was das bedeutete.

Nachmittags in der Klasse bekam ich eine Botschaft auf einem Zettel, und zwar wieder von derselben Vermittlerin. Auf dem Zettel stand: »Nancy möchte wissen, ob du mir ihr gehen willst. Wenn ja, dann schicke ihr dein Namensarmband.« Das klang auf eine vage Weise aufregend und sehr erwachsen. Ich weiß noch, wie ich mein Armband in Papier einwickelte, in einen Umschlag legte und ihn quer durch die Klasse zu Nancys Tisch schickte. Sie schaute mich an und lächelte. Ich lächelte zurück. Wir gingen zusammen! Toll!

Am nächsten Tag kam mein Armband in derselben Verpackung zurück. Nancy hatte mich nun zurückgewiesen. Es endete ebenso schnell, wie es begann. Bevor sie mich auserwählt hatte, war sie mir noch nicht einmal aufgefallen. Aber jetzt war ich mir ihrer Anwesenheit zwangsläufig bewusst. Ich fühlte mich gedemütigt und verletzt. Ich weiß noch, dass ich beschloss, in Zukunft besser aufzupassen.

Als ich meine »Liebesgeister« hervorholte und eine Liste aufstellte, die mit diesem Misslingen anfing, konnte ich deutlich sehen, wie die Gefühle am Ende jeder Beziehung mein Verhalten und meine Einstellung veränderten und damit das weitere Geschehen bestimmten. Manchmal war das ein ganz subtiler Prozess, in vielen Fällen war er aber absolut offensichtlich. Männer und Frauen, die meinen Vorschlag befolgt haben, machten ähnliche Erfahrungen.

- Julian sagt, er habe sich nach einer College-Liebe so gekränkt und gedemütigt gefühlt, dass er sich mit der ersten Frau, die seinem Ego schmeichelte, in eine »langweilige« Ehe stürzte.
- Als Jamies Verlobung endete, fühlte sie sich verletzt und wie eine unerwünschte Versagerin. In dem Glauben, ein anderer Mann könne ihr helfen, diese Gefühle auszulöschen, begann sie, sich exzessiv zu verabreden. Als sie dann bei einem Bürofest auch noch auf die Schmeicheleien eines Mannes einging, den sie noch nicht einmal mochte, wurde ihr klar, dass mit ihrem Verhalten etwas nicht stimmte.

Das alles sind ganz platte und fast peinliche psychische Reaktionsmuster. Aber wenn es uns passiert, durchdenken wir diese Erfahrungen nicht, auch wenn sie ganz offensichtlich sind. Wir wollen uns unsere Gefühle nicht anschauen. Um unserem Schmerz zu entkommen, konzentrieren wir uns meistens sofort darauf, einen neuen Partner zu finden – oder versuchen sogar, den alten zurückzugewinnen. Wir lernen unsere Lektionen nicht. Und deswegen wiederholt sich unsere Geschichte oft wieder und wieder.

Der Geist einer unvergessenen Liebe

Manche Exgeliebte nehmen solch mystische Proportionen an, dass wir für sie eine besondere Geist-Kategorie aufstellen müssen. Viele Menschen haben mir erzählt, wie schwer es ihnen fällt, nicht in romantischen Erinnerungen zu schwelgen, sondern nach vorne zu schauen. Ich persönlich kenne mindestens zwei Frauen und einen Mann, die das Scheitern bestimmter Beziehungen in ihrem Leben seit Jahren betrauern. Eine dieser Frauen erzählte mir kürzlich, sie sei an einem Punkt angelangt, wo sie sich aufrichtig schäme, jemandem zu erzählen, dass sie die Trennung von ihrem Exehemann nicht verwinden könne, wobei sie ihn seit acht Jahren noch nicht einmal gesehen habe. Wie kann das passieren? Und warum?

Mir ist aufgefallen, dass Menschen, die an der Erinnerung an einen bestimmten Partner festhalten, oft keine klare Vorstellung von der Liebe haben. Sie verbinden ihren Glauben an die Liebe mit ihrem Glauben an einen bestimmten Menschen und können beides nicht auseinander halten. Eine Frau sagte tatsächlich zu mir: »Ich liebe Kyle so sehr, dass diese Beziehung einfach gut gehen muss, sonst verliere ich meinen Glauben an die Liebe.« Für kurze Zeit gab Kyle ihr das Gefühl, so vollkommen geliebt zu werden, wie sie es bislang nur geträumt hatte. Auch wenn Kyles Liebe sich trotz all seiner Erklärungen als oberflächlich erwies, möchte sie sich einfach wieder so fühlen wie in den besten Zeiten dieser Beziehung. Sie hängt an dieser Erinnerung, wie ein kleines Kind an seinen Eltern hängt, damit sie es beschützen.

Manche Menschen haben einfach nur Sehnsucht nach Expartnern oder Expartnerinnen. Andere spüren eine beängstigende Mischung aus Liebe und Hass, Depression und Wut, Begehren und Ekel. Ich weiß, dass es eine unglaublich schmerzliche Erfahrung ist, über eine Beziehung hinwegzukommen. Zahlreiche Bücher sind über den Prozess des Trauerns geschrieben worden, und sie können bestimmt auch sehr hilfreich sein – wenn man überhaupt imstande ist, auch nur die ersten Schritte zur Verarbeitung des Verlustes zu tun. Noch hilfreicher und oft auch absolut notwendig ist eine gute Beratung, Therapie oder Selbsthilfegruppe. Möglicherweise mag es auch angeraten sein, einen Arzt aufzusuchen, entweder einen Psychiater oder den eigenen Hausarzt, um abzuklären, ob es hilfreich sein kann, vorübergehend Antidepressiva zu nehmen.

Viele Menschen, die eine Therapie beginnen, tun dies in eben solchen Situationen. Das weiß ich aus erster Hand, weil es bei mir genauso war. Wie viele andere habe auch ich entdeckt, dass wir diese schwierigen Zeiten als großartige Gelegenheit nutzen können, die tiefer liegenden Erinnerungen zu verarbeiten, die den Schmerz nähren und uns daran hindern, weiterzukommen.

Die größeren Geister aus der Kindheit

»*O mein Gott*«, kreischte mir meine Freundin Sheila ins Ohr. »*Ich habe meine Mutter geheiratet. Okay, er ist größer als sie und streitet sich mit mir statt mit meinem Vater. Aber ansonsten ist er genauso wie sie.*«

Unsere ersten Liebesbeziehungen waren die zu jenen Menschen, die uns zu Beginn unseres Lebens versorgt und betreut haben. Ihnen haben wir unser Herz geöffnet und unser Vertrauen geschenkt. Betrachten Sie einmal ein kleines Kind, das seiner Mutter unverwandt in die Augen sieht. Was anderes ist das als Liebe? Schauen Sie sich ein zweijähriges Mädchen an, dass sich ohne jede Scham an seinen Vater klammert. Wenn das keine Liebe ist, was dann? Beobachten Sie den kleinen Bruder und seine Schwester, die sich bei den Händen halten, oder das Krabbelkind, das mit seinem Großvater spielt. Hören Sie einmal zu, wie ein sechsjähriges Kind über seinen Lehrer spricht. Die Offenheit des Herzens in diesen frühen Verbindungen ist einzigartig und geht verloren, wenn wir anfangen, unsere Abwehrmechanismen zu entwickeln. Wenn bestimmte Erfahrungen Ihre Fähigkeit, einem anderen Menschen nahe zu kommen, beeinträchtigen, prägt das auch Ihre Zukunft. Und die Geister Ihrer eindringlichsten Erinnerungen behindern Sie am meisten. Wenn wir als Kinder zu viele negative Erfahrungen machen mussten, verlieren wir den Mut zu lieben.

> **Wenn wir zu viele negative Erfahrungen machten, verlieren wir den Mut zu lieben.**

Ganz gleich, wie idyllisch Ihre Kindheit war, Ihre früheren Beziehungen haben Ihnen mit Sicherheit zumindest einige hartnäckige und schwer zu verscheuchende Geister beschert. Vielleicht waren Ihre Eltern sehr liebevoll und offen miteinander, aber wie stand es mir ihrer Fähigkeit, auf Sie einzugehen? Vielleicht haben sich Ihre Eltern Ihnen gegenüber sehr liebevoll verhalten, aber waren sie für Sie auch ein gutes Vorbild für eine Partnerschaft? Was ist mit den Beziehungen zu Ihren Geschwistern?

Kamen Sie und Ihre Brüder und Schwestern gut miteinander zurecht? Viele von uns sind mit Eltern groß geworden, die emotional oder körperlich nicht präsent, die überängstlich, kritisch, kontrollierend, voller Ärger, vorwurfsvoll und überlastet waren oder finanziell unter Druck standen. All diese Umstände haben ihre eigenen speziellen Auswirkungen. Jahre später teilen wir dann unser Leben mit einem Menschen, der uns »die gleichen Knöpfe drückt« wie unsere Eltern. Jahre später stellen wir fest, dass manche unserer Eigenschaften eindeutig jenen Eigenschaften unserer Eltern gleichen, die wir an ihnen ablehnten. Jahre später müssen wir uns eingestehen, dass wir uns unseren Partnerinnen oder Partnern gegenüber genauso verhalten wie früher gegenüber unseren Geschwistern.

Die Geister einer bestimmten Zeit und eines bestimmten Ortes

Louise sagt, sie habe erst im Alter von fünfzig Jahren erkannt, dass sich die Wahl ihrer Partner oft auf die Auswirkungen des Zweiten Weltkriegs zurückführen ließ. Louise verbrachte die ersten fünf Jahre ihres Lebens in einer Kleinstadt im Mittleren Westen, wo die meisten Männer im Krieg waren. Aufgrund dieses Umstandes machte sie tief greifende Erfahrungen mit Frauen, die besorgt auf die Rückkehr ihres Partners warteten. Bis Mitte dreißig ging Louise immer wieder Beziehungen mit Männern ein, die entweder verheiratet waren oder weit weg wohnten. Wie bei den Frauen in ihrer Familie während des Krieges waren ihre Beziehungen durch leidenschaftliche Wiedersehen und schmerzliche Trennungen geprägt.

Wenn Sie in einem Vorort aufgewachsen sind, wo viele Eltern und vor allem die Männer jeden Morgen zur Arbeit fuhren und erst spät am Abend nach Hause kamen, haben Sie eine andere

Vorstellung von Beziehungen, als wenn Sie auf einer Farm Ihre Kindheit verbrachten, wo Ihre Eltern in einer Art Familienbetrieb zusammenarbeiteten.

Wir alle sind durch die Ereignisse und Stimmungen der Zeiten, in denen wir aufwuchsen, beeinflusst worden. Rassismus, Bürgerrechtsbewegung, der Vietnamkrieg, Friedensbewegung, Volksmusik, Rock'n'Roll, Drogen, die Frauenbewegung, die sexuelle Revolution und sogar die Spiritualität des New Age – das alles hat Geister hinterlassen, sowohl gute als auch schlechte, die unser Beziehungsverhalten beeinflussen. Das Gleiche gilt für Filme, Fernsehsendungen, Bücher und alles weitere, was die Werte und die Vorstellungen unserer Zeit mitgeprägt hat.

Die Geister früherer Weihnachtsfeste

In Dickens *Ein Weihnachtslied* wird Ebeneezer Scrooge von einem Geist früherer Weihnachtsfeste verfolgt. Genau wie er haben auch wir viele Geister, die vor allem in den Ferien oder bei feierlichen Anlässen auftauchen. Diese Verfolger überschreiten ethnische und religiöse Grenzen. Sie melden sich an Kwanzaa, Rosch-ha-Schana und Ramadan ebenso wie bei Geburtstagen, Jahresfeiern, Valentinstag, Silvester, Muttertag, Vatertag ... Ich glaube, Sie wissen, was ich meine.

Ich befrage jetzt seit mehr als zehn Jahren Menschen zu ihren Beziehungen, und dabei kehrt ein Thema immer wieder: die Erwartungen, mit denen Menschen ihre Feiertage befrachten. In Zeitungen und Zeitschriften ist oft beschrieben worden, welch unrealistische Vorstellungen wir von Ferien und Feiertagen haben und entsprechende Enttäuschungen erleben. Wir denken aber selten einmal darüber nach, wie oft wir Ferien als Maßstab für Erfolg oder Scheitern unserer Beziehungen benutzen und unsere Partner und Partnerinnen danach beurteilen, wie sie bestimmte Feierlichkeiten begehen. »Ich gebe dieser Beziehung noch bis Weihnachten oder Silvester eine Chance«, habe ich meine Gesprächspartnerinnen und -partner immer wieder sagen hören.

Manchmal beenden wir sogar Beziehungen, weil bei diesen besonderen Anlässen etwas Bestimmtes geschieht oder auch nicht geschieht. Haben wir am Valentinstag alles gefühlt, was wir zu fühlen haben? Hat er oder sie unseren Geburtstag so mit uns gefeiert, wie wir es uns vorgestellt haben? Männer und Frauen mit Bindungsproblemen beenden ihre Beziehungen häufig vor Familienfeierlichkeiten wie beispielsweise Weihnachten. Als Grund dafür geben sie meistens an, dass sie keine falschen Vorstellungen wecken wollen. Der Partner oder die Partnerin soll nicht auf die Idee kommen, ihre Beziehung sei verbindlich.

Die riesigen Geister persönlicher Traumata

Dorothys Mutter wurde bettlägrig, noch bevor Dorothy in die erste Klasse kam. Jonathans Vater war Alkoholiker und misshandelte seine Familie. Rebekkas Vater verließ die Familie, als Rebekka noch ein Kleinkind war. Carlos hatte eine schwere Kinderkrankheit, die mit einsamen Monaten im Krankenhaus und mehreren traumatischen Operationen verbunden war. Eileens Schwester starb, als Eileen sechs Jahre alt war.

Manche von uns haben in ihrer Vergangenheit schwere Traumata oder heftige Verluste erlebt, die uns immer wieder verfolgen. Je jünger wir waren, desto wahrscheinlicher ist es, dass wir die emotionale Verzweiflung, die wir empfanden, weggepackt haben. Kleine Kinder haben nicht die Fähigkeit, Verluste zu bewältigen. Sie können nicht differenziert trauern. Kindheitsverluste werden selten verarbeitet, meistens werden sie gesammelt und gespeichert. Die Geister von Eltern, die ihre Kinder misshandelt, sexuell missbraucht, übermäßig kritisiert, überfordert, mit Schuldgefühlen belastet und eingeschüchtert haben oder gar nicht für sie da waren – um nur einige zu nennen –, begleiten uns unser Leben lang.

Manche wollen sich ihre Kindheit nicht anschauen, um Erklärungen für das Scheitern ihrer Beziehungen zu finden. »Was vorbei ist, ist vorbei«, sagen sie. »Was war, ist vergessen.«, »Jeder Mensch hat Probleme.« oder »Man soll nach vorne schauen, nicht zurück.« Das Problem ist, dass das, was vorbei ist, keinesfalls vorbei ist, sondern uns schwer zu schaffen machen kann. Als Erwachsene fahren wir manchmal fort, vor dem Schmerz wegzulaufen, den wir als Kinder empfunden haben, indem wir Beziehungen meiden, in denen wir uns verletzlich fühlen. Wir schauen uns nach »sicheren« Lösungen um und damit nach Partnerinnen oder Partnern, die keine tiefere Verbindung wollen oder uns ausweichen und Nähe nicht lange aushalten. Wenn wir zufällig auf einen liebevollen Menschen treffen, empfinden wir vielleicht eine diffuse Angst, die wir uns nicht erklären können; vielleicht fangen wir an, uns unwohl in unserer Haut zu fühlen, wenn die Dinge sich zu lange gut anfühlen.

Viele von uns können lang und breit darüber reden, wie gestört, traumatisch oder belastet ihre Familie war und welche Abgründe sie in früheren Beziehungen erlebt haben. Es ist aber ein großer Unterschied, ob wir von diesen Geschichten lediglich wissen oder emotional wirklich in Kontakt mit dem Sinn und der Bedeutung dieser Erlebnisse sind.

Wenn ein Kind von einem Hund gebissen wird, verstehen wir seine anschließende Angst. Das Gleiche gilt, wenn es von einer Biene gestochen wird. Eine Freundin von mir wurde, als sie in ihrem Büro um die Ecke bog, einmal von einem Golfball am Kinn getroffen – ein Mitarbeiter schwang gerade seinen Schläger. Jahre später ging sie in einer Stadt eine belebte Straße entlang. Als sie um eine Ecke bog, sah sie aus den Augenwinkeln in einem Schaufenster zwei Schaufensterpuppen, die ihre Golfschläger schwangen. Sie sagte, sie sei sofort zurückgewichen, als wäre sie noch einmal vom Ball getroffen worden.

Das Gleiche geschieht in der Liebe. Wenn wir unser Herz für die Liebe geöffnet haben und dann – symbolisch gesprochen –

von einem Golfball getroffen werden, tragen wir dieses Erlebnis in uns, doch vergessen es manchmal. Wir packen dieses Erlebnis oft so gut weg, dass wir keinen Zugang mehr zu dem damit verbundenen Schmerz finden und ihn nicht mehr erkennen können. Wir spalten uns von unserer Erfahrung ab. Das heißt aber nicht, dass wir diese Erlebnisse und die Abwehrmechanismen, die damit einhergehen, los wären. Manche dieser Erfahrungen können nur in der Therapie aufgedeckt und verarbeitet werden. Andere gären unter der Oberfläche. Wir wissen, dass sie da sind; wir wollen einfach nur nicht wahrhaben, welche Macht sie besitzen.

Der menschliche Geist ist erstaunlich belastbar, wenn es um die Verarbeitung von Verlusten geht. Als Kindern stand uns die positive Möglichkeit, einen Verlust zu verarbeiten, jedoch einfach nicht zur Verfügung. Wir waren zu jung. Also entwickelten wir primitive Strategien des Trauerns oder der vollständigen Verleugnung, um unserem Kummer Herr zu werden. Meistens lernen wir diese Strategien von unserer Familie – Verhaltensweisen, die uns ermutigen, »darüber hinwegzukommen«, »es nicht weiter zu beachten« oder »es positiv zu sehen« (ohne das Negative einzugestehen). Je tiefer wir unseren Schmerz in uns vergraben, desto stärker wird der Abwehrwall, den wir gegen weitere Verluste errichten.

Phantasiegespenster

Erinnern Sie sich noch an Ihre ersten romantischen und/oder sexuellen Phantasien? Haben diese sich im Laufe Ihres Heranwachsens sehr verändert? Wahrscheinlich nicht.

Benjamin hat miterlebt, wie sein Vater, der sehr jähzornig war, die ganze Familie emotional missbrauchte, vor allem Benjamins Mutter. In seinen Kindheitsphantasien war Benjamin ein Supermann, der seiner Mutter zu Hilfe kommen und seinem Vater Beine machen konnte. Bis auf den heutigen Tag fühlt Benjamin sich zu Frauen hingezogen, die in Schwierigkeiten sind.

Debra sagt, sie habe ihre erste Liebe im Laufstall kennen gelernt, als sie selbst noch ein Kleinkind war, nämlich den kleinen Jungen von nebenan. Als sie fünf Jahre alt war, zog die Nachbarsfamilie weg. Diese Trennung brach ihr total das Herz. Und zu allem Unglück brach ihr kleiner Freund sich am Tag vor dem Umzug seiner Familie auch noch den Arm – seinen rechten Arm. Jeden Abend vor dem Schlafengehen dachte sie an diesen kleinen Jungen. Sie phantasierte, wie sie zusammen aufwachsen und dann heiraten würden und wie sie ihm helfen würde, seinen gebrochenen Arm zu heilen. In diesen Phantasien war er sehr abhängig von ihr und dankbar für ihre Liebe. Das waren ihre ersten Helferphantasien. Auch als Erwachsene hat sie weiter vom Helfen und Wiedersehen geträumt. Es überrascht nicht, dass sie viele Beziehungen mit Männern hatte, die nicht für sie da waren, und in den meisten dieser Verbindungen hat sie die Rolle der Helferin oder der verantwortungsbewussten Erwachsenen übernommen.

Wenn wir als Kinder nicht die Art Liebe bekommen, die wir haben wollen, ziehen wir uns meistens in Phantasien zurück, um die Leere zu füllen und unsere emotionalen Wunden zu heilen. Diese Phantasien oder Tagträume schenken uns ein Machtgefühl, das wir als Kinder sonst nicht besitzen. Wenn wir heranwachsen, begleiten diese Tagträume uns und entwickeln sich mit uns weiter. Heute haben unsere Phantasiefiguren häufig reale Vorbilder, aber es gibt zwischen beiden einen entscheidenden Unterschied. In unseren Phantasien *haben wir immer die Kontrolle über alles, was geschieht.* Deswegen sind diese Phantasien so befriedigend. Sie können uns jedoch daran hindern, uns als Erwachsene weiterzuentwickeln, denn sie machen es uns schwer, mit Menschen aus Fleisch und Blut zurechtzukommen.

Anders als reale Partnerinnen und Partner, die zu groß, zu klein, zu dick oder zu dünn sein, zu viel oder zu wenig reden mögen usw., wollen Phantasiepartner uns immer geben, was wir wollen. Sie wollen immer tun, was wir tun wollen; *sie wollen von uns genau das haben, was wir geben wollen.* Diese Phantasiepartner werden in unserem Leben zu ständig präsenten Geistern. Sie sind immer bei uns, um uns Trost und Erfüllung zu schenken.

Ihre Phantasiepartnerin oder Ihr Phantasiepartner kann Ihre perfekte Ergänzung sein. Tatsächlich entwickeln wir oft deswegen eine kritische Haltung zu unseren realen Partnern, weil wir sie an Idealen messen, die sie unmöglich erfüllen können. Da wir überzeugt davon sind, dass es Vollkommenheit gibt, finden wir am anderen ständig Fehler. Dabei ist auch diese Überzeugung ein reines Phantasieprodukt.

Geister aus der Vergangenheit können Teil Ihrer Programmierung sein

Ihre Geister beeinflussen wahrscheinlich die Wahl Ihrer Partner oder Partnerinnen, Ihr Verhalten in Beziehungen und selbst die Art und Weise, wie Sie beide zusammen Ihre Ferien verbringen. Fühlen Sie sich bereits wie ein Geisterhaus an Allerheiligen? Sehen Sie überall Geister? Können Sie etwas dagegen unternehmen?

Die »Arbeit« mit unseren Geistern findet am besten in der Praxis einer kompetenten Therapeutin oder eines Therapeuten statt. Für mich war es ein wichtiger Schritt, für mein emotionales Wachstum den therapeutischen Weg einzuschlagen. Aber aufgrund meiner eigenen Erfahrungen mit Therapie und dem Wissen um den therapeutischen Weg vieler anderer Menschen ist für mich auch klar geworden, dass selbst die gründlichste »Geisterjagd« keine Garantie für einen Neuanfang ist, bei dem wir alles anders machen. Wir können fortfahren, die gleichen Fehler zu begehen und die gleichen dummen Entscheidungen zu treffen. Selbst wenn wir sicher sind, keine Angst mehr vor der Liebe zu haben, können wir immer wieder die gleichen selbstzerstörerischen Runden drehen.

Warum passiert das? Weil die Geister aus der Vergangenheit unser zukünftiges Verhalten programmiert haben. Und diese Programme arbeiten wie eine komplexe Software – Geister-Software, wenn Sie so wollen –, die unser System selbst dann noch »steuert«, wenn die Geister selbst längst verschwunden sind. Manche von uns sind darauf programmiert, schwierig und launenhaft zu sein; manche von uns sind darauf programmiert, alles »an der Oberfläche abzumachen«; manche von uns sind darauf programmiert, ständig zu flirten und wieder andere darauf, sarkastisch und kritisch zu sein; manche von uns sind darauf programmiert, untreu zu sein; manche sind darauf programmiert, verletzendes Verhalten hinzunehmen; einige von uns sind darauf programmiert, das andere Geschlecht zu verachten, manche wiederum, das eigene Geschlecht abzuwerten.

All diese Programme arbeiten wie riesige Blockaden, die uns daran hindern, auf dem Weg der Liebe weiter zu kommen. Sie schneiden uns nicht nur von unseren wahren Gefühlen, sondern auch von unserem wahren Selbst und den Menschen ab, die wir als Partnerinnen oder Partner wählen.

Die Geister unserer Vergangenheit haben unser zukünftiges Verhalten programmiert.

Entscheidend ist zu begreifen, dass diese Programme lediglich Geisterprogramme sind. Das sind *nicht Sie*, sondern das, was Sie gelernt haben.

Und was Sie gelernt haben, können Sie auch wieder verlernen; Sie können bessere Programme finden. Beginnen Sie damit, indem Sie sehr genau darauf achten, wer Sie in Beziehungen sind und wie Sie sich hier verhalten. Ohne Geisterstimmen zu aktivieren, die Ihnen Schuldgefühle einflößen oder Sie fertig machen wollen, können Sie anfangen, sich immer wieder zu fragen: »Warum will ich das?«, »Warum habe ich das gesagt?«, »Warum habe ich das getan?« Ihre Programmierungen sind der Bereich, in dem Sie sofort anfangen können, Veränderungen vorzunehmen. Erst wenn Sie verstehen, wie Ihre Programme arbeiten, um Sie zu behindern, können Sie zu Ihrem eigenen Softwarespezialisten werden.

Geister programmieren sowohl die Wahl Ihrer Partner oder Partnerinnen als auch Ihr Verhalten. Wir wollen einmal die am häufigsten verbreiteten Programme unter die Lupe nehmen und herausfinden, wie sie uns daran hindern, die Liebe zu leben, die wir uns wünschen.

Programmiert auf überkritisches und wählerisches Verhalten

Sind Sie in einer Familie aufgewachsen, in der man auf *alles* achtete? Wenn das der Fall ist, hören Sie wahrscheinlich bei der Wahl Ihres Lebenspartners ständig die oft konträren Geisterstimmen eines oder beider Elternteile. »Womit verdient sie ihr Geld? Ist das ein normaler Beruf?«, »Er langt beim Essen ja ganz schön zu.«, »Ich glaube, sie neigt zum Dickwerden.«, »Er ist zu klein/groß/dick/konservativ/liberal/karrieresüchtig/wenig ehrgeizig.« Manchmal sind diese Stimmen auch voller Lob: »Sie ist ja so erfolgreich/wohlhabend/klug.«, »Er hat wirklich eine tolle Wohnung/Limousine/Frisur.«, »Sie hat einen großartigen Geschmack/tollen Freundeskreis.« Usw. Was loben diese Stimmen? Sind das die Dinge, die auch wir tatsächlich schätzen?

Natürlich weisen uns Geisterstimmen auch manchmal auf wirklich wichtige positive Charakterzüge hin. Wenn in Ihrer Familie Wert auf liebevolles, einfühlsames, anteilnehmendes Verhalten gelegt wurde, sind Sie auch bei der Wahl Ihres Gefährten oder Ihrer Gefährtin auf diese Qualitäten programmiert. Häufig jedoch ist unsere Programmierung ziemlich oberflächlich.

In meiner Ursprungsfamilie zum Beispiel gibt es viele große Menschen, und ich erinnere mich daran, wie oft es in Gesprächen hieß, es sei gut, groß zu sein, und wenig wünschenswert, klein zu sein. Viele Frauen, mit denen ich Beziehungen einging, waren ebenfalls groß. Logisch betrachtet, mag das bei meiner eigenen Größe durchaus sinnvoll scheinen. Als ich jedoch begann, mich ernsthaft für meine Frau zu interessieren, die ziemlich klein ist, brachten diese Botschaften mich ganz schön durcheinander. Ich liebte sie sehr und trotzdem machte ich mir Gedanken über ihre Größe. Das war absurd.

Programmiert, das Gegenteil von dem zu tun, was Ihre Eltern taten

Sie haben in einem Vorort gewohnt, deswegen lebe ich in der City. Sie wollten, dass mein Partner katholisch/protestantisch/jüdisch/moslemisch/buddhistisch ist, also unterhalte ich mich noch nicht einmal mit Menschen, die diesen Religionen angehören.

Auf den ersten Blick mag es scheinen, als wären Sie den Geisterstimmen Ihrer Kindheit entkommen. Meistens jedoch schränken Sie sich lediglich in Ihren eigenen Entscheidungsmöglichkeiten ein, wenn Sie kompromisslos vermeiden, was Ihren Eltern lieb und teuer war. Auch diese Programmierung kann uns zur Oberflächlichkeit verleiten, so dass wir über unsere ureigensten inneren Interessen hinweggehen.

Programmiert auf Schmalspurkommunikation

Mein Freund Sam sagt, in seiner Familie könne niemand seine Gefühle zum Ausdruck bringen. Wenn seine Mutter ärgerlich wurde, verschloss sie sich und redete nicht mehr – manchmal tagelang nicht. Wenn sein Vater wütend wurde, brüllte er herum, knallte mit den Türen und stürzte aus dem Haus. Sam sagt, dass Streitereien ihm bis heute große Angst machen. Der kleinste Konflikt kann sich anfühlen wie das Ende der Welt.

Jede Familie hat ihren eigenen Kommunikationsstil. In manchen Familien wird zum Beispiel nie über Sex geredet; in anderen dagegen scheint es kaum ein anderes Thema zu geben. Einige Familien unterhalten sich über Politik, andere über Gefühle. Manche Familien unterstützen sich ständig durch ermutigende Worte, andere sind spezialisiert auf dauernde Kritik und kalte Duschen. In manchen Familien wird überhaupt nicht geredet, in anderen gebrüllt. Meine Freundin Courtney hat zwei Brüder. Sie sagt, in ihrer Familie seien sie, der eine Bruder und ihr Vater die Vielredner. Ihre Mutter und der andere Bruder seien fast immer sehr still. Die eine Gruppe ist also ständig am Reden, die andere hört immer nur zu. Nach vielen Jahren vertraute ihr stiller Bruder ihr an, dass er sehr ärgerlich darüber sei, als Kind nie zu Wort gekommen zu sein. Als Erwachsener hat er eine Frau geheiratet, die sogar noch weniger redet als er und die ihm jetzt mit der Scheidung droht und sagt, sie würden niemals als Paar miteinander sprechen.

Es ist schwer, das Kommunikationsprogramm zu durchbrechen, das uns als Kindern eingeimpft wurde. Aber es ist nicht unmöglich. Wir können uns bewusst machen, wie wir kommunizieren; wir können lernen zuzuhören; wir können lernen, unsere Worte und unseren Tonfall achtsam zu wählen; und wir können die Menschen, die wir lieben, ermutigen, das Gleiche zu tun. Der erste Schritt jedoch besteht darin, dass wir uns unsere Programmierung bewusst machen.

Programmiert, sich mit Konflikten wohl zu fühlen

Madeleine ist mit einem Mann zusammen, den sie als sensibel, freundlich, unterstützend und fürsorglich beschreibt. Was also stimmt nicht? Madeleine langweilt sich mit ihm. Obwohl sie vieles gemeinsam und wunderbaren Sex haben, fühlt sie sich von der Beziehung nicht inspiriert. Sie ertappt sich dabei, wie sie Streitereien anfängt und Meinungsverschiedenheiten vom Zaun bricht. Sie macht sich Sorgen, ihr Partner könne bald genug haben von ihrem zänkischen Verhalten und sich von ihr trennen.

Deswegen hat sie eine Therapie angefangen. Ihre Therapeutin brauchte nicht lange, um Madeleine auf ein wichtiges Thema aufmerksam zu machen. Madeleine ist die Mittlere zwischen zwei jüngeren und zwei älteren Brüdern. Zwischen den Geschwistern gab es ständig Streit. Tatsächlich hatte Madeleine oft das Gefühl, dass sich alle auf sie stürzten, was sie hasste. Trotzdem wurde die Kampfbeziehung zu ihren Brüdern für sie ein Vorbild für Beziehungen. Sie ist gewohnt an ein Umfeld, in dem zwei Menschen kommunizieren, indem sie Konflikte schaffen. Einer sagt: »Dein Käse verschimmelt im Kühlschrank.« Der andere sagt: »Stimmt doch gar nicht.« »Doch«, heißt es dann. »Du bist ein Blödmann.« »Bin ich nicht.« »Bist du doch.« Ganz gleich, wo Madeleine sich befindet, innerlich sind ihre Brüder immer dabei.

Programmiert auf Krisen

Manche von uns sind programmiert auf Dramen. Wenn diese fehlen, fühlen wir uns gelangweilt, leer und gereizt. Wir benutzen Dramen, um uns wieder so fühlen zu können wie früher in unserer Familie; um uns lebendiger zu fühlen; um eine Aufgabe zu haben; um uns davon abzuhalten zu tun, was wir zu tun haben; um Aufmerksamkeit zu bekommen und unseren Partner oder unsere Partnerin zu testen; um das wirkliche Leben zu vermeiden, das an uns herantritt, wenn das Drama aufhört.

Es gibt viele Möglichkeiten, Schwierigkeiten zu stiften. Sie können selbst eine Krise inszenieren oder im Drama eines anderen Menschen mitspielen. Wie wirkt sich diese Programmierung auf Ihre Beziehungen aus?

- Vielleicht wählen Sie ständig Partner oder Partnerinnen, die in Schwierigkeiten stecken; Menschen, die süchtig sind oder finanzielle oder emotionale Probleme haben; Menschen, die ständig in irgendwelche Kämpfe verwickelt sind; Menschen, die Sie in den Sog ihrer Negativität mit hineinziehen.
- Vielleicht halten Sie Menschen von sich fern, die keine Dramen mögen.
- Vielleicht inszenieren Sie Krisen als Ersatz für Nähe.

Es stimmt natürlich, dass Menschen sich durch das gemeinsame Erleben kritischer Situationen näher kommen. Krisen sollten jedoch niemals das Fundament für eine Beziehung bilden.

Programmiert auf Partnerinnen oder Partner, die nicht für Sie da sind

»Warum geraten Männer/Frauen mit Bindungsschwierigkeiten immer an mich? Warum gerate ich an sie?« Diese Frage haben mir schon viele Menschen gestellt, und ich gebe darauf grundsätzlich immer die gleiche Antwort: Wir wählen Partner oder Partnerinnen, die nicht für uns da sind – die in anderen Städten oder Ländern leben, bereits in einer Beziehung sind oder offenkundig Bindungsschwierigkeiten haben –, weil wir uns in diesen Beziehungen wohl fühlen. Sie sind uns in gewisser Weise vertraut. Bestimmte Erfahrungen in unserem Leben haben uns programmiert, Nähe zu misstrauen, und wir sind an distanzierte Beziehungen gewöhnt.

Als ich Workshops für Menschen mit Bindungsphobie leitete, erzählten viele Teilnehmerinnen von Vätern, die emotional nicht für sie da waren – die viel arbeiteten und deren Kommunikation sich auf Grunzen und Zeichensprache beschränkte. Es war auch von Vätern die Rede, die im Grunde liebevoll waren, aber nicht wussten, wie sie ihre Gefühle mitteilen sollten. Diese Vaterbeziehungen lösten in diesen Frauen eine Sehnsucht aus, die sie unbewusst in ihr Erwachsenenleben getragen hatten.

Natürlich können Sie es anders machen und sich nach Partnern umschauen, die präsent und für Sie da sind. Aber das ist nur möglich, wenn Sie sich Ihrer Tendenz bewusst und fest entschlossen sind, in Ihren Beziehungen wach zu bleiben. Der erste Schritt besteht immer in der Wahl des Menschen, mit dem Sie eine Beziehung beginnen. Darum rate ich Männern und Frauen, die die Tendenz haben, sich auf Menschen mit Bindungsphobie einzulassen, so viel wie möglich über die Vergangenheit eines potentiellen

Partners oder einer potentiellen Partnerin herauszufinden, *bevor* sie sich auf ihn bzw. sie einlassen. Diesen Rat gebe ich immer und immer wieder, aber dadurch ist er nicht weniger wichtig.

Programmiert auf Rückzug, wenn Ihnen jemand zu nahe kommt

Sind Sie darauf programmiert zu glauben, dass Liebe immer etwas »Erdrückendes« hat oder Schuldgefühle hervorruft? Waren Ihre Eltern sehr dominierend oder überfürsorglich? Ging die Zuneigung Ihrer Eltern mit so viel Anforderung oder Missbrauch einher, dass Sie sich von der Liebe zurückgezogen haben?

Mein Freund James zum Beispiel schreckt jedes Mal zurück, wenn jemand etwas Gutes für ihn tut. Er will noch nicht einmal, dass seine Freundin ihm Geschenke macht, für ihn kocht oder ihm hilft. Statt in ihren Angeboten liebevolle Beweise ihrer Zuneigung zu sehen, erlebt er sie als Grundlage für zukünftige Anforderungen und Schuldgefühle. Er sagt, die Liebe seiner Mutter sei mit meterweise komplizierten und verwickelten Gängelbändern dahergekommen. Ja, er wünscht sich eine Beziehung, aber zu seinen Bedingungen. Er möchte nichts nehmen, und er möchte nicht so viel geben, dass er sich von den Bedürfnissen seiner Partnerin völlig vereinnahmt fühlt. James muss anfangen, sich Schritt für Schritt neu zu programmieren. Vor kurzem haben er und seine Freundin mit einer Paarberatung angefangen, die sie beide sehr hilfreich finden.

Programmiert zu bleiben, wenn Sie gehen sollten

»Warum lasse ich mich so schlecht behandeln?« Ich habe sehr viele Gespräche mit Männern und Frauen geführt, die sich diese Frage stellen. Meistens haben sie zumindest eines gemeinsam: Ob der Missbrauch körperlich oder emotional ist, all diese Männer und Frauen scheinen zu glauben, sie könnten »zurechtkommen« mit dem, was geschieht. Sie haben das Gefühl, bereits ähnliche oder sogar noch schlimmere Erfahrungen überlebt zu haben, und glauben, dass es ihnen auch diesmal gelingt. Kurz gesagt, frühere Erfahrungen haben sie programmiert, Verhaltensweisen zu tolerieren, die nicht toleriert werden sollten. Oft reagieren diese Menschen völlig anders, wenn sie miterleben, dass andere so behandelt werden wie sie. Wenn Sie in Ihrer Beziehung missbraucht werden, sollten Sie sich fragen, wie Sie empfinden würden, wenn ein anderer geliebter Mensch so behandelt werden würde wie Sie. Was würden Sie diesem raten?

Programmiert zu gehen, wenn Sie bleiben sollten

Haben Sie jemals die Erfahrung gemacht, einen anderen Menschen wirklich zu mögen, ihm zu vertrauen und sich zu ihm hingezogen zu fühlen und trotzdem nicht bei ihm bleiben zu wollen? Manche von uns sind darauf programmiert, niemals nasse Füße zu bekommen. Wir sorgen immer dafür, dass eine Hintertür offen bleibt – ein kleiner Ausgang, durch welchen wir aus der Beziehung schlüpfen können, sollte das notwendig werden. Wir glauben immer noch, dass es vielleicht, nur vielleicht, jemanden gibt, der netter, schlanker, klüger, sexuell anziehender, weniger fordernd und kommunikativer ist.

Wenn Geisterprogramme kollidieren

Meiner Erfahrung nach treten die größten Bindungsschwierigkeiten bei jenen Menschen auf, die zwei Geisterprogramme verinnerlicht haben, welche in direktem Widerspruch zueinander stehen. Das klingt kompliziert, lassen Sie mich also einige Beispiele geben, um klar zu machen, was ich meine.

Tashas früheste Erfahrungen vermittelten ihr keine guten Rollenvorbilder für liebevolle Beziehungen. Tatsächlich war ihre Familie so gestört, dass Tasha sich immer »anders« fühlte als alle anderen. Sie wollte sich nicht mit einem »Jungen von nebenan« verabreden, denn sie glaubte nicht, dass ein solcher Typ Mann sie wirklich zu schätzen wusste. Sie wollte nicht zu diesen Paaren gehören, die in Vororten lebten, denn sie hielt diesen Lebensstil für eine scheinheilige Fassade. Aber Tashas reiche Vorstellungskraft entschädigte sie für ihre frühen Enttäuschungen, denn so konnte sie als Ersatz für die liebevollen Beziehungen, die sie nicht fand, ein intensives Phantasieprogramm entwickeln. In diesen Phantasien begegnete Tasha einem klugen, einfühlsamen Mann, der sie ebenso »verstand« wie sie ihn. Das gewöhnliche Leben und ein gewöhnlicher Partner waren nicht gut genug für sie. Ihr Phantasieprogramm sagte ihr, sie verdiene ein »phantastisches« Leben, ein Leben, besser als das Leben selbst, mit einem Partner, der ebenfalls besser war als das Leben selbst und der ihr bestätigen würde, dass sie ein »besonderer« Mensch war.

Wenn Tasha einen Mann kennen lernt, kollidieren ihre beiden Programme. Einerseits lehnt sie jeden Mann, der zu »normal« aussieht, sofort ab – und damit jede Möglichkeit zu einer realen Beziehung. Andererseits ist sie für die Botschaften von Männern anfällig, die ihr mit wirkungsvollen Verführungstechniken kommen, ohne wirklich zu meinen, was sie sagen. Sie achtet nicht darauf, ob diese Männer stabil, treu oder aufrichtig sind. Sie kümmert sich nicht immer darum, ob diese Männer andere Freundinnen oder sogar Ehefrauen haben. Sie ignoriert, dass diese Männer in ihrer Vergangenheit keine Bindungen eingegangen sind. Und dann ist sie am Boden zerstört, wenn sie es nicht schafft, sie dazu zu bewegen, eine Bindung mit ihr einzugehen.

Auch Alex' Programme sind ständig auf Kollisionskurs. Alex' früheste Erfahrungen haben eine enorme Leere in seinem Leben hinterlassen, die ständig danach schreit, gefüllt zu werden. Man könnte sagen, er ist auf Bedürftigkeit programmiert. Und gleichzeitig hat er ein anderes Programm entwickelt, um sich für das zu entschädigen, was ihm im Leben fehlt. Das ist sein »Vogelfrei«-Programm. Er möchte frei von sämtlichen Bindungen sein und von einem Moment zum anderen ein neues und aufregendes Leben beginnen können.

Wenn Alex einer Frau begegnet, die er anziehend findet, wird als Erstes seine Bedürftigkeit aktiviert. Zu Beginn einer Beziehung unternimmt er also alles in seiner Macht Stehende, um eine tiefe Herzensverbindung herzustellen. Aber schon bald gerät Alex' große Bedürftigkeit in Konflikt mit seinem Phantasiebedürfnis – nämlich ungebunden zu sein. Und das Ergebnis dieses Konflikts ist völlig verwirrend für jede Frau, die ihm näher kommt. Mitten in der Nacht oder frühmorgens ist Alex ein liebeshungriges Schnuckelhäschen, das nicht genug Zuwendung bekommen kann, aber im Laufe des Tages beginnt er an Flughäfen zu denken. Und er sieht sich *alleine* wegfliegen. In einem Augenblick Dr. Jekyll, im nächsten Mr. Hyde. Das ist bestimmt nicht einfach für Alex. Aber überlegen Sie einmal, wie seine Partnerinnen sich fühlen müssen.

Wie Sie an diesen beiden Beispielen sehen können, haben Programme, die sich widersprechen, ihren Ursprung in ein und denselben Umständen. Aber ganz gleich, woher sie stammen, das Endergebnis ist, dass sie zu großen Schwierigkeiten und damit zu Situationen führen, die Schaden anrichten. Irgendjemand wird immer verletzt. Und meistens gilt das für alle Beteiligten.

Wie Phantasieprogramme und Bindungsprobleme zusammenhängen

Unsere Träume schenken uns Inspiration, Ziele und Hoffnungen. Sie können sogar unsere Verletzungen heilen. Und das stimmt auch für unsere Liebesphantasien und -träume. Aber Phantasien müssen mit einer regelmäßigen Dosis gesunden Realitätssinns in Schach gehalten werden. Ohne diesen Ausgleich verwirren Phantasien uns und rufen eine tiefe Sehnsucht hervor, die uns immer weiter von konkreten und realen Möglichkeiten entfernt. Und das bringt uns in Schwierigkeiten.

Wenn ein Mensch, der ohne positive Rollenvorbilder für Beziehungen aufgewachsen ist, versucht, seine Bedürfnisse mit Hilfe von Phantasien zu befriedigen, zeigt er die Tendenz, sich realen Partnerschaften zu verschließen und sich stattdessen auf Traumgeliebte zu konzentrieren. Viele Männer und Frauen akzeptieren nichts, was nicht ihrer Vorstellung von idealer Liebe entspricht. Sie warten auf diese Liebe. Allzu oft finden sie statt Liebe einen Menschen, der wunderbar imstande ist, Geschichten zu spinnen, die mit ihren Phantasien übereinstimmen.

Begegnen nun Menschen, die ohne das Gespür für eine reale Beziehung aufgewachsen sind, einer potentiellen Partnerin bzw. einem potentiellen Partner, die bzw. der knallige Liebesphantasien »verkauft«, kollidiert das Programm gestörter Beziehungen mit dem hoffnungsvollen Phantasieprogramm, und diese Mischung kann extrem verletzend sein. Unser Herz öffnet sich sofort, ohne Fragen zu stellen oder Vorsichtsmaßnahmen zu ergreifen, weil es sicher ist, dass die Suche vorbei ist. Phantasiepartner aber haben wenig Interesse daran, Realität zu liefern, und werden ärgerlich, wenn Sie den Mut haben, sie darauf anzusprechen. Phantasiepartner leben ebenfalls in der Phantasie. Sie wollen nicht auf den Boden kommen, kein reales Leben aufbauen und darüber in der Therapie mit Ihnen reden. Ihr einziges Interesse gilt den eigenen Phantasien.

Es wird immer Männer und Frauen geben, die mit Phantasien hausieren gehen und versuchen, Ihnen Träume zu verkaufen, ohne den Liefertermin einzuhalten. Als »Käufer« müssen Sie also aufpassen. Wenn Sie die brüchige Alchimie von Phantasieprogrammen begreifen, ist das Ihr bester Schutz gegen die Schäden, die Ihre Beziehungssoftware aufweisen mag. Dieses Verstehen wird Sie vor dem destruktiven Potential der Phantasien anderer Menschen und, was vielleicht noch wichtiger ist, auch vor Ihren eigenen Phantasien schützen.

Mit Ihrer eigenen Programmierung in Kontakt kommen

Wir alle kennen Menschen, die Opfer ihrer eigenen Programmierungen sind. Dieser Mechanismus wird ganz offensichtlich, wenn wir die Leute um uns herum betrachten: Programmiert ist Carl, der eine Frau braucht, die ihn herumdirigiert, um sie dann zurückzuweisen, weil er zulässt, dass sie so mit ihm umgeht. Programmiert ist Richard, der eine Frau mit Drogenproblemen heiratet, dann eine Frau, die Alkoholikerin ist, und schließlich eine, deren alkoholkranke Verwandtschaft ihr Zusammenleben beherrscht. Programmiert ist Bobbie, der mit Lebensläufen Beziehungen eingeht statt mit Menschen. Wie sehen Ihre Programme aus?

Wir müssen erkennen, dass all diese Programmierungen uns in eine Richtung bringen, die uns weit weg führt von einer dauerhaften, intimen Verbindung, der wir wirklich vertrauen können. Ob wir nun programmiert sind, (a) Entfernung zu genießen, indem wir mit unseren Computern, Liebesromanen oder benutzerfreundlichen TV-Anlagen zu Hause sitzen oder (b) Distanz zu akzeptieren, indem wir uns nicht auflehnen gegen Partner, die keine Nähe wollen – das Resultat ist das gleiche. Und Distanz ist das Gegenteil von sinnvoller Verbindung. Eine sinnvolle Verbindung stellt sich dann her, wenn zwei Individuen in einer Atmosphäre von Vertrauen, Offenheit und Verletzlichkeit wieder und wieder *zusammenkommen* – ohne zu phantasieren, Krisen zu inszenieren oder den anderen zu missbrauchen.

Wir alle haben gelernt, uns mit unseren Geistern wohl zu fühlen; wir haben uns an das Erbe der Programmierung gewöhnt, die diese Geister uns bescheren. Ob uns das gefällt oder nicht, wir fühlen uns damit »ganz zu Hause«. Und es ist schwer, sich vorzustellen, wir könnten uns auch anders fühlen. Wir können leicht dahingelangen, unsere Programmierungen zu akzeptieren und uns selbst Leid zu tun, weil wir es so schwer haben. Aber dann verhärten wir uns innerlich, so dass Veränderungen immer schwerer werden.

Es erfordert Mut, die Geisterprogramme in Frage zu stellen, die Ihre Beziehungen steuern.

Es erfordert enormen Mut, Ihren Geistern in die Augen zu schauen und Ihre Programmierungen zu erforschen. Es erfordert Mut, die Geisterprogramme in Frage zu stellen, die Ihre Beziehungen steuern und damit zerstören. Die Befreiung beginnt damit, dass Sie sich darauf verpflichten, sich neu zu programmieren, ein Programm nach dem anderen.

Ich weiß, wie schwer das ist. Ich kannte meine Frau bereits ein halbes Jahr, bevor wir uns verabredeten. Ich dachte, sie sei nicht mein Typ. Nach unserer zweiten Verabredung begannen sämtliche negativen Programme in meinem Kopf auf Hochtouren zu laufen und gegen die Möglichkeit anzukämpfen, es könne Liebe sein. Ich bekam schreckliche Angst. Das ist alles nicht richtig, schrie ich innerlich. Sie ist zu klein. Ich bin zu groß. Ich weiß nicht, ob ich wirklich bereit bin, erwachsen zu werden. Ich wusste, ich war einem Menschen begegnet, der mir die Beziehung eröffnete, die all die harte Arbeit wert war, die uns auf diesem Weg erwartete. Doch trotz dieses Wissens reagierte ich mit meinem gesamten Negativprogramm. Bei unserem dritten Treffen gab es eine

Krise, ein ernsthaftes Missverständnis: Ich sah meine Chance zu flüchten gekommen und ergriff sie. Ich hielt Jill einen langen Vortrag darüber, warum ich mit ihr nicht weitergehen könne. Ich ging nach Hause und erkannte, welch riesigen Fehler ich begangen hatte. Ich rief meinen Therapeuten an. Ich rief mehrere Freundinnen und Freunde an. Ich rief Jill an. Danach habe ich nie mehr zurückgeschaut. Aber ich musste noch sehr oft gegen meine Geisterprogramme und die damit einhergehenden Ängste ankämpfen.

Ich machte die Erfahrung – und das werden Sie ebenso –, dass diese Programme nicht in Stein gehauen sind – es sei denn, Sie wollen es so. Ja, Sie können an Ihren Geistern und Ihren Programmierungen Ihr ganzes restliches Leben lang festhalten und in Selbstmitleid verfallen, weil Sie es so schwer haben. Oder Sie können sich sofort, hier und jetzt darauf verpflichten, sich zu befreien, Schritt für Schritt, von einem Geist nach dem anderen.

Die Vorstellung, Ihre Geister loszulassen und die Schichten Ihrer Programmierungen abzutragen, kann sich beängstigend anfühlen. Aber Sie werden belohnt mit Verbindungen, die sich real anfühlen und sich auf dieser Grundlage weiterentwickeln. Ob Sie sich ohne Ihre lebenslangen Geistergefährten allein und verloren fühlen? Ich glaube vielmehr, dass Sie etwas finden werden, und zwar sich selbst, denn in dem Maße, wie die Geister und ihre Programme sich langsam auflösen, kommt Ihr authentisches Ich zum Vorschein. Und dieses »Ich« ist eine Person, die besser lieben kann, als jeder Geist oder jedes Programm es jemals vermag.

Die dritte Herausforderung

Der Mut, sich selbst zu finden und für sich einzustehen

Lange bevor ich aus eigener Erfahrung hätte wissen können, was das heißt, hörte ich Menschen immer wieder sagen, man müsse zunächst einmal zu sich selbst eine Beziehung entwickeln, bevor man sich auf einen anderen Menschen einlassen könne. Man müsse mit sich selbst liebevoll umgehen, bevor man mit einem anderen Menschen liebevoll umgehen könne. Man müsse allein sein können, bevor man eine Liebesbeziehung leben könne. Man müsse wirklich sein eigenes Leben leben, bevor man sein Leben mit einem anderen Menschen teilen könne. Wahrscheinlich haben auch Sie solche Sätze wiederholt gehört. Vielleicht haben Sie Ihren Freundinnen und Freunden sogar entsprechende Ratschläge gegeben.

Ich weiß, dass viele Menschen, die diese Zeilen lesen, jetzt denken: »Ich bin doch ständig allein. Zu oft, wie ich finde. Ich kann gut allein sein.« Oder: »Ich lebe doch mein eigenes Leben, ich möchte lediglich jemanden finden, der es mit mir teilt.« Oder: »Ich habe eine gute Beziehung zu mir selbst, und ich möchte ja nur eine Beziehung mit einem anderen Menschen.« Und doch weiß ich auch, dass Menschen, die so denken, darauf *warten*, dass das »wirkliche« Leben endlich anfängt, das Leben, das eine liebevolle Beziehung einschließt. Es ist nichts verkehrt daran, wenn wir im Leben auf dauerhafte Liebe hoffen. Aber dieses Hoffen kann uns auch daran hindern, die Liebe tatsächlich zu finden.

Der Prozess, sich auf eine Partnerschaft »vorzubereiten«, besteht eben auch darin, eine liebevolle Beziehung zu sich selbst zu entwickeln und ein erfülltes Leben zu leben – und zwar nicht nur vorübergehend, das heißt, so lange, bis die magische »Person« auftaucht, sondern ein Leben, dem Sie sich wirklich verbunden fühlen, so tief verbunden, dass man Sie schon sehr drängen müsste, einschneidenden Veränderungen zuzustimmen. Denken Sie einmal darüber nach, was es bedeutet, ein harmonisches Leben zu führen, das Sie schätzen und bei dem Sie sich auch ohne Partnerin oder Partner gut und vollständig fühlen.

Ich weiß noch, dass ich *drei Tage*, bevor ich meine jetzige Frau traf, zu meinem Therapeuten sagte: »Mir gefällt mein Leben so, wie es im Allgemeinen ist. Ich weiß nicht, ob da überhaupt Platz für eine Beziehung ist. Ich müsste mich ganz schön umstellen, und ich weiß nicht, ob ich das will. Vielleicht soll ich einfach Single sein und bleiben.« So merkwürdig meine Worte für Sie klingen mögen (und ich muss sagen, sie hörten sich auch für mich reichlich merkwürdig an), so war es doch genau dieses Gefühl von Zufriedenheit, das die Waagschalen zu meinen Gunsten beeinflusste. Genau diese Einstellung war es, durch die mein Leben sich öffnen und ich eine gesunde Partnerschaft finden konnte. Denn wenn Sie das Leben führen, das Ihnen am Herzen liegt und dem Sie sich verbunden fühlen, ist das die geheime Voraussetzung, um ein noch umfassenderes Leben aufzubauen – das Leben in einer liebevollen Partnerschaft –, das Ihnen ebenfalls am Herzen liegt und auf das Sie sich verbindlich einlassen.

Denken Sie einmal über folgende Fragen nach:

- Wenn Sie keine liebevolle Beziehung zu sich selbst haben – es Ihnen relativ egal ist, wer Sie sind und wie wertvoll Sie als menschliches Wesen sind –, wie können Sie sich dann auf einen anderen Menschen liebevoll einlassen?
- Wenn Sie in Beziehungen sich selbst verlieren – Ihre Bedürfnisse, Werte, Prioritäten und Ziele aus den Augen verlieren –, wie können Sie dann eine liebevolle Verbindung zu einem anderen Menschen halten?
- Wenn Sie noch nicht einmal wissen, wer Sie wirklich sind – wenn der Kern Ihres Selbst ein Mysterium für Sie bleibt –, wie soll es Ihnen dann gelingen, sich mit einem anderen Menschen zu verbinden und ihm verbunden zu bleiben?

Dies sind einige der grundlegendsten Fragen des »Selbst«. Und ihre Beantwortung kann ausschlaggebend für Ihre Fähigkeit oder Unfähigkeit sein, eine verbindliche Beziehung zu finden und aufrechtzuerhalten.

Es geht hier nicht nur um die Wichtigkeit von Selbstachtung in verbindlichen Beziehungen. Verstehen Sie mich nicht falsch. Es kann von meiner Seite keinerlei Zweifel daran geben, dass das Thema Selbstachtung im Kampf mit Bindungsschwierigkeiten von großer Wichtigkeit ist. Aber Selbstachtung ist nur eines von vielen Themen, die das Selbst betreffen und dramatische Auswirkungen auf Ihre Bindungsängste und -phantasien haben können. Es gibt noch ein umfassenderes Bild, das Sie sich auf jeden Fall anschauen müssen. Und genau das müssen wir zuerst betrachten.

Über sich reden / über Beziehungen reden

Wenn wir uns Gedanken darüber machen, wie unser »Selbst« unsere Fähigkeit beeinflusst, uns mit einem anderen Menschen zu verbinden und ihm verbunden zu bleiben, meinen wir in Wirklichkeit drei unterschiedliche kritische Bereiche:

- **Geringe Selbstachtung**
- **Selbstverlust**
- **Mangelndes Selbstgefühl**

Zunächst einmal möchte ich zu jedem dieser Bereiche zusammenfassend etwas sagen:

Geringe Selbstachtung – Die meisten von uns haben mit dem eigenen Selbstwert zu kämpfen. Negative Stimmen schwirren uns durch den Kopf und lösen eine ganze Reihe von selbstzerstörerischen Verhaltensweisen aus. Und wenn es um Beziehungen geht, tönen diese Stimmen meistens besonders laut. Haben Sie mit einer geringen Selbstachtung zu kämpfen? Stellen Sie Ihren Partner bzw. Ihre Partnerin auf einen Podest und werten dagegen sich selbst oft ab? Denken Sie immer sofort, es sei Ihr Fehler, wenn etwas schief geht? Sind Sie immer in Erwartung der negativen Folgen, die Sie eigentlich ja auch verdienen? Sind Sie Ihr eigener schlimmster Kritiker? Kritisieren Sie ständig andere, um von Ihren eigenen Selbstzweifeln abzulenken? Stellen Sie Ihre Urteile und Entscheidungen permanent in Frage? Neigen Sie dazu, sich im Leben mit weniger zufrieden zu geben, weil Sie nicht wirklich glauben, mehr zu verdienen? Geben Sie zu viel, weil Sie glauben, das sei der einzige Weg, um zu bekommen, was Sie wollen? Prahlen Sie, um interessanter zu wirken? Das alles sind Symptome für geringe Selbstachtung.

Selbstverlust – Gehören Sie zu den Menschen, die sich in Beziehungen selbst verlieren? Verlieren Sie Ihre Grenzen? Ihre Prioritäten? Verlieren Sie Ihre Bedürfnisse und Werte aus den Augen? Oder alles, was hier aufgezählt wird? Wenn das Ihr Thema ist, wissen Sie wahrscheinlich, worüber ich rede, weil Ihr Kampf, eine Beziehung zu führen, besonders schmerzlich ist. Ist es Ihnen einfach nicht möglich, in Gegenwart eines starken Partners bei sich zu bleiben? Werden Sie zu »einem anderen Menschen«, einem Menschen, den Sie nicht wirklich kennen oder mögen? Beginnen sich Ihre Grenzen zu verwischen? Fühlen Sie sich vereinnahmt? Geben Sie von Ihrer Substanz (geben Sie mehr, als Sie es sich leisten können), um geliebt zu werden? Ihr größter Kampf in Beziehungen besteht darin, bei sich zu bleiben. Und es ist ein Kampf, den Sie ständig verlieren.

Mangelndes Selbstgefühl – Wer sind Sie? Was ist wichtig für Sie? Wie sehen Ihre Werte und Ihre Stärken aus? Was bringen Sie in eine Beziehung ein? Was brauchen Sie von einer Beziehung? Manche Menschen haben keine festen Antworten auf diese Fragen. Viele von uns agieren selbst als Erwachsene auf der Grundlage eines nur schwach definierten Selbstgefühls. Oft handeln wir als falsche Persona – wir setzen eine Maske auf, um der Welt zu begegnen, ohne mit unserer Seele wirklich verbunden zu sein. Suchen Sie in Ihren Beziehungen nach einer Definition für sich in der Welt? Werden Sie ärgerlich, wenn eine Beziehung diese Funktion nicht erfüllt? Fühlen Sie sich verloren, wenn es keine Liebe in Ihrem Leben gibt? Sind Sie ständig enttäuscht, weil Ihr Partner nicht imstande ist, das magische Gefühl in Ihrer Beziehung zu erhalten? Fühlen Sie sich generell nicht mit dem Leben verbunden? Diese unterschiedlichen Ausdrucksformen von innerer »Leere« verweisen auf ein schlecht definiertes Selbst.

Wir wollen uns diese drei unterschiedlichen Probleme mit dem Selbst jetzt einmal einzeln und genauer anschauen. Es ist äußerst wichtig zu verstehen, wie sie unsere Partnerwahl, unser Verhalten, unsere Ängste und unsere Beziehungsfähigkeit generell beeinflussen.

Erster Selbstkonflikt: Geringe Selbstachtung

»Ist die Angst vor Bindungen in Wirklichkeit nicht nur eine Widerspiegelung von grundlegenden Problemen mit der Selbstachtung?« Jedes Mal, wenn ich einen Vortrag über Bindungen und Bindungsphobie halte, stellt zumindest eine Person im Raum diese Frage und spricht damit ohne Zweifel für viele. Manchmal denkt die Fragestellerin oder der Fragesteller dabei für sich: »Sind die Bindungsschwierigkeiten meines Partners/meiner Partnerin in Wirklichkeit nicht Schwierigkeiten mit seiner/ihrer Selbstachtung?« Manchmal denken sie aber auch genau das Gegenteil: »Fühle ich mich nicht zu Menschen mit Bindungsphobien hingezogen, weil ich selbst zu wenig Selbstachtung habe?«

Selbstachtung ist eines des mächtigsten Reizworte unserer Zeit und wird als »Diagnose« für viele, wenn nicht alle Beziehungsschwierigkeiten benutzt. Es ist also nicht weiter überraschend, dass Menschen gern mangelnde Selbstachtung anführen, um das Phänomen, das wir als Bindungsphobie bezeichnen, wegzurationalisieren. Es wäre wunderbar, wenn wir jedes Bindungsproblem als Problem mit der eigenen Selbstachtung etikettieren und dieses komplexe Phänomen so direkt und simpel verpacken könnten. Leider jedoch sind Bindungsprobleme keinesfalls so einfach beschaffen. Und Sie haben bereits viele Beispiele gelesen, die dieser globalisierten Vorstellung widersprechen. Die bloße Tatsache, dass Menschen mangelnde Selbstachtung als Etikett benutzen, um der Verantwortung für ihre Bindungskonflikte zu *entkommen*, und auch, um zu viel Verantwortung für eben diese Schwierigkeiten *auf sich zu laden*, belegt, wie wenig der Zusammenhang zwischen geringer Selbstachtung und Bindungsproblemen verstanden wird.

Bindungsprobleme sind keinesfalls so einfach beschaffen.

Trotzdem liegen diese Menschen nicht so ganz falsch damit. *Manchmal* ist geringe Selbstachtung der Kern des Kampfes darum, sich auf einen anderen Menschen einzulassen. *Manchmal* ist geringe Selbstachtung der »Brennstoff« für unsere Ängste. *Manchmal* ist geringe Selbstachtung die Ursache dafür, dass wir ständig falsche Partner wählen. Eben diesen Hintergründen werden wir uns jetzt etwas ausführlicher widmen.

Alicia: Ein klassischer Fall von »geringer Selbstachtung«

Jedes Mal, wenn ich einen Workshop veranstalte oder einen Vortrag halte, begegne ich mindestens zwei oder drei Frauen wie Alicia. Alicia hat das Gefühl, in fast jeder Beziehung, die sie eingegangen ist, Opfer gewesen zu sein. Und der Ablauf scheint immer der gleiche zu sein. Immer beginnt es damit, dass der Mann sie heftig umwirbt, und obwohl Alicia anfangs zögerlich ist, empfindet sie jedes Mal Dankbarkeit dafür, dass der Mann sie wählt. Diese Männer scheinen sie immer zu »finden«, da sie selbst kaum aktiv wird.

Wurde sie erst einmal »auserwählt«, bricht Alicias Abwehr schnell zusammen, weil ihr Verehrer es offensichtlich so ernst meint. Das vorherrschende Gefühl zu dieser Zeit ist, »Ich kann nicht glauben, dass er *mich* will«. Aber an irgendeinem Punkt der Beziehung ändert die innere Einstellung ihres Verehrers sich dann plötzlich ohne jede Erklärung, und statt sie weiter zu umwerben, gerät er in Panik. Dann ist Alicia immer ärgerlich und verwirrt, vor allem weil doch »er derjenige war, der auf Nähe gedrängt hat«.

Alicia glaubt, in der Liebe keine große Wahl zu haben. Sie glaubt, sie müsse geduldig warten und das Beste aus dem machen, was ihr angeboten wird. Sie glaubt, sie dürfe nicht zu wählerisch sein und auch nicht zu schwierig. Sie hat nicht das Gefühl, dass es in ihrer Macht steht, Menschen zu wählen, an denen sie interessiert ist. Wenn jemand sie findet, glaubt eine Seite in ihr immer, das sei ihre letzte Chance. Sie hat die Position der Machtlosen akzeptiert.

In Wirklichkeit hatte Alicia in den letzten drei Jahren fünf »letzte Chancen«. Aber ihr Glaubenssystem ändert sich nie. Und ihr Verhalten auch nicht. Auch ihre »Dankbarkeit« bleibt unverändert. Und das alles, weil ihre geringe Selbstachtung alle anderen inneren Stimmen übertönt.

Karlin: Eine Frau, die versucht »auf Nummer Sicher zu gehen«

Karlin ist eine der klügsten, interessantesten, vielseitig begabtesten Frauen, der man in Los Angeles begegnen kann. Und das sagt vieles. Sie ist eine talentierte Schauspielerin, eine versierte Autorin und politisch engagiert. Und ihre Dinnerpartys sind umwerfend. Karlins Liste von Freundinnen und Freunden liest sich wie ein Verzeichnis von Menschen, die man selbst gerne näher kennen lernen würde. Aber ihre Liste von Exgeliebten liest sich wie ein Verzeichnis von Schmarotzern, schrägen Existenzen und Absteigern. Wenn der Mann keinen Job hat, hat Karlin mit ihm wahrscheinlich etwas angefangen. Wenn er keine zwei Mark in der Tasche hat, kennt Karlin ihn wahrscheinlich näher. Und wenn er ein paar schräge Dinger gedreht hat, hätte Karlin ihn wahrscheinlich beinah geheiratet.

Karlins Freundinnen und Freunde, die sie alle aufrichtig gerne haben, schauen sich Karlin an und fragen sich: Warum? Und Karlin stellt sich die gleiche Frage. Sie weiß, dass sie etwas Besseres verdient und selbst mehr zu bieten hat. Aber sie landet immer wieder bei Männern, von denen sie glaubt, mit ihnen sei es »sicher«. »Sicher« ist für Karlin ein Mann, der Ehrfurcht vor ihr hat, der sie auf einen Sockel stellt und sich ihr unterlegen fühlt. Karlin glaubt, dass solche Männer sie wahrscheinlich nicht zurückweisen werden, was übrigens gar nicht immer stimmt.

Karlin ist in den Beziehungen, die sie eingeht, nie glücklich. Sie weiß immer genau, dass ihre Liebhaber eigentlich nicht die

Menschen sind, mit denen sie zusammen sein möchte. Es frustriert sie, dass es ihren Beziehungen an Tiefe fehlt und sie nicht mehr bekommt. Sich selbst und ihren engsten Freundinnen und Freunden gesteht Karlin ein, dass ihre Geliebten einiges zu wünschen übrig lassen ... Und trotzdem wählt sie immer wieder Variationen ein und desselben Typs. Karlin hat große Angst, sich nach einem Mann umzuschauen, der ihr mehr zu bieten hat, ärgert sich aber ständig darüber, dass sie sich mit so wenig zufrieden gibt. Dieser gemeine Trick, mit dem sie verbindliche Beziehungen meidet, beruht auf ihrer mangelnden Selbstachtung.

Maria: Eine andere Geschichte, das gleiche Ende

Maria weiß genau, wer sie ist. Sie hat eine ausgeprägte Persönlichkeit. Das gilt auch für ihr Temperament und ihre Werte. Sie weiß, was sie mag und was nicht. Sie weiß, was sie braucht. Wenn sie zu Hause ist oder mit ihren besten Freunden ausgeht, ist Maria klug, witzig, schlagfertig und sarkastisch, ein wenig eigenwillig und exzentrisch. Es macht Spaß, mit ihr zusammen zu sein. Es gibt nur ein Problem: Das ist nicht die Maria, die sie der Welt präsentiert.

Draußen in der Welt – an ihrer Arbeitsstelle, bei Verabredungen mit Männern – gibt Maria sich große Mühe, »perfekt« zu sein. Sie bemüht sich sehr, den Menschen die Maria vorzuführen, die sie ihrer Meinung nach haben wollen: die charmante Maria, die reizende Maria, die verständnisvolle Maria, die immer gut gelaunte Maria. Es überrascht nicht, dass Maria viele oberflächliche Freundschaften hat. Aber es überrascht auch nicht, dass diese Freundschaften niemals irgendwo hinführen.

Warum verhält sich Maria so? Mangelnde Selbstachtung. Maria ist ständig am Schauspielern, weil sie das Gefühl hat, die wirkliche Maria wäre nicht willkommen und würde abgelehnt werden. Und da sie nichts riskieren möchte und glaubt, ihr wirkliches

Selbst sei nichts wert, beschließt Maria, auf Nummer Sicher zu gehen und die »Vorzeige-Maria« zu spielen.

In intimen Beziehungen zieht das alle möglichen Probleme nach sich. Maria zeigt sich niemals wirklich. Entweder sie läuft vor Männern weg, die sie gern kennen lernen möchten, oder sie fühlt sich zu Männern hingezogen, die gar nicht wissen wollen, wer sie wirklich ist. Beides führt dazu, dass Maria sich am Ende immer alleine fühlt. Während die eine Seite von ihr sich sehr nach einer Beziehung sehnt, will eine andere, mächtigere innere Stimme, dass Maria in Ruhe gelassen wird. Der Grund dafür ist, dass Maria so große Angst hat, sich zu zeigen, und glaubt, die wirkliche Maria würde von niemandem akzeptiert oder geliebt werden.

Edward: Die vierte Variation des Themas

Edward hat eine lange Geschichte voll schmerzlich gescheiterter Beziehungen hinter sich. Seine erste Frau verließ ihn wegen eines anderen Mannes. Seine zweite Frau verließ ihn wegen einer anderen Frau. Und im Augenblick wartet er nur darauf, dass seine dritte Frau ihm erzählt, sie sei am Kofferpacken. Jedes Mal, wenn Edward über seine Frau spricht, beginnt er mit Sätzen wie: »Ich weiß nicht, was sie in mir sieht.« Oder: »Ich weiß bis heute nicht, warum sie mich geheiratet hat.« Sein innerer Dialog ist noch negativer. Da heißt es: »Sie hat mich geheiratet, weil ich Geld habe.« Oder: »Sie hat mich geheiratet, weil sie Angst vor dem Alleinsein hatte.« Oder: »Sie hat mich geheiratet, weil sie von mir schwanger war.«

Edward konnte nicht einer der Frauen, mit denen er zusammen war, Vertrauen entgegenbringen. Aber der Grund dafür liegt zu großen Teilen in seinem Verhalten zu Beginn einer Beziehung. Da er das Gefühl hat, als Mensch nicht viel wert zu sein, unternimmt Edward alles Mögliche, um Frauen seinen Wert als Ehemann anzupreisen. Er hat immer enorm teure Autos gefahren, die sofort »ins Auge fallen«, und er ist bei seinen Verabredungen immer sehr großzügig. Wenn er sich mit einer Frau trifft, die er mag, bietet er ihr sofort an, ihre Rechnungen mit zu bezahlen. Und schon bald darauf wohnt sie in seinem Haus, ohne dass er sie auffordert, sich an den Kosten zu beteiligen.

Edward versucht nie, erst einmal eine emotionale Beziehung aufzubauen. Er stellt die Verbindung über Geld her. Er kauft sich Aufmerksamkeit und Zuneigung, bevor er überhaupt eine Chance hat zu sehen, ob er diese positiven Gefühle nicht einfach annehmen kann, weil er ein menschliches Wesen ist, das Liebe verdient. Und dann ist er in der Beziehung misstrauisch und verschlossen und fragt sich, ob seiner Partnerin wirklich etwas an ihm liegt. Die meisten dieser Beziehungen halten nicht sehr lange. Aber selbst die, die länger dauern, sind niemals wirklich tief und liebevoll.

Wie Sie sich vorstellen können, haben diese Anfänge absehbare Folgen. Als seine erste Frau ihn verließ, hat sie ihn ganz schön geschröpft. Auch seine zweite Frau hat bei der Trennung ihren Anteil an Edwards Einkommen eingefordert. Als seine dritte Frau sich weigerte, ein voreheliches Abkommen über Gütertrennung zu unterzeichnen, zog Edward sofort den Schluss, dass sie Pläne hatte, ihn irgendwann zu verlassen. Diese Angst begleitet ihn immer noch.

Edward kann sich solche Beziehungen wirklich nicht leisten. Er kann sie sich finanziell und – noch wichtiger – emotional nicht leisten. Und mit jeder Beziehung, die zu Ende geht, wird er bitterer und zynischer. Und misstrauischer. Edward ist an einem Punkt angelangt, wo er Beziehungen in dieser Form auch nicht mehr *will*. Aber er hat einfach zu viel Angst, es anders zu versuchen.

Alicia, Karlin, Maria und Edward sind sehr verschiedene Menschen, aber sie haben zwei wichtige Dinge gemeinsam. Sie alle leiden unter geringer Selbstachtung. Und sie alle bleiben aufgrund eines Mechanismus', der auf ihrer mangelnden Selbstachtung beruht, letzten Endes allein.

Wie könnten Ihre Probleme mit mangelnder Selbstachtung Sie daran hindern, eine sinnvolle emotionale Verbindung einzugehen? Erkennen Sie sich selbst in diesen Geschichten wieder?

Den Kreislauf mangelnder Selbstachtung durchbrechen

Jeder von uns verdient Liebe, aber vielleicht müssen Sie daran arbeiten, um zu diesem Schluss zu gelangen. Mangelnde Selbstachtung ist eine schreckliche Bürde. Sie lässt Sie immer wieder vernichtende Erfahrungen machen, so dass Ihre Überzeugung wächst, als der Mensch, der Sie sind, einfach nicht genug zu sein. Und trotzdem muss mangelnde Selbstachtung kein lebenslanges Urteil sein. Wir sehen, hören und lesen täglich, wie Menschen dieses Problem »erfolgreich« überwinden. Es gibt lediglich einen Haken: Nur *Sie* können die Schritte unternehmen, um diesen Teufelskreis zu durchbrechen.

In jungen Jahren vermitteln die negativen Stimmen unserer Eltern, anderer Familienmitglieder, Gleichaltriger, Lehrer usw. uns das Gefühl, keine Liebe zu verdienen. Wir glauben, unser Wert sei bedingt. Und diese Stimmen werden oft verstärkt durch negative Erfahrungen. Als Erwachsene haben wir diese Stimmen inzwischen verinnerlicht. Wir werden zu unseren eigenen schlimmsten Kritikern und bleiben es auch dann noch, wenn unsere ursprünglichen Kritiker längst aus unserem Leben verschwunden sind. Veränderungen müssen also bei uns selbst anfangen.

Deswegen beginnt der Kampf um Selbstachtung auch oft vor dem Spiegel, wo Sie lernen, liebevoll mit sich zu sprechen und sich selbst zu loben. Das Ziel ist, eine neue innere Stimme zu entwickeln, die lauter und deutlicher spricht als die alten destruktiven Stimmen. Einfach, ja, aber auch sehr wirkungsvoll.

Selbstachtung entwickeln bedeutet auch, sich mit Menschen zu umgeben, die Sie unterstützen und liebevoll mit Ihnen sprechen, und sich von Menschen zu verabschieden, die Sie verletzen und kritisieren. Wahrscheinlich gibt es in Ihrem Leben Freunde,

Bekannte und Familienmitglieder, die Ihnen immer noch Negatives ins Ohr posaunen – äußere Stimmen, die Sie weiter hinnehmen. Wenn diese Menschen nicht beginnen, anders mit Ihnen umzugehen, müssen Sie diese Beziehungen verändern. Abstand schaffen kann ein Akt von Selbstliebe sein, wenn die Nähe zu sehr schmerzt.

Selbstachtung entwickeln bedeutet, Risiken eingehen – das Risiko, akzeptiert oder abgelehnt zu werden als der Mensch, der Sie wirklich sind, und nicht als der, der bestimmte Dinge tut oder gibt. Sind Sie bereit, diese Risiken einzugehen? Vielleicht sind Sie heute williger denn je, da Sie jetzt sehen, wie wenig Sie zu verlieren haben.

Mangelnde Selbstachtung verringert Ihre Chancen für eine wirkliche Bindung

Das Wichtigste, was Sie sofort für sich tun können, besteht wahrscheinlich darin, sich genau anzuschauen, wie mangelnde Selbstachtung Ihr Leben beherrschen und Ihre Chancen für eine verbindliche Beziehung sabotieren kann.

Mangelnde Selbstachtung ...

... lässt Sie die falschen Partnerinnen oder Partner wählen.
Statt aktiv nach Partnern Ausschau zu halten, die jene Eigenschaften besitzen, die Sie sich wünschen, und Menschen zurückzuweisen, die Ihren begründeten Erwartungen nicht entsprechen, sind Sie bereits »völlig aus dem Häuschen«, wenn irgendjemand auf *Sie* zukommt. Aber dieser »Irgendjemand« bietet Ihnen selten, wenn überhaupt, eine verbindliche Beziehung.

... macht Sie übertrieben dankbar.
Statt dafür zu kämpfen, dass Ihre Beziehung Sie erfüllt, begnügen

Sie sich damit, einfach nur eine Beziehung zu *haben*. Sie wünschen sich eine Bindung und mehr Tiefe, aber Sie würden niemals darauf drängen.

... hält Sie davon ab, schonungslose Fragen zu stellen.
Wenn Sie davon überzeugt sind, kein wertvoller Mensch zu sein, fällt es Ihnen schwer, einem potentiellen Partner oder einer potentiellen Partnerin schonungslose Fragen zu stellen: Fragen nach Treue, Liebe, Kindern, Missbrauch, Sucht, dem Menschen, mit dem Ihr Partner bzw. Ihre Partnerin noch verheiratet ist! Mangelnde Selbstachtung hält Sie davon ab, das Boot zum Schaukeln zu bringen. Aber genau diese Fragen klären den Weg für eine Bindung.

... hindert Sie daran, sich für Ihre Bedürfnisse einzusetzen.
Sie reden sich ein, Ihre Bedürfnisse seien nicht wichtig und die Bedürfnisse sämtlicher anderer Menschen hätten Vorrang. Die Folge ist, dass Ihr Wert sinkt und man Sie nicht ernst nimmt. Natürlich macht Sie das bitter und blockiert Sie, Beziehungen einzugehen.

... führt dazu, dass Sie andere auf einen Sockel stellen.
Der oder die andere ist alles, Sie selbst sind nichts. So zumindest kommt Ihre Haltung an. Das führt dazu, dass Menschen Sie für selbstverständlich nehmen und *Ihre* Besonderheit wenig schätzen. Deswegen hält man Sie nicht für einen Menschen, der es wert ist, dass man sich wirklich auf ihn einlässt.

... hält Sie davon ab, emotionale Risiken einzugehen.
Wenn Sie eine tiefere Verbindung mit einem Menschen eingehen wollen, müssen Sie emotional etwas riskieren und dem anderen zeigen, wer Sie sind, indem Sie Ihre Gefühle, Ängste, Geheimnisse und das, was Sie wirklich bewegt, mitteilen. Gehen Sie dieses Risiko nicht ein, kann auch keine Verbindung entstehen.

... führt dazu, dass Sie auf Nummer Sicher gehen wollen. Sicherlich wissen Sie inzwischen aus Erfahrung, dass man in

Beziehungen nicht auf Nummer Sicher gehen kann. Ganz gleich, ob Sie eine »sichere« Wahl treffen oder Ihr Verhalten auf Sicherheit anlegen, wenn Sie nicht bekommen, wonach Sie sich sehnen, werden Sie unglücklich und unerfüllt sein. Selbst wenn sich Ihnen die Möglichkeit zu einer verbindlichen Beziehung eröffnet, können Sie diese nicht schätzen oder trauen ihr nicht.

... macht Sie überkritisch gegen andere.

Viele von uns kompensieren ihr eigenes geringes Selbstwertgefühl, indem sie andere so lange heruntermachen, bis diese sich auf der gleichen Ebene befinden. »Sie ist nicht schön genug.«, »Er ist nicht klug genug.«, »Sie hat keinen guten Job.«, »Er hat schlechte Haut.« Sie finden fast an jedem Menschen etwas auszusetzen und stürzen sich auf diese Fehler, weil Sie sich selbst dann begehrenswerter fühlen. Aber wenn Sie eine emotionale Bindung eingehen wollen, richtet sich dieses Verhalten gegen Sie, denn freundliche Menschen fühlen sich abgeschreckt, wenn sie ständig kritisiert werden. Und immer wieder passiert es Ihnen, dass Sie mit Menschen, die Sie einschüchtern oder die gefährlich narzisstisch sind, um eine Beziehung feilschen, weil das die einzigen sind, die Ihren rigiden Maßstäben genügen. Das lässt wenig Raum für gesunde, positive Verbindungen.

... verführt zur Kompensation in Form von Selbstverherrlichung.

Sie reden ständig nur davon, wie großartig Sie sind. Vielleicht prahlen Sie auch gern mit Namen und versuchen, andere damit zu beeindrucken, wen Sie alles kennen. Sie denken, Sie machen sich damit beliebt, aber in der Regel bewirken Sie damit genau das Gegenteil, so dass die meisten Menschen zu Ihnen Abstand halten. Nur wer Ihnen Ihre Geschichten abkauft, hängt sich an Sie, aber diese Menschen werden von Ihnen für ihre Naivität verachtet und Sie befinden sie nicht für wert, sich tiefer auf sie einzulassen.

Zweiter Selbstkonflikt: Selbstverlust

Was genau verlieren wir eigentlich, wenn wir »uns selbst« in einer Beziehung verlieren? Manche von uns verlieren ihre Zuversicht, ihre Stärke und Unabhängigkeit, ihr Gefühl von Selbstkontrolle. Andere verlieren ihre Urteilskraft und ihr Gefühl von Gleichgewicht im Leben. Doch viele von uns verlieren die Verbindung zu ihrem innersten Kern. Und dieser Verlust fordert von uns in der Liebe einen hohen Preis. Erkennen Sie sich in einigen der folgenden Variationen dieses Themas wieder?

Wenn Sie in einer Beziehung sind ...

... verlieren Sie dann Ihre Grenzen?

Für Corinna trifft das zu. Corinna ist eine Frau der 90er-Jahre – stark, entschieden, eigenwillig, wild entschlossen, sich ihre Unabhängigkeit zu bewahren. Bis sie einem Mann begegnet, der ihr gefällt. Dann ändert sich das alles in Sekundenschnelle: Aus »mia casa« wird »su casa« – was Mein ist, ist auch Dein und hoffentlich auch umgekehrt. Benutze mein Telefon. Setz dich an meinen Tisch. Leihe dir Geld von mir. Zieh bei mir ein! Und es geht nicht nur um physische Grenzen. Für Corinna verwischen sich sämtliche Trennungslinien. Die Siege ihres Partners werden zu ihren Siegen, seine Freude zu ihrer Freude. Aber auch das Versagen ihres Partners macht sie sich zu Eigen. Und seine Probleme. Corinna kann ihre Grenzen nicht wahren. Und das macht den Männern, die sie liebt, Angst. Jagt auch Ihre Unfähigkeit, feste Grenzen zu setzen, dem Mann oder der Frau, den bzw. die Sie lieben, Angst ein, so dass er bzw. sie sich von Ihnen zurückzieht?

... verlieren Sie Ihre Prioritäten aus den Augen?

Wenn Sie in einer Beziehung sind, spielt dann alles andere – Freundschaften, Familie, Arbeit, Ziele – die zweite Geige? Wird die Beziehung Ihr Ein und Alles? Geben Sie das Leben auf, das Sie führten, um sich in ein potentiell neues Leben zu stürzen? In diesem Falle fordern Sie von Ihrem Partner oder Ihrer Partnerin, Ihnen eine völlig neue Welt zu bieten. Wenn das kein Druck ist! Und was noch schlimmer ist: Wenn sich diese Strategie gegen Sie wendet, bleiben Sie oft mit weniger zurück, als Sie zuvor hatten.

... verlieren Sie Ihre Bedürfnisse aus den Augen?

Statt sich auf eine Reihe klar definierter Bedürfnisse zu beziehen, gehen Menschen, die sich in einer Beziehung zu sehr verlieren, zu der Haltung über: »Ich nehme, was du mir zu geben hast.« Aus dem Bedürfnis »Ich brauche einen Partner, der monogam ist« wird »Ich kann darauf warten, dass er sich verändert«. Aus dem Bedürfnis »Ich brauche eine Partnerin, die über Gefühle sprechen kann« wird »Dafür kann ich jemand anderes finden«. Aus dem Bedürfnis »Ich brauche einen Partner, der die Lebenshaltungskosten mit mir teilt« wird »Ich verdiene ja genug für uns beide«. Aber sich mit weniger zufrieden geben heißt nicht, dass Sie damit auch glücklich werden. Und diese Unzufriedenheit zehrt heftig an Ihrem Gefühl von Verbundenheit mit dem anderen.

... verlieren Sie Ihre Werte aus den Augen?

Dan ist fest davon überzeugt, dass es in einer Beziehung um Gleichheit geht. Er war immer der Meinung, dass man sich die Arbeit und die Rechnungen teilen muss. Er war nie darauf aus, etwas umsonst zu bekommen, und wollte auch nie einen anderen Menschen mit tragen. Und er kann seinen Freunden diese Ansichten jederzeit offen und gelassen vortragen, aber jedes Mal, wenn er einer Frau begegnet, die ihm gefällt, kann Dan nicht mehr praktizieren, was er predigt. Seine Erfahrung mit Janice ist ein perfektes Beispiel dafür. Janice war eine selbst ernannte »Prinzessin« höchsten Ranges, und von dem Augenblick an, da sie sich begegneten, öffnete Dan seine Brieftasche und begann für alles aufzukommen. Es fing an mit Verabredungen, Kinobesuchen und kleineren Ausgaben. Aber dann steigerte es sich zu Autoreparaturen, Kleidung und schließlich der Miete. Dan tut das alles, weil er denkt, es werde von ihm »erwartet«. Das Problem ist, dass es ihn teuflisch ärgert. Er fühlt sich völlig in eine Situation gedrängt, die er selbst geschaffen hat. Außerdem verliert er den Respekt für seine Partnerin. Und wie sieht die Lektion aus? Wenn wir unsere Werte aus den Augen verlieren, landen wir bei Beziehungen, die kaum oder gar keinen Wert haben.

Dans Freund Alan hat entschiedene Ansichten über die Gefahren von übermäßigem Alkohol- und Drogenkonsum. Er hat auch eine klare Meinung von Menschen, die dieses Verhalten zeigen. Aber in dem Augenblick, als Louisa bei ihrem vierten Treffen betrunken auftauchte, fing Alan an, verwirrt zu werden. Und als sie ihm von ihrem »Pech« mit gepanschtem Alkohol erzählte, begann es sich in seinem Kopf zu drehen. Rote Fahnen winkten und Alarmglocken läuteten. Aber Louisa war einfach großartig und sah genauso aus, wie Alan es sich immer erträumt hatte. Und sie schien ihn wirklich zu mögen. Also beschloss Alan, er könne »damit zurechtkommen«. Er versuchte, Louisas Drogengeschichten selbst dann noch zu verstehen, als die entsprechenden Vorfälle sich häuften. Und er legte sogar in seinem Kühlschrank einen Vorrat von Wodka an. Das Problem ist, dass Alan eben *nicht* damit zurechtkommt. Und er weiß jetzt, dass das ein Ende haben muss.

... verlieren Sie Ihre Ziele aus den Augen?

Diana ist eine begabte Künstlerin, die in New York Karriere macht. Die Kunst ist ihre Leidenschaft und größte Liebe, und ihre Bekanntheit als Malerin wächst. Das ist der Bereich ihres Lebens, in dem sie sich am meisten engagiert. Bis sie einem Mann begegnet. Dann werden *seine* Ziele unweigerlich wichtiger, und Diana ist bereit, ihm ihre ganze Zeit zu widmen, um ihn auf seinem Weg zum Erfolg zu unterstützen. Ihre Ambitionen hingegen geraten aufs Abstellgleis. Aber Ambitionen, die auf dem Abstellgleis landen, entgleisen meistens und stiften Unheil. Diana ist ständig wütend, ohne genau zu wissen, warum. Sie ist wütend auf die Männer in ihrem Leben und auf sich selbst. Vielleicht, weil ihre Partner sie nicht bei ihren Zielen unterstützen – oder sie noch nicht einmal fragen, ob sie welche hat. Vielleicht aber auch, weil sie sich bei der Verfolgung ihrer Ziele selbst nicht unterstützt und immer das Gefühl hat, betrogen zu werden.

... vergessen Sie völlig, wer Sie sind?

Sie sagen, Sie hassen kaltes Wetter, aber Sie lernen Ski fahren, um mit dem Menschen zusammen zu sein, den Sie lieben. Sie bezeichnen sich als strikte Vegetarierin, aber sobald Sie jemanden lieben, braten Sie Spanferkel. Sie sagen, Sie seien Musiker, doch um dem Menschen, den Sie lieben, einen Gefallen zu tun, wechseln sie ins Geschäftsleben über. Sie sind ein überzeugter Demokrat, aber Sie sammeln Geld für die Republikaner, um die politische Leidenschaft Ihrer Partnerin zu unterstützen. Eine Weile geht es Ihnen gut mit diesen radikalen Umschwüngen. Doch das innere Gefühl von Unbehagen, Enttäuschung und, ja, sogar Groll wächst. Am Anfang können Sie damit noch umgehen, aber es bedrückt Sie immer mehr, und Ihre ständige Frustration führt zu Depression oder Wut. Inzwischen hält Ihr Partner oder Ihre Partnerin Ihre Anpassung für selbstverständlich und nutzt diese zu seinem bzw. ihrem Vorteil. Und Ihr Gefühl von Verbundenheit nimmt kontinuierlich ab.

Sich selbst verlieren heißt das Gefühl von Verbundenheit verlieren

Wenn wir uns in Beziehungen selbst verlieren, ist das Ergebnis selten ein positives. Die typische Folge ist meistens eine Mischung aus Bitterkeit, Frustration, Entfremdung, Ärger und Depression. Wir landen bei Menschen, die uns nicht schätzen, bei Menschen, die uns als selbstverständlich hinnehmen, und damit bei Menschen, die nicht die geringste Ahnung davon haben, was wirkliche

Nähe bedeutet. Und das ist keine gute Grundlage für eine verbindliche Partnerschaft. Im besten Falle ist es verwirrend, im schlimmsten Falle schmerzhaft und selbstzerstörerisch, und es fordert einen hohen Preis. Und immer wirkt es sich trennend auf die Beteiligten aus.

Menschen, die sich in Beziehungen verlieren, haben letzten Endes Angst, sich überhaupt einzulassen, und das ist verständlich. Sie haben die Erfahrung gemacht, wenn sie lieben, so viel zu verlieren, dass sie sich aufgrund dieser Verluste ganz erschöpft fühlen. Diese Menschen müssen begreifen, dass ihre primäre Verpflichtung der eigenen Person zu gelten hat. Sie müssen sich selbst zur Nummer eins in ihrem Leben machen. Sie müssen für jede Faser ihres Selbst bis aufs Messer kämpfen. Ganz gleich, was es kostet, was andere denken, sagen oder tun, ganz gleich, wie anstrengend der Kampf ist; das ist der einzige Weg, der sich einzuschlagen lohnt. Und das ist nicht selbstsüchtig oder selbstzerstörerisch. Es ist gesund und notwendig, wenn Sie hoffen, eine sinnvolle und befriedigende Verbindung aufzubauen.

Dritter Selbstkonflikt: Mangelndes Selbstgefühl

Jeder von uns wird geboren mit den Samen eines Selbst, Samen, die das Potential haben, zu einem voll entwickelten, kraftvollen und einzigartigen Selbst heranzuwachsen. Doch unsere Erfahrungen in der Kindheit unterstützen uns nicht immer bei dieser »zweiten Geburt«. Bei manchen von uns zerstören oder beschädigen frühe Schwierigkeiten diese Samen oder verhindern, dass sie zu voller Blüte gelangen. Statt mit bedingungsloser Liebe genährt und darin unterstützt zu werden, uns als das Individuum, das wir sind, ungehindert auszudrücken, werden wir schon in jungen Jahren in Schablonen gepresst, genötigt, eingeschüchtert oder sogar missbraucht, damit wir Spuren folgen, die nicht unsere eigenen sind. Wir machen schon früh im Leben die schmerzliche Erfahrung, dass Liebe völlig bedingt ist. Eifrig darauf bedacht, anderen zu gefallen, und voller Angst, verlassen zu werden, machen wir mit. Wir geben uns selbst auf, um geliebt zu werden. Und die innere Verbindung zu unserem vollen Potential verschwindet völlig im Dunkeln.

Dieser spezielle Kampf um das Selbst ist für die meisten Menschen am schwersten zu verstehen. Wenn es nicht *Ihr* Kampf ist, können Sie ihn sich nur schwer vorstellen. Und wenn es Ihr Kampf ist, können Sie ihn sich noch schwerer vorstellen – Sie sind zu gut programmiert, um jemals auf den Gedanken zu kommen, dass der Mensch, den Sie der Welt präsentieren, nicht der ist, der Sie wirklich sind.

Und am verwirrendsten ist: Menschen mit einem schwach definierten Selbstgefühl haben meistens ein sehr gut entwickeltes »falsches Selbst«. Dieses falsche Selbst ist ein »innerer Hochstapler«, der uns sagt, wer wir sind und wie wir zu leben haben. Statt ein starkes inneres Zentrum zu haben, an das wir uns um Anleitung und Antworten wenden können, ist unser Kopf voll äußerer Regeln und Anweisungen, denen wir uns fügen. Dieses falsche Selbst kann auf jede Frage eine Antwort geben – wie wir gehen und reden, wann wir lächeln und wann wir die Stirn runzeln sollen, was gut und schlecht ist und welche Einstellungen und Meinungen wir von uns zu geben haben. Ein Mensch, der keinen Zugang zu den echten Gefühlen des Selbst hat, überlebt mit Hilfe dieser Regeln und Anweisungen. Und trotzdem bleibt tief innen ein Gefühl von Leere, einer Leere, die sich zu zeigen beginnt, wenn wir zu lange alleine sind.

Warum Liebe niemals genug ist (oder immer zu viel)

Was hat all das mit Beziehungen zu tun? Und was mit Bindung? Die Antwort darauf ist in Wirklichkeit ganz einfach. Das Fehlen innerer Verbundenheit hat verheerende Auswirkungen auf unsere äußeren Verbindungen (das heißt auf das, was wir Beziehung nennen). Ohne ein solides inneres Fundament sind Liebesbeziehungen ebenso schmerzlich, wie sie uns verletzlich machen. Wir brauchen Liebe, um uns zu füllen, aber es scheint nie genug, weil sich das innere Loch niemals schließt – ein Loch, das durch das fehlende Selbst entsteht. Also wollen wir uns ständig mit anderen verbinden und versuchen es immer wieder, stehen diesen Verbindungen aber zugleich ständig kritisch gegenüber. Ganz gleich, wie viel Ihr Partner oder Ihre Partnerin Ihnen zu geben hat, es ist niemals wirklich genug. Nur Phantasien können Sie satt machen. Anderen menschlichen Wesen scheint das nie zu gelingen. Denn andere Menschen können Ihnen zwar Liebe bieten, aber kein Selbst.

Und dann ist da die Kehrseite der Medaille. Wenn Sie kein gut entwickeltes Selbstgefühl haben, passiert es sehr leicht, dass Sie zu viel geben – Sie haben das Ihr Leben lang getan. Doch dann wenden Sie sich gegen den Menschen, dem Sie so viel gegeben haben. Erst wenn Sie zu viele Kompromisse eingehen, erkennen Sie, wie weit Sie Ihre Grenzen überschreiten. Erst wenn Sie vor Ärger kochen, wird Ihnen klar, dass Sie zu viel geben. Sie können ein unglaublich verständnisvoller Partner sein, bis Sie irgendwo tief in Ihrem Inneren wissen, dass Sie das nicht sind. Sie können sich unglaublich hilfsbereit verhalten, bis Ihnen bewusst wird, dass Sie das nicht sind. Sie können eine völlig selbstlose und anpassungsbereite Partnerin sein, bis Sie feststellen, dass Sie das nicht sind. Sie können eine Phantasiepartnerin sein, bis Sie begreifen, dass Sie diese Person nicht sind. Eine Zeit lang können Sie alle möglichen Rollen spielen; das Problem

> Erst wenn Sie zu viele Kompromisse eingehen, erkennen Sie, wie weit Sie Ihre Grenzen überschreiten.

dabei ist nur, dass Sie diese Rollen nicht durchhalten können. Denn die einzige echte »Rolle« ist die, die Ihrem wahren Selbst entspricht.

Menschen, die darunter leiden, kein authentisches Selbst zu haben, können das Leben als eine Serie von Schauspielrollen erleben. Sie glauben, ein Partner oder eine Partnerin sein bedeute, sich auf eine gewisse Weise zu verhalten, also machen sie sich eifrig an die Arbeit. Und eine Zeit lang geben Sie die Vorstellung Ihres Lebens. Aber wenn sie sich mehr und mehr von der Person entfernen, die sie wirklich sind, wächst ihr inneres Unbehagen. Bis eine winzige Stimme tief in ihrem Inneren, ein Überbleibsel ihres wahren Selbst, schließlich aufschreit, um gehört zu werden. Vielleicht haben Sie diese Stimme schon gehört. Sie klingt oft folgendermaßen: »Ich muss diese Beziehung beenden!« Sie können versuchen, eine völlig andere Person zu sein, aber die Stimme Ihres wahren Selbst – eine Stimme, die immer noch tief in Ihrem Inneren lebt – wird Sie immer daran erinnern, wer Sie wirklich sind und in welcher Partnerschaft Sie überleben und aufblühen können.

Gelee auf der Suche nach einer Form

Männer und Frauen ohne ein voll ausgebildetes Selbst sind wie Gelee, das sich in jede Form ergießen kann. Aber ihre Lieblingsform und ihre Lieblingsrolle ist die Rolle des »perfekten« Partners bzw. der »perfekten« Partnerin. Ein perfekter Partner zu sein ist für die meisten »normalen« Menschen keine einfache Aufgabe, aber für den Mann oder die Frau, die kein klar umrissenes Selbst haben, passt diese Rolle gut. Ein perfekter Partner sein heißt, sich selbst aufgeben, was uns leicht fällt, wenn unserer Selbst kaum entwickelt ist. Ein perfekter Partner sein bedeutet, mit einem anderen Menschen verschmelzen, und diese Fähigkeit zu verschmelzen ist ein Kennzeichen des falschen Selbst. Diese Menschen können mit nachtwandlerischer Sicherheit die Gedanken anderer Leute lesen und ihnen genau das geben, was sie wollen. Sie hören und sehen alles, wenn sie sich mit einer anderen Person austauschen – jedes Detail und jede Nuance. Sie stimmen sich völlig auf den anderen ein. Sie ahnen alles vorweg. Und sie widmen sich dem anderen sofort und völlig selbstlos.

Weil der Empfänger dieser Aufmerksamkeit sich so ganz gesehen und verstanden fühlt, entsteht eine einzigartige Verbindung. Wenn Sie selbst diese Erfahrung jemals gemacht haben, werden Sie sie wahrscheinlich niemals vergessen. Es fühlt sich an, als wären Sie eine karmische Verbindung eingegangen und hätten schließlich Ihren Seelengefährten oder Ihre Seelengefährtin gefunden. Und diese Verbindung birgt außergewöhnliche Kräfte, so dass man sich leicht verliebt. Aber die tiefe Freude kann sich im wahrsten Sinne des Wortes über Nacht in einen Schock verwandeln, wenn Ihr karmischer Partner zu rebellieren beginnt. Dann kann der Mensch, der bislang völlig zufrieden mit Ihrer absolut vollkommenen Verbindung war, Sie plötzlich mit der Heftigkeit eines entgleisten Zuges zurückweisen – und das ohne jedes Schuldgefühl oder jede Reue. Der Schmerz ist überwältigend. Es macht keinen Sinn. Ihre Welt steht Kopf. Und Sie suchen verzweifelt nach Antworten. Aber die Erklärung ist ziemlich einfach. Der Mensch, der Ihnen all dieses Gute gegeben hat, kann einfach nicht mehr so weiter machen. Ihr perfekter Partner beginnt innerlich zu rebellieren – er oder sie hat endlich den »inneren Schrei« gehört. Die Reste des wirklichen Selbst haben plötzlich zu einer Attacke auf das falsche Selbst angesetzt. Er oder sie kann nicht mehr so tun als ob, kann nicht mehr jemand sein, der er oder sie nicht ist, und muss die Form zerschmettern.

Ohne ein Selbst ist eine Bindung zutiefst bedrohlich

Vielleicht können Sie jetzt klarer sehen, dass eine wirkliche Bindung unwahrscheinlich oder unmöglich ist, wenn Sie kein Selbst entwickelt haben. Und Sie verstehen jetzt sicher auch, dass die

Verführung durch ein falsches Selbst ein schmerzlich hohles Umfeld für eine Bindung ist, die nicht halten kann, was sie verspricht. Auf vollkommene Anfänge folgen brutale Trennungen, und der perfekte Partner zerfällt zu Staub. Die Aussichten auf eine Bindung, die einmal so riesig schienen, verpuffen völlig. Und es bleibt nichts außer Erinnerungen. Das alles scheint so verrückt. Aber die Erklärung ist ganz einfach: Ohne die Grundlage eines Selbst kann sich keine wirkliche Liebe entwickeln.

Eine Rolle, mit der ich nicht leben könnte

Wie kann jemand wie ich, der kein Therapeut ist, so viel über diesen schmerzhaften Kampf um das Selbst wissen? Die Antwort ist ebenso schmerzlich: Ich habe diesen Kampf selbst einmal geführt. Ich war der willige Partner. Ich war der Phantasiepartner. Ich war der besonders aufmerksame Partner. Ich war der bis zur Lächerlichkeit verständnisvolle Partner. Ich war der Partner, der seine Partnerin bis zur Selbstlosigkeit unterstützte. Ich war der »perfekte« Partner. Ich gab und gab und gab, bis ich die Rolle nicht mehr durchhalten konnte. Und dann entzog ich meiner Partnerin übergangslos alles, was ich gegeben hatte.

Es ist mir wichtig, Sie als Leserinnen und Leser wissen zu lassen, dass das größte Hindernis auf meinem Weg zu einer gesunden Beziehung und Bindung wahrscheinlich darin bestand, zu einem authentischen Selbstgefühl zu gelangen und dieses zu nähren. Wenn das ebenfalls für Sie gilt, warten genau auf diesem Weg auch für Sie Gesundheit und Liebe. Ob das nun bedeutet, mehr Zeit mit sich allein, in Meditation, in der Therapie oder in Selbsthilfegruppen zu verbringen – es ist die Zeit und Mühe wert. Ich möchte Sie ermutigen, alles in Ihrer Macht Stehende zu tun, um diese Reise zu ermöglichen.

Das Selbst stärken: Lebensregeln

- **Geben Sie Ihre Verschmelzungsphantasien auf.** Mit dem Drang zu verschmelzen vermeiden Sie den Prozess, Ihr individuelles Selbst zu finden, zu entwickeln und zu stärken. Die Liebe schenkt uns viele Augenblicke des Verschmelzens, aber Sie müssen immer wieder zu sich zurückkehren.
- **Nehmen Sie sich Zeit, sich selbst zu finden.** Das ist ein entscheidender Schritt, bevor Sie Ihr Selbst stärken und annehmen können. Für manche Menschen ist dieser Selbstfindungsprozess im Rahmen einer Beziehung zu schwierig. Brauchen Sie mehr Zeit für sich allein oder sogar eine gesunde »Pause«?
- **Legen Sie mehr Wert auf sich als eigenständige Person.** Liebe beginnt immer mit der Liebe zu sich selbst. Und Ihre Eigenständigkeit ist Ihre Stärke.
- **Seien Sie sich bewusst darüber, dass Sie sich früher einmal zur Selbstaufgabe entscheiden mussten, und dass Sie es jetzt auch in der Hand haben, diese Entscheidung rückgängig zu machen – und das sofort tun können.** Sie können sich weiter selbst bemitleiden, weil Sie einen so schweren Anfang hatten, oder Sie können Ihre emotionalen Kräfte für Ihre Weiterentwicklung nutzen. Die Entscheidung liegt bei Ihnen.
- **Geben Sie die Hoffnung auf, ein anderer Mensch könne für Sie tun, was nur Sie für sich tun können.** Wenn Sie darauf warten, dass jemand Ihnen ein neues Selbstgefühl schenkt, fühlen Sie sich weiter machtlos. Aber Sie sind nicht machtlos. Die Wahrheit ist, dass nur Sie selbst sich heilen und ganz machen können.
- **Lassen Sie die Angst los, nicht gemocht zu werden.** Es ist nicht möglich, dass alle Sie gerne haben. Und Sie wollen auch gar nicht von jedem gemocht werden. Je mehr Sie sich selbst lieben, desto klarer wird Ihnen das.
- **Lernen Sie, alleine zu sein.** Der beste Weg, das Zusammensein mit einem anderen Menschen zu lernen, besteht darin, zu

lernen, alleine zu sein. Wenn Ihre Beziehungen jemals aufgrund Ihres mangelnden Selbstgefühls gescheitert sind, ist das Beste, was Sie für sich und Ihre potentiellen Partnerinnen oder Partner tun können, sich mehr Zeit für sich selbst zu nehmen.

- **Machen Sie sich Folgendes bewusst: Wenn Sie sich über Ihre Beziehung oder über das Fehlen einer Beziehung definieren, ist Ihr Selbst nicht klar definiert.** Beziehungen sollen unser Leben bereichern und nicht unser Leben ausmachen. Das wäre zu viel Druck für die Beziehung und für Ihren Partner oder Ihre Partnerin. Schauen Sie nach innen, um sich selbst klar zu sehen, bevor Sie im Außen nach einer Beziehung suchen.
- **Hören Sie auf, anderen Vorwürfe zu machen, weil Sie im Leben zu kurz kommen.** Wenn wir mit uns selbst nicht zufrieden sind, richten wir den Finger oft auf andere und machen ihnen Vorwürfe. Übernehmen Sie die Verantwortung für Ihren eigenen Kampf ums Selbst.
- **Haben Sie keine Angst, selbstbezogen zu sein.** Selbstbezogenheit ist nichts Negatives, sofern es bedeutet, dass Sie besser für sich sorgen.
- **Treten Sie für sich ein.** Das ist kein Risiko, sondern eine Verpflichtung (für *Sie*). Haben Sie keine Angst, zum Ausdruck zu bringen, wer Sie sind und was Sie schätzen. Eines Ihrer Ziele im Leben sollte darin bestehen, für das, was Sie wirklich sind, akzeptiert oder abgelehnt zu werden. Das ist das Beste, was wir uns erhoffen können.
- **Werden Sie Ihr eigener größter Fan.** Fangen Sie an, Ihre eigene beste Freundin bzw. Ihr eigener bester Freund, Kumpel, Förderer zu sein. Das bedeutet nicht, dass Sie sich etwas vormachen, sondern dass Sie sich um sich kümmern und die Erfahrung machen, dass Sie es wert sind, geliebt zu werden.

Die vierte Herausforderung

Der Mut, in der Realität verwurzelt zu bleiben

Die Tendenz, sich in Phantasien zu verlieren, ist vielleicht die stärkste Ursache dafür, dass so viele von uns keine verbindliche Beziehung haben. Nur allzu oft verbringen wir einen Großteil unseres persönlichen Lebens irgendwo in einem Phantasieland. Manchmal benutzen wir Phantasien, um unsere Lebensgeschichte umzuschreiben oder Partner bzw. Partnerinnen zu idealisieren, die in unserem Leben nicht mehr präsent sind. Dann wieder verbringen wir Stunden damit, uns nach dem oder der idealen Geliebten zu sehnen, der bzw. die noch nicht aufgetaucht ist. Manchmal sind wir so beschäftigt mit unserem Phantasieleben, dass wir reale Möglichkeiten für ganz gesunde Verbindungen noch nicht einmal erkennen.

Es ist typisch für uns, dass wir, lange bevor ein realer Partner oder eine reale Partnerin auf uns zukommt, uns vorstellen, wie er oder sie aussieht, spricht, sich verhält. Wir malen uns sogar aus, wie das Zusammenleben mit unseren Phantasiepartnern aussehen wird.

Und dann taucht ein lebendiger, atmender Mensch auf. *Endlich!* Sie lächeln. Der lebendige, atmende Mensch lächelt. Und er scheint sehr anziehend zu sein und Sie ebenso anziehend zu finden. Sie haben das Gefühl, als ob sich der Himmel für Sie öffnet. Und so beginnen Sie, sich kennen zu lernen.

Was tun Sie, wenn das in Ihrem Leben passiert? Bleiben Sie im Phantasieland, mit dem Kopf in den Wolken? Oder verwurzeln Sie sich fest in der Erde und tun alles, um am Boden zu bleiben und die Dinge realistisch zu sehen?

Wie gut können Sie phantasieren?

Manchmal begegnen sich zwei Menschen und zwischen ihnen funkt es nur wenig oder gar nicht. In diesem Fall sagen wir, die Beziehung sei in den Anfängen stecken geblieben. Aber oft geschieht etwas noch viel Beunruhigenderes: Die Beziehung hebt sofort ab, kommt dann aber nie wieder auf den Boden zurück. Der Grund dafür ist, dass einer der beiden Partner oder beide weiter schweben und von riesigen Phantasieballons fortgetragen werden. Also kehrt die Beziehung nie in die reale Welt zurück, wo sich unser Leben letzten Endes abspielt. Wenn Sie sich einmal Paare, deren Liebe den harten Prüfungen der Zeit standgehalten hat, genau anschauen, werden Sie feststellen, dass ihre Liebe hier und jetzt auf festem Boden stattfindet.

Können Sie wirklich sagen, dass Sie Ihre Partnerinnen oder Partner und Ihre Beziehungen mit klarem Blick betrachten? Haben Sie den Mut, Fragen zu stellen, um herauszufinden, was Ihr Partner oder Ihre Partnerin von einer Beziehung will? Und sind Sie mutig genug, ganz reale Antworten zu hören? Verarbeiten und realisieren Sie negatives Verhalten, wenn Sie es erleben? Hören Sie negative Worte wirklich? Oder legen Sie sich die Tatsachen so zurecht, dass sie in Ihr reiches Phantasieleben passen (zum Beispiel: »Er weist mich nicht wirklich zurück, er ist einfach nur unsicher.«)? Verwechseln Sie Sehnsucht oder gar Lust mit Liebe? Können Sie sagen, was Sie wirklich fühlen – sei es gut oder schlecht? Können Sie sich der Wahrheit über das, was in der Beziehung passiert, während es passiert, stellen – sei sie gut oder schlecht?

Halten Sie freudig an der realen Welt fest und bleiben *in* der Beziehung, die Sie gefunden haben, auch wenn Sie frisch verliebt sind und die Hormone durch Ihren Körper tanzen und toben? Sind Sie imstande, die Realität zu sehen? Das ist eine beträchtliche Herausforderung, die jede Beziehung mit sich bringt. Damit man dieser gewachsen ist, rate ich Männern und Frauen, zumindest einen Fuß am Boden festzukleben, bis sie hundertprozentig *wissen*, dass eine Beziehung real ist und sie diese Beziehung wollen. Damit geben wir entweder unserer Liebesgeschichte eine Chance oder verringern die Möglichkeit, einen großen Fehler zu machen. Wir müssen der Tatsache ins Auge sehen, dass wir nicht durch unsere Liebesgeschichten schweben und erwarten können, dass das Universum und andere uns davor schützen, eine Bauchlandung zu machen. Wir haben das zu oft erlebt und dabei bleiben muss es nicht.

Stellen Sie sich einfach vor, wie dieser eine Fuß fest mit dem Boden verbunden ist, voll gesunden Menschenverstandes und ein wenig zurückhaltend. Können Sie ihn sehen? Können Sie ihn spüren? Oder schweben Sie in kindlich-vertrauensvoller Verantwortungslosigkeit? Denken Sie daran, dass diese kindlich-vertrauensvolle Verantwortungslosigkeit bei Kindern angemessen ist, die Eltern haben, denen man die Verantwortung zutrauen kann. Sie aber haben es mit Menschen zu tun, deren Bedürfnisse nicht immer mit Ihren übereinstimmen. Sie haben es mit Menschen zu tun, die a) nicht dafür verantwortlich sind, Sie zu schützen, und b) selbst verletzlich sind.

Aus den Wolken herabsteigen

In den vielen Jahren, in denen ich keine feste und reale Beziehung in meinem Leben hatte, stellte ich mir immer lebhaft vor, was eine Beziehung mir alles schenken würde. Ich weiß noch, dass ich immer dachte, die Liebe – was immer ich mir darunter vorstellte – würde mir nicht nur regelmäßigen Sex bringen, sondern auch diese unbestimmte Sehnsucht beenden und mein Leben vollständiger werden lassen. Wie die meisten von uns war auch ich wahrscheinlich Opfer zu vieler romantisierender Filme und Fernsehsendungen. Ich hatte phantastische Phantasien von allen möglichen »magischen« Gefühlen.

Meine Phantasien hielten mich oft davon ab, Gelegenheiten auf der menschlichen Ebene, die direkt vor meiner Nase lagen, zu schätzen oder überhaupt wahrzunehmen. Mein Kopf steckte oft weit oben in den Wolken. Wenn eine potentielle Partnerin meinen zugegebenermaßen verzerrten Blickwinkel durchquerte, teilten die Wolken sich nicht und ich kam nicht zurück auf den Boden. Was hieß das für mich? Statt Beziehungen mit Frauen wertzuschätzen, die offen für mich zu sein schienen und wirklich nett waren, hing ich Phantasien nach, in denen ich Frauen für mich gewann, die schwierig, distanziert und desinteressiert waren.

Wenn es mir damals gelang, eine Beziehung zu beginnen, die ein echtes Potential hatte, lernte ich nie, mit dem umzugehen, was passierte und während es passierte. Weil ich erwartete, alles müsse magisch und vollkommen sein, setzte ich mich niemals mit wichtigen Beziehungsthemen auseinander. Ich lernte nie, wie man mit all den kleinen Verärgerungen umgeht, die in einer realen Beziehung auftauchen. Meine Lieblingslösung für Streitigkeiten bestand zum Beispiel darin, dass ich mich verschloss oder an mögliche andere Partnerinnen dachte.

Manchmal ertappte ich mich dabei, dass ich, statt in der Gegenwart und damit bei der Frau zu bleiben, mit der ich gerade zusammen war, an die Frauen dachte, die gegangen waren. Ich konzentrierte mich auf die Erinnerung an einen wichtigen Abend statt auf die Ereignisse, die gerade stattfanden. Ich dachte an die Vergangenheit und war dabei voller Wehmut. Ich dachte an die Zukunft, und sie machte mir Angst. Ich war praktisch gar nicht fähig, von Tag zu Tag präsent zu bleiben.

Damit brachte ich mich oft in Schwierigkeiten. Ich landete in Beziehungen, ohne auch nur eine der richtigen Fragen zu stellen. Ich blieb in Beziehungen in dem Glauben, dass die Probleme sich auf magische Weise von selbst lösen würden, und ich stellte mich selten auftretenden Schwierigkeiten.

Was mich an meiner Frau Jill unter anderem fast vom ersten Tag unserer näheren Bekanntschaft an beeindruckte, ist, dass sie niemals Angst hatte, schonungslose Fragen über unsere Beziehung an mich zu richten. Sie ist eine wunderbar romantische Frau, und trotzdem hatte sie immer den Mut, in der Realität verwurzelt zu bleiben und sich ihr zu stellen. Ich weiß noch, dass Jill mich mit einigen sehr realen Fragen verblüffte, als ich sie bat, mich zu heiraten. Als Erstes fragte sie: »Warum willst du mich heiraten?« Das war nicht weiter schwer zu beantworten. Ich sagte: »Weil ich dich liebe und mit dir für den Rest meines Lebens zusammenbleiben möchte.« Aber das schien ihr nicht zu reichen, denn sie fuhr mit dem Fragen fort: »Wir können doch einfach so zusammenbleiben wie jetzt ... was bedeutet es für dich, verheiratet zu sein? Was wäre anders? Was wäre genauso? Wie würden wir uns die Aufgaben teilen? Wie würden wir mit Geld umgehen? Bedeutet das, du willst mich versorgen? Oder möchtest du eine Familie gründen? Wofür steht ›Heiraten‹ für dich?« Das zwang mich wirklich innezuhalten, um über ihre Fragen nachzudenken und reale Antworten zu finden. Offen gestanden war ich nie über den romantischen Teil hinausgelangt, den Teil Ich-liebe-dich-und-möchte-für-immer-mit-dir-zusammenbleiben. Ich war mir nicht sicher, was ich da eigentlich vorhatte. Ich wusste nicht, ob etwas anders sein würde. Vor allem wünschte ich mir ein konkretes Symbol für unsere Liebe. Aber das reichte ihr nicht. Sie wollte es mit der Realität und konkreten Informationen zu tun haben. Sie wollte nicht von der Hoffnung leben. Sie wollte, dass unsere Beziehung real war.

Es war sehr mutig von Jill, diese Fragen zu stellen. Sie musste das Risiko eingehen, dass ihre Fragen mir Angst einjagten. Sie brachte mich dahin, über Haushaltsfragen und Finanzen nachzudenken, statt an einer wunderschönen vollkommenen Phantasie zu spinnen. Wie mutig von ihr, so gut für sich zu sorgen und so realistisch zu sein. Ja, es erfordert sehr viel Mut, in der Gegenwart zu leben, die Augen weit aufzumachen und sich die Beziehung, während sie sich entwickelt, realistisch anzuschauen.

In Phantasien investieren, die Realität ignorieren

Vor gar nicht langer Zeit führte ich ein ausführliches Gespräch mit einer Frau namens Theresa, die ich vor einigen Jahren für ein anderes Buch interviewte. Theresa ist 36 Jahre alt und wurde vor drei Jahren geschieden. Vor etwa anderthalb Jahren fiel Theresa, die damals in der örtlichen Leihbücherei arbeitete, ein attraktiver Mann auf, der ebenfalls Mitte dreißig war und jeden Morgen in die Bücherei kam, um dort Zeitung zu lesen. Wenn er ging, blieb er immer kurz stehen, um mit ihr ein paar Minuten zu plaudern. Aus diesen Gesprächen erfuhr sie, dass er im Ort eine kleine Firma besaß, die Computerausrüstungen verkaufte und betreute. Von Mitarbeitern hörte sie, dass er der begehrteste Junggeselle in der Stadt sei und »nichts anbrennen lasse«. Theresa begann sofort, angenehme Phantasien zu spinnen, in denen Patrick die Hauptfigur war.

Zwei Monate vergingen, bevor Patrick Theresa bat, mit ihm auszugehen. An einem Donnerstag um die Mittagszeit tauchte er vor ihrem Schreibtisch auf, um ihr zu sagen, dass er noch nichts gegessen habe und sie fragen wolle, ob sie ihn begleiten würde. Am folgenden Donnerstag geschah das Gleiche. Und das wurde zur festen Einrichtung. Patrick schien so intelligent und freundlich zu sein. Theresa, die sich mit Computern gut auskannte, verbrachte fast ebenso viel Zeit am Bildschirm wie er. Sie liebte es, sich mit ihm zu unterhalten, aber sie konnte nicht herausfinden, ob er an ihr als Frau interessiert war oder sie lediglich als Freundin betrachtete, mit der er geschäftliche Fragen besprechen konnte.

Obwohl Theresa Patrick wirklich mochte, hatte sie Angst, ihm zu viele persönliche Fragen zu stellen; sie wollte nicht den Anschein erwecken, ihn zu bedrängen. Patrick erzählte ihr so wenig Persönliches, dass sie nicht wusste, was in diesem Bereich seines Lebens vor sich ging. Außerdem trug ihr jemand in der Bücherei zu, dass er sich zwar mit vielen Frauen treffe, trotzdem aber eine feste Freundin habe, die nicht in der Stadt wohne. Theresa wusste nicht, ob sie es ertragen konnte, zu viel über diese Freundin zu hören. Sie wollte nicht, dass Patrick ihr verletztes Gesicht zu sehen bekam, wenn er über eine andere Frau sprach.

Auch wenn sich Theresa über Patricks Gefühle im Unklaren war, war sie sich ihrer eigenen Gefühle sicher. Sie hatte wenig Interesse, sich mit anderen Männern zu treffen, und rätselte mit ihrer besten Freundin stundenlang herum, wie sie Patrick dahin bekommen konnte, sich ihr als Mann zu nähern. Theresa machte sich sogar Sorgen, Patrick könne trotz seines Rufes schüchtern sein. Nachdem mehrere Monate vergangen waren, in denen sie sich zum Mittagessen trafen und unterhielten, erzählte Patrick ihr, dass er plane, etwa zehn Meilen entfernt ein weiteres Computergeschäft zu eröffnen. Er fragte sie, ob es ihr gefallen würde, für ihn zu arbeiten und das Geschäft zu leiten. Theresa war total aus dem Häuschen. In der Bücherei wurde sie sehr schlecht bezahlt, und sie war seit Monaten auf der Suche nach einem anderen Job. Die neue Arbeit würde ihr auch Gelegenheit geben, Patrick besser kennen zu lernen.

Während die Eröffnung des neuen Geschäftes näher kam, verbrachten Theresa und Patrick sogar noch mehr Zeit miteinander. Er ermutigte sie, Computerkurse zu besuchen, um sich noch weiteres Wissen über Software und die Computerindustrie anzueignen. Sie fand das schwierig, aber interessant. Doch trotz all der Zeit, die sie zusammen verbrachten, wies nichts darauf hin, dass er in sie verliebt war. Patrick erweckte den Anschein, an ihr interessiert zu sein, und verhielt sich auch entsprechend, aber er machte keinerlei Anstrengung, eine Beziehung mit ihr anzufangen. Theresa glaubte und hoffte aus ganzem Herzen, dass Patrick liebevolle und nicht-platonische Gefühle für sie hege, aber sie konnte das an nichts Konkretem festmachen. Trotzdem hatte sie das Gefühl, dass es zwischen ihnen eine intensive, wenn auch unausgesprochene Verbindung gab. Sie glaubte, das oft in Patricks Blick zu sehen, wenn sie sich anschauten.

Patrick war ganz besonders freundlich zu Theresas achtjähriger Tochter Jennie, die oft mit ihrer Mutter in den Laden kam. Er gab Jennie sogar ein älteres Computermodell, das nicht mehr benutzt wurde, und »rüstete es auf«, damit sie ihre Hausaufgaben damit machen konnte. Theresa glaubte, das bedeute, Patrick versuche, ihr näher zu kommen.

Schließlich wurde der Laden eröffnet und es gab eine kleine Party. Unter den Gästen war Patricks Freundin, Margo. Theresa war völlig am Boden zerstört. Sie war sicher gewesen, dass Patrick und sie über das Geschäftliche hinaus eine Zukunft hatten. Als sie an diesem Abend nach Hause kam, konnte sie nicht aufhören zu weinen.

Zwei Wochen später rief Patrick eines Abends an, als Jennie schon schlief, und fragte, ob er zu ihr kommen könne. Ohne eine Frage zu stellen sagte Theresa ja. Als er kam, meinte er, er wollte sie wissen lassen, dass er und Margo sich getrennt hatten. Margo sei eifersüchtig auf Theresa, und sie hätten sich darüber gestritten. Theresa stellte keine Fragen, denn sie wusste nicht genau, was das hieß. Patrick redete länger darüber, dass Margo seine Bedürfnisse nicht erfülle, was für Theresa hieß, er glaube, sie, Theresa, könne sie erfüllen. Schließlich fragte Patrick Theresa, ob sie am folgenden Wochenende mit ihm essen gehen würde. Theresa antwortete, Samstag sei ein guter Tag, da ihre Tochter dann bei ihrem Exehemann sei.

Patrick spazierte am Samstagabend herein, um Theresa abzuholen, und innerhalb von zehn Minuten lagen sie sich auf der Couch in den Armen. Sie gingen nicht mehr essen. Später am Abend erzählten sie sich ihr persönliches Leben. Patrick vertraute Theresa alles über seine Beziehungsgeschichte an. Theresa berichtete Patrick über das Scheitern ihrer Ehe. Sie sprachen aber nicht über das, was zwischen ihnen beiden geschehen war.

Theresa und Patrick entwickelten schnell ein bestimmtes Muster. Sie gingen am Samstagabend immer zusammen aus, und Patrick blieb dann den ganzen Sonntag. Wenn Jennie Sonntagabend von ihrem Vater nach Hause kam, schlug Patrick oft vor, eine Pizza oder chinesisches Essen zu bestellen. Er sah mit Jennie zusammen fern, während Theresa den Tisch deckte und in der Küche arbeitete. Er verabschiedete sich stets von Jennie, bevor sie ins Bett ging. Für diesen einen Abend in der Woche fühlten sie sich an wie eine Familie.

Bei der Arbeit jedoch unternahm Patrick nichts, um die Tatsache offen zu legen, dass er und Theresa eine Beziehung hatten, und er tat auch nichts, was darauf hingedeutet hätte, dass sie für ihn mehr sein könne als eine Angestellte. Er behandelte sie nicht anders als alle anderen; er gab niemals durch ein liebevolles Wort oder eine Geste der Zuneigung zu verstehen, dass sie auch Zeit allein miteinander verbrachten. Tatsächlich ließ Patrick nur selten zu, dass ihre Blicke sich trafen, und die Verbundenheit zwischen ihnen, die Theresa empfunden hatte, bevor sie ein Paar wurden, schien jetzt deutlich weniger intensiv zu sein.

Wenn sie sich verabredeten, gingen Theresa und Patrick ins Kino oder tanzen, sie gingen mit Freunden essen und sprachen über alles Mögliche – nur nicht über das, was zwischen ihnen beiden stattfand. Nach mehreren Monaten begann es Theresa zu stören, dass er ihr weder verbal seine Zuneigung gestand noch auf andere Weise zu erkennen gab, dass er sich auf sie einließ. Eines Nachts sagte sie zu Patrick: »Ich liebe dich.« Er erwiderte: »Ich weiß das.« Das störte Theresa noch mehr. Aber wieder sagte sie nichts. Theresa gibt heute zu, dass sie Angst hatte, Fragen zu stellen, weil sie immer befürchtete, nicht die Antworten zu bekommen, die sie hören wollte. So sehr sie glaubte, dass Patrick sie wirklich liebte, auch wenn er es nicht sagte, hatte sie doch zugleich das Gefühl, keinerlei Garantien zu haben.

Dann kamen die Feiertage näher. Patrick kam in der Woche vor Weihnachten zu Besuch und brachte ein Geschenkpaket für Theresa und ein noch größeres für ihre Tochter. Theresa war überrascht. Sie hatte darauf gewartet, dass Patrick Vorschläge für die Feiertage machen würde. Tatsächlich hatte sie versucht, den Mut aufzubringen, ihn einzuladen, entweder Heiligabend oder die Feiertage mit ihr und ihrer Familie zu verbringen. Sie träumte von romantischen Tagen, die sie als Paar verbringen würden. Stattdessen übergab Patrick ihr die Geschenke und sagte, er wolle sie ihr schon jetzt überreichen, weil er an Weihnachten mit einem Freund auf die Inseln fahre.

Theresa war völlig am Boden zerstört. Sie konnte Patrick noch nicht einmal fragen, was das für die Zukunft ihrer Beziehung bedeutete. Als er aus den Ferien zurückkehrte, fiel ihr sofort auf, dass alles anders war. Statt Samstagabend mit ihr ausgehen zu wollen, machte er Pläne mit ihr für Freitag, aber sie gingen auf eine Party und verbrachten fast überhaupt keine Zeit allein. Am folgenden Wochenende wollte Patrick sie nur tagsüber am Sonntag sehen, aber Jennie war zu Hause und so waren sie nicht allein. Bei der Arbeit war alles wie üblich, aber dort hatte er sich immer schon nur geschäftlich verhalten.

Schließlich nahm Theresa ihren ganzen Mut zusammen, ging in Patricks Büro, schloss die Tür hinter sich und fragte: »Was ist los?«

Er antwortete: »Nichts ... Warum?«

Obwohl sie zitterte, fuhr Thersa fort, Fragen zu stellen: »Du meidest mich. Was passiert zwischen uns?«

Er erwiderte: »Ich will darüber hier wirklich nicht sprechen.«

Sie: »Nun, ich aber.«

Er: »Komm schon, Theresa, mach hier kein unnötiges Drama. Ich glaube, wir müssen uns eine Zeit lang trennen. Ich muss einfach über einige Dinge Klarheit gewinnen.«

Also stellte Theresa die große Frage: »Empfindest du denn gar nichts für mich?«

Patrick sagte: »Natürlich tue ich das. Ich weiß nur nicht, ob ich die Gefühle für dich empfinde, die du dir wünschst.«

Später am Tag, als niemand in der Nähe war, blieb Patrick vor Theresas Schreibtisch stehen. »Sieh mal«, meinte er, »das hat nichts mit dir zu tun. Das ist *mein* Ding. Ich sehe einfach nicht, dass ich in absehbarer Zeit noch einmal heirate.«

Das war vor zwei Wochen. Bei der Arbeit ist Patrick freundlich, fröhlich und unverbindlich. Und auch wenn es Theresa gut gelingt, ihr Gesicht zu wahren, weint sie jeden Abend, wenn sie nach Hause kommt. Sie kann einfach nicht verstehen, wie jemand *derart* unverbindlich sein kann. Inzwischen ist ihr zu Ohren gekommen, dass Patrick sich mit einer Frau trifft, die in der nächsten großen Stadt wohnt. Sie nimmt sich immer zusammen, wenn diese Frau im Büro anruft und begrüßt sie am Telefon.

Als ich mit Theresa sprach, fragte ich sie, ob irgendetwas an Patricks Verhalten sie überrascht habe. Sie sagte: »Nicht wirklich überrascht, ich war einfach enttäuscht.« Sie habe sich immer besorgt gefragt, ob Patrick wirklich bereit sei, sich einzulassen. Ich fragte sie, ob sie ihm jemals deutlich gesagt habe, dass sie eine verbindliche Beziehung suche. Sie sagte nein. Als ich wissen wollte, warum, antwortete sie, sie habe Angst gehabt, dass Patrick sie verlasse, wenn sie ihn in irgendeiner Weise drängen würde. Ich fragte weiter, ob sie Patrick jemals Fragen darüber gestellt habe, was *er* von ihrer Beziehung wolle. Sie verneinte. Als ich sie nach den Gründen fragte, antwortete sie laut und deutlich: »Weil ich Angst vor dem hatte, was ich herausfinden würde.«

Was können wir von Theresas und Patricks Beziehung lernen?

Auf den ersten Blick zeigt uns Theresas und Patricks Geschichte einfach nur eine Beziehung, die sich nicht so entwickelte, wie Theresa es hoffte. Ansonsten scheint es um die übliche Mann-trifft-Frau-Situation zu gehen. Bei näherer Betrachtung wird deutlich, dass die persönliche Beziehung zwischen den beiden niemals ganz real wurde, obwohl das Paar eine echte Freundschaft hatte. In jeder Phase konnten Theresa und Patrick über alles reden, nur nicht über das, was zwischen ihnen beiden geschah. Keiner von beiden artikulierte jemals seine Hoffnungen oder Absichten, aus unterschiedlichen Gründen vielleicht, aber mit dem gleichen Ergebnis.

Was hätte Theresa anders machen können?

Lassen Sie uns eine Liste all der in der Realität verwurzelten Dinge anfertigen, die Theresa hätte anders machen können.

- Als sie von Patricks Ruf als Frauenheld hörte, hätte sie aufmerksam werden können. Sicher kann man ein gewisses Maß an Klatsch immer als unwahr abtun. Aber da Theresas Herz im Spiel war, wäre es da nicht weise gewesen, sich Patrick gegenüber nicht zu sehr zu öffnen, so lange sie nicht mehr über ihn wusste? Sie hätte sich eine dick geschriebene innere Notiz machen können: *Lasse nicht zu, dass deine Phantasie mit dir durchgeht!*
- Als sie anfingen, zusammen essen zu gehen, hätte Theresa leicht Fragen stellen können, um herauszufinden, was Patrick von Beziehungen eigentlich wollte. Sie hätte ihn fragen können, ob er

mit einer Frau fest zusammen war. Sie hätte ihn fragen können, was es für ihn bedeute, sich einzulassen. Statt Angst vor realen Antworten zu haben, hätte Theresa aufmerksam sein können, um sicher zu gehen, dass sie reale Informationen bekam.

- Theresa hätte für sich klären können, ob Patrick in das Bild von der Beziehung passte, die sie sich für ihr Leben wünschte. Wäre er wirklich imstande, umzuschwenken und sich auf die Familie einzulassen, die sie wollte? Oder war er jemand, der es – anders als sie – genoss, Single zu sein und Eroberungen zu machen?
- Sie hätte sich – und auch Patrick – aufrichtig die Fragen stellen können, was sie von einer Beziehung erwarteten. Sie wusste, dass sie wieder heiraten und weitere Kinder bekommen wollte. Aber das erzählte sie Patrick nie, da sie sich Sorgen machte, sie könnte ihn damit abschrecken. Diese Besorgtheit hätte aufschlussreich für sie sein können.
- Als Patrick sie bat, für ihn zu arbeiten, hätte sie tief Luft holen und den Mut aufbringen können, ein entsprechendes Gespräch anzufangen. Sie hätte sagen können: »Was bedeutet das? Manchmal habe ich das Gefühl, dass du mich anziehend findest. Stimmt das? Manchmal glaube ich, dass ich mich zu dir hingezogen fühle. Das könnte zu Schwierigkeiten führen, wenn wir beide nicht aufrichtig damit umgehen. Lass uns darüber reden.«
- Warum konnte Theresa ihr Abwehrsystem nicht noch etwas länger aufrechterhalten, als Patrick kam, um ihr zu sagen, dass er sich von seiner Exfreundin getrennt hatte? Hätte sie nicht sagen können: »Was bedeutet das für uns?« Hätte sie nicht sagen können: »Lass uns nichts überstürzen, bevor wir nicht darüber gesprochen haben, was wir voneinander wollen« oder: »Wir sollten unsere Hormone in Schach halten, solange wir nicht sicher sind, dass wir von einer möglichen Beziehung das Gleiche erwarten.«

Für Theresa hatte die Beziehung immer drei deutlich unterschiedliche Ebenen: die freundschaftliche, die auf gemeinsamen Interessen beruhte; die persönliche, in der nichts besprochen oder auf den Boden gebracht wurde; und die phantasierte, die lediglich in ihrem Kopf existierte.

Theresa war ein Opfer ihrer Phantasien. Dort war Patrick alles, was sie wollte. Im wirklichen Leben gab er ihr nicht, was sie brauchte. Statt in der Beziehung zu leben, lebte sie in der Hoffnung. Von dem Augenblick an, wo sie jemanden fand, der einige der wichtigen Eigenschaften besaß, die sie sich von einem Gefährten wünschte, tat sie so, als ob auch alles andere zusammenpasste. Sie entfernte sich von der Realität und hielt sich an ihren Phantasien fest wie an einem Ballon. Die Wirklichkeit hätte diesen Ballon vom ersten Augenblick an auf den Boden gebracht, aber Theresa wollte nicht diejenige sein, die ihn zum Platzen brachte.

Was hätte Patrick anders machen können?

Beginnen wir damit, Patrick zuzugestehen, dass er nicht motiviert war, sich anders zu verhalten, da er nie herausgefordert wurde. Theresa hat alles akzeptiert. Sie war so glücklich über seine guten Eigenschaften, dass sie nie seine schlechten provozierte.

Aber gehen wir einmal davon aus, dass Patrick sich hundertprozentig verantwortungsbewusst und liebevoll verhalten wollte – obwohl er wusste, dass er nie vorhatte, mit Theresa eine feste Beziehung anzufangen. Was hätte er anders machen können? Wie hätte er mehr Integrität zeigen können?

- Patrick hätte sich der Realität gegenüber verantwortungsbewusster zeigen können. Er hätte sich die Bedürfnisse von Theresa als allein erziehende Mutter realistisch klar machen und sich entsprechend verhalten können.
- Patrick hätte in der anfänglichen »Freundschaft« aufrichtiger sein können, indem er mehr über sein persönliches Leben mitteilte.

Er hat mit ziemlicher Sicherheit bestimmte Tatsachen für sich behalten, weil er befürchtete, Theresa abzuschrecken, wenn er ihr ganz offen von seinem Beziehungsverhalten erzählt hätte.

- Patrick hätte erkennen können, dass er nicht von einer Frau zur anderen wechseln konnte, ohne verwirrt oder unsicher zu sein über das, was er tat oder fühlte.
- Patrick hätte sowohl sich selbst als auch Theresa gegenüber bei der Wahrheit bleiben sollen. Er hätte sich aufrichtig bemühen können, seine eigene Beziehungsgeschichte und seine Tendenz, mit einer Frau nach der anderen anzubändeln, zu verstehen.

Kurz gesagt, beide Partner hatten die Beziehung, die sie haben wollten, aber sie hatten diese Beziehung mit sich selbst; sie hatte wenig zu tun mit der anderen Person. Theresa verhielt sich, als sei dies eine große Liebe, die alle Probleme überwinden würde. Und Patrick verhielt sich wie ein Junggeselle, der anbändelte, ohne zu wissen, wohin dies führen sollte. Er hatte weder den Mut noch die Absicht, sich auf eine Beziehung mit Zukunft einzulassen. Weder Theresa noch Patrick war realistisch, was die persönliche Ausrichtung oder die eigenen Bedürfnisse betraf. Sie beide erzählten sich nur Geschichten.

Die Falle vermeintlicher Seelengefährten meiden

Vor mehr als 150 Jahren schrieb eine britische Dichterin namens Elizabeth Barrett Browning ein Gedicht für ihren Geliebten, Robert Browning. In diesem Gedicht heißt es: »Wie ich dich liebe, lass es mich aufzählen ...« Elizabeth Barrett und Robert Browning wurden von vielen für Seelengefährten gehalten, zwei dichtende Menschen, die alles riskierten, um zusammen nach Italien zu fliehen und dort zu leben, trotz Elizabeths angegriffener Gesundheit und der massiven Hindernisse, die ihr tyrannischer Vater ihnen in den Weg stellte.

Wir alle hängen an der Vorstellung von Seelengefährten, die sich in tiefer, leidenschaftlicher Liebe zugetan sind. Tatsächlich verbringen viele von uns ihr Leben damit, nach dem perfekten Seelengefährten Ausschau zu halten. Das allerdings führt zu Schwierigkeiten in Beziehungen, weil viele von uns mit dem Thema Seelengefährten in das eine oder andere Extrem gehen.

- Wir sind so bemüht, einen Seelengefährten oder eine Seelengefährtin zu finden, dass wir potentielle Partner sofort mit sämtlichen Attributen aus unseren Seelengefährten-Phantasien ausstatten – selbst wenn diese Menschen unseren Traumvorstellungen bei weitem nicht entsprechen. Diejenigen von uns, die das tun, müssen ihre Augen aufmachen und ihre Partner und Beziehungen realistischer betrachten.
- Wir sind in unseren Phantasien über Seelengefährten derart entschiedene Perfektionisten, dass wir liebevolle, zugewandte Partner zurückweisen, weil sie nicht ganz perfekt sind. Die Folge ist, dass unsere Beziehungen niemals reifen können. Wer sich so verhält, braucht ebenfalls eine starke Prise Realität: Wir müssen uns realistisch anschauen, ob Perfektion in dieser unvollkommenen Welt überhaupt eine Chance hat.

Beiden Gruppen und auch dem Rest von uns wird eine realistische Einstellung langfristig helfen, all die falschen Seelengefährten zu vermeiden, die uns unsere Zeit stehlen und uns davon abhalten, die tiefe und wahre Liebe zu finden, die wir uns ersehnen.

Mut zur Liebe heißt Mut zu einer Verbindung, die in der Realität verwurzelt ist

Menschen glauben oft, der Mut zur Liebe bedeute, die Augen zuzumachen und Vertrauen zu haben. Das stimmt nicht. Es hilft weder uns noch unserem Partner bzw. unserer Partnerin, wenn wir die Beziehung nicht auf realen Boden stellen. Tatsächlich ist die Realität die einzige Chance für unsere Beziehungen.

Ich möchte vorschlagen, dass wir alle für uns ein System zur Realitätsprüfung entwickeln, das wir in den verschiedenen Phasen unserer Beziehung anwenden können.

Realitätsprüfung für eine neue Beziehung

Wenn zwei Menschen sich zum ersten Mal begegnen, schaffen sie ein Fundament, ein Skript darüber, wie sie miteinander umgehen werden, solange die Beziehung lebendig bleibt. Wenn wir uns liebevolle und ehrliche Beziehungen wünschen, müssen wir anfangen, liebevoll und ehrlich zu sein. Folgende Fragen können Sie sich stellen:

Sage ich die Wahrheit? Gehe ich mit mir und meinen Bedürfnissen und Hoffnungen ehrlich um?
Es ist ganz wesentlich, dass wir eine Beziehung mit einer realistischen Haltung beginnen. Manchmal sind wir so bemüht, unserer neuen Partnerin oder unserem neuen Partner zu gefallen, dass wir Dinge sagen und tun, die der Realität nicht standhalten. Vielleicht verschreiben wir uns altmodischen Verführungstechniken und versprechen am Anfang dreist, die Sterne vom Himmel zu holen. Vielleicht möchten wir unbedingt geliebt werden, so dass wir unsere Bedürfnisse nicht zur Sprache bringen und völlig passiv

Dinge geschehen lassen, mit denen wir gar nicht übereinstimmen. Werden Sie selbst aktiv, indem Sie Ihren Partner wissen lassen, wer Sie sind und was Sie mögen. Sie müssen nicht sagen: »Ich bin ein verantwortungsloses Schlitzohr und habe mich nie ernsthaft auf einen anderen Menschen eingelassen, geschweige denn auf mich selbst.« Sie können sagen: »Ich glaube nicht, dass ich zu einer ernsthaften Beziehung bereit bin. Ich möchte noch viele Menschen kennen lernen, bevor ich mich auf eine Person einlasse.«

Sie müssen nicht sagen: »Ich bin entschlossen zu heiraten, und wenn du mir nicht geben kannst, was ich von dir will, werde ich sehr unglücklich sein und du wirst große Schuldgefühle haben.« Sie können sagen: »Ehe und Familie sind für mich sehr wichtig, und ich hoffe, jemanden kennen zu lernen, der bereit ist, mit mir diese Wünsche umzusetzen.«

In neuen Beziehungen scheuen wir uns manchmal zu zeigen, wer wir wirklich sind, weil wir befürchten, die andere Person damit abzuschrecken. Ich bin auch der Meinung, dass wir andere mit einer Flut von Details überfordern können, aber ich glaube, es ist hilfreich, wenn wir unsere grundlegenden Absichten, Einstellungen und Hoffnungen zum Ausdruck bringen. Wenn Sie ernste Absichten haben und damit Menschen in die Flucht treiben, die unverbindlich sind, würde das irgendwann sowieso geschehen. Vielleicht passiert es besser früher als später, damit Sie frei sind, jemanden zu finden, der das Gleiche will wie Sie.

Stelle ich die richtigen Fragen, um zu erfahren, was ich wissen muss?

Sie müssen zu Ihrer ersten Verabredung nicht mit einer Wahrheitsdroge und einer Liste von 3000 intimen Fragen erscheinen. Aber Sie können gewisse Dinge herausfinden. Wenn Sie diesen einen anderen Menschen kennen lernen, müssen Sie zum Beispiel wissen und darauf achten, ob er verheiratet, verlobt oder in einer anderen Beziehung ist. Vielleicht klingt es dumm, das zu wiederholen, aber ich höre immer wieder von Menschen, die verletzt wurden, weil sie sich diese wichtigen Informationen nicht beschafft haben – oder sie nicht ernst genommen haben. Sie müssen sich auch vergewissern, dass Sie bei diesem Menschen sicher sind und dass er vernünftig ist und in seiner Vergangenheit menschliche Verbindungen eingegangen ist, die real existieren. Und auch hier möchte ich wiederholen, dass ich zahlreiche Briefe von intelligent klingenden Menschen bekommen habe, in denen es heißt, dass sie mit Fremden im Namen der Liebe Dummheiten begangen haben. Finden Sie also heraus, was Sie wissen müssen, bevor Sie Ihre persönliche Sicherheit in die Hände eines anderen Menschen geben.

Gleich zu Beginn einer Beziehung werden Sie für sich klären wollen, ob dieser neue potentielle Partner oder die Partnerin präsent und in der Realität sein kann. Sie wollen wissen, um was es in dieser Beziehung geht. Sie müssen herausfinden, auf welchem emotionalen und spirituellen Entwicklungsstand sich dieser neue Mensch in Ihrem Leben befindet. Sie wollen sicher sein, dass er ehrlich und aufrichtig ist.

Bevor Sie Ihr Herz verschenken, Sex haben oder sonst etwas tun, um die Beziehung zu vertiefen, wollen Sie wahrscheinlich alles herausfinden, was wirklich wichtig für Sie ist: Wenn Sie überzeugte Feministin sind, wollen Sie wissen, was der andere über die Aufteilung der Hausarbeit und anderer Verantwortlichkeiten denkt. Wenn Sie ein überzeugter Chauvinist sind, werden Sie sicherlich wissen wollen, ob diese Frau bereit ist, fröhlich und ohne Klagen für Sie da zu sein. Unsere Chancen zu bekommen, was wir wollen, stehen besser, wenn wir vor jedem Vertrauenssprung die richtigen Fragen stellen.

Reden wir wirklich miteinander?

Ihre Verhaltensmuster im Umgang miteinander setzen sich wahrscheinlich die ganze restliche Beziehung lang fort. Achten Sie darauf, ob Ihr Partner Ihnen wirklich interessiert zuhört, wenn Sie ihm immer mehr von sich erzählen. Macht dieser Mensch es Ihnen leicht, sich mitzuteilen? Sind auch Sie interessiert an dem, was er

Ihnen sagt? Gibt es einen echten Austausch zwischen Ihnen, oder hat immer nur einer von Ihnen das Wort?

Man kann keine Regeln aufstellen, wie und worüber zwei Menschen miteinander reden können und werden. Aber es ist eine enorme Hilfe, wenn die Verbindung eine Grundlage hat. Sie müssen sich nicht in allem einig sein, aber es ist Ihrer Beziehung sicher förderlich, wenn Sie Ihre Ansichten gegenseitig respektieren und akzeptieren können. Es ist hilfreich, wenn Sie Ihre Meinungen, Ideen, Gedanken und Gefühle austauschen können, und wesentlich, dass Sie beide »hören«, was die bzw. der andere sagt, und darauf eingehen. Das ist real, und es ist wichtig.

Kenne ich den Unterschied zwischen der Sehnsucht meines Herzens und dem Drang meiner Hormone?

Wer hat nicht schon einmal den Rat bekommen: »Folge deinem Herzen.« Dieser Satz könnte fast als Motto des New Age gelten. Übersetzung: Wenn du deinem Herzen nicht folgen kannst, bist du festgefahren und nicht sehr weit entwickelt. Aber machen wir uns nichts vor: Wenn wir glauben, unserem Herzen zu folgen, ist das meistens gar nicht der Fall. Manchmal folgen wir verwirrenden Phantasien; manchmal drängt uns unsere Angst voran; dann wieder werden wir überflutet von Hormonen, die uns total im Griff haben. Die Intensität unserer Sehnsucht mag sich anfühlen, als käme sie direkt vom Herzen, aber so einfach und lupenrein ist dieses Gefühl nicht.

In Wahrheit existiert zu Beginn einer neuen Beziehung noch gar keine voll entwickelte und tief gehende Herzensverbindung. Es ist viel zu früh dafür. Eine Herzensverbindung ist etwas sehr Komplexes und braucht Zeit, um sich zu entfalten. Phantasien, Ängste und Hormone dagegen sind keinesfalls subtil. Sie vernebeln die Realität und sind stärker als Weisheit, Urteilskraft und zärtliche Herzensgefühle. Vielleicht glauben Sie in Ihrer Verwirrung, Ihr Herz spreche zu Ihnen; Sie können sogar sagen, das seien Ihre Gefühle. Aber im Grunde wissen Sie, dass das nicht der Fall sein kann.

Vor kurzem sprach ich mit einer Frau, die mir erzählte, wie sie auf einer Party einen Mann kennen gelernt habe, der sie nach Hause fuhr. Sie schmusten eine Stunde lang in seinem Wagen in ihrer Auffahrt. Sie wollte wissen, ob ich glaubte, dass er sie, wie versprochen, anrufen würde. »Was können Sie mir sonst noch von ihm sagen?« fragte ich sie. »Alter, verheiratet oder nicht, Beruf, Interessen, Abneigungen.« Sie sagte, sie wisse nichts Grundsätzliches über ihn. Warum nicht? Sie gab mir drei Antworten: Sie wollte nicht übereifrig erscheinen. Sie wollte den Augenblick nicht verderben. Und sie wollte ihn nichts fragen, wonach er sie nicht auch gefragt hatte. Diese Frau ist ansonsten sehr vernünftig. Trotzdem war sie so überwältigt dadurch, jemanden gefunden zu haben, der ihr gefiel, dass sie mit ihm schmuste, noch bevor sie es wagte, ihn zu fragen, wo er wohnt.

Ich weiß nicht, wie viele Männer mir im Laufe der Jahre erzählt haben, sie wären einer Frau begegnet, die sie äußerst attraktiv fanden, nur um dann in deren Wohnung festzustellen, dass hier so gar nichts ihrem Geschmack entsprach. Er liebt klassische Musik, sie hat Poster von Heavy-Metal-Bands an die Wände geklebt. Seine Lektüre beschränkt sich auf den Sportteil der Zeitung, ihre ganze Wohnung ist voller Bücherregale mit anspruchsvollem Inhalt. Er weiß nicht, ob er jemals Kinder möchte, ihre drei Sprösslinge schlafen im Nebenzimmer. Trotzdem ist der Drang zu ihr hin so intensiv, dass der Mann weitermacht, und noch bevor das Stichwort von der »katastrophalen Trennung« fällt, ist das Paar eine Beziehung eingegangen, in der nichts stimmt und die beiden sich gegenseitig die Hölle heiß machen.

Geben wir es zu: Es gibt mindestens zwei grundlegende Kräfte, die uns zu Dingen hinreißen, die wir später bereuen und die oft zusammen auftreten: 1) Wir sehnen uns wirklich nach Liebe und hoffen, dass eine sexuelle Verbindung uns helfen wird, sie zu finden, und 2) wir spüren einen intensiven Drang, der ausgelöst wird von Hormonen, die unser kleines Gehirn, unseren Unterleib und den ganzen Bereich dazwischen überfluten.

Es ist *eine* Sache, Gefangener bzw. Gefangene des eigenen Bedürfnisses nach Liebe und der Hormone zu sein, wenn man 17, 22 oder 27 Jahre alt ist. Aber ständig Opfer zu bleiben und andere zu Opfern zu machen, ist eine andere Sache.

Es ist durchaus nicht einfach, unser Begehren zu bekämpfen. Und ich fühle mich auch nicht ganz wohl dabei, das zu empfehlen. Aber wenn Ihr sexuelles Begehren Sie zu selbstzerstörerischen Beziehungen verleitet, müssen Sie sich fragen, wann Sie bereit sind, die Wirklichkeit als das, was sie ist, zu erkennen. Zwischen einer Beziehung, die Zukunft haben soll, und einer Beziehung, die kurz und pikant sein soll, ist ein großer Unterschied. Eigentlich wissen wir bereits am Anfang einer Beziehung ganz genau, welche Möglichkeiten sie wirklich birgt. Wir haben ein Gefühl dafür, was wir in einem bestimmten zeitlichen Rahmen erwarten können, aber unser inneres Drängen hindert uns daran, dieses Gefühl zu respektieren und im Einklang damit zu handeln. Unser Drang lässt uns vorwärts stürmen. Wir beginnen zu glühen, bekommen glasige Augen und entwickeln derart intensive Kräfte, dass wir uns und andere in völlige Verwirrung stürzen.

Sollten Sie auf eine Reihe von gescheiterten Beziehungen zurückblicken, kann es hilfreich sein, wenn Sie langsamer machen und neue Richtungen einschlagen. Ihre Entscheidungen unterliegen *Ihrer* Kontrolle. Denken Sie daran, dass Hormone nichts als Chemie sind. Der hormonelle Drang ist nichts Konstantes; er stellt lediglich eine Gelegenheit dar, vorübergehend den Kopf zu verlieren. Denken Sie daran, dass sexuelle Anziehung und Verliebtheit nicht unbedingt ein und dasselbe sind. Verlieren Sie sich nicht in Ihren Phantasien, so dass Sie die Realität nicht mehr beachten und respektieren. Klinge ich hier wie ein Prediger oder wie ein Schulmeister? Verhalten habe ich mich ganz bestimmt nicht wie einer.

Aber etwa zwei Jahre bevor ich meine Frau kennen lernte, beschloss ich, nicht länger zuzulassen, dass Hormone, Phantasien oder emotionale Bedürftigkeit mein Verhalten bestimmen. Für mich war das eine phantastische Entscheidung, denn als ich meiner

Frau begegnete, war ich frei und nicht in eine schwierige Beziehung verwickelt.

Lassen wir beide zu, dass sich eine echte Herzensbeziehung entwickelt?

Eine echte Herzensbeziehung beruht auf Akzeptanz, Vertrauen, gegenseitigem Respekt und Liebe. Wenn Sie einen Menschen kaum kennen, können Sie Ihr Herz nur nach und nach öffnen. So schützen Sie sich und bleiben realistisch. Viele von uns sind so begierig, eine vertrauensvolle Herzensverbindung einzugehen, dass sie sich in die total falsche Richtung öffnen. Meine Freundin Joan zum Beispiel gibt zu, dass sie leichte Beute für Männer ist, die schon beim ersten Treffen Herz und Unterleib überfließen lassen. Sie fängt gerade erst an zu begreifen, dass die meisten dieser Männer sie nicht wirklich meinen. Sie machen mit ihren Worten viel Wind um nichts, und das mit jeder. Mein Freund Greg hat das gleiche Problem mit Frauen, die eindeutig neurotisch sind. Jedes Mal, wenn er eine Beziehung mit einer dieser Frauen anfängt, hat er die Hoffnung, dass sie seine Schwierigkeiten versteht, weil sie selbst so viele Probleme hat. Das ging immer daneben.

Um eine reale Herzensverbindung zu entwickeln, müssen wir langsam und sorgfältig vorgehen. Ich vertraue dir; du vertraust mir. Ich akzeptiere dich; du akzeptierst mich. Ich werde deine verschrobene Schwester mögen, weil ich dich liebe. Ich werde deinen durchgedrehten Hund und deine verwöhnte Katze akzeptieren, weil ich dich liebe. Langsam knüpfen wir Verbindungen, die von Dauer sind und auf die wir uns verlassen können.

Gehe ich realistisch mit dem Thema »Safer Sex« um?

Sind Sie bereit, über sexuell übertragbare Krankheiten, Verhütung und AIDS-Tests zu reden? Diese realistischen Themen stellen sich jedem Paar, das sich sexuell aufeinander einlassen will. Stimmen Sie dem zu? Können Sie über diese Themen sprechen? Oder fegen Sie die entsprechenden Fragen unter den Teppich, während Sie nach Kondomen fummeln? Das ist kein gutes Zeichen. Manchmal können wir uns diesen Themen nur realistisch nähern, indem wir sagen: »Es fällt mir sehr schwer, über diese Dinge zu reden, aber mein Gefühl dazu ist ...«

Für persönliche Sicherheit, Gesundheit und Sex nach verantwortungsbewussten Lösungen zu suchen ist eine gute Möglichkeit für zwei Menschen, herauszufinden, ob sie Realität mit Romantik kombinieren können.

Realitätsprüfung für eine Beziehung, die anfängt, ernst zu werden

Sie gehen schon eine ganze Weile miteinander aus und haben sich wahrscheinlich auch sexuell füreinander geöffnet. Sie haben sich Ihre Lebensgeschichten erzählt und von Ihren Problemen, Familien und Freunden gesprochen. Wie können Sie die Verbundenheit und die Aufrichtigkeit zwischen Ihnen bewahren? Welche Fragen können Sie sich jetzt stellen?

Sind mein Partner und ich uns über grundsätzliche Dinge einig?

Wenn wir erst einmal eine sexuelle Beziehung eingegangen sind, fangen wir an, uns sowohl unserer eigenen Absichten als auch der unseres Partners oder unserer Partnerin allmählich bewusst zu werden. Sobald sich die Beziehung sicher anfühlt, beginnen wir, die Unvollkommenheit des bzw. der anderen wahrzunehmen. Wir alle neigen dazu, das zu tun, und es ist völlig in Ordnung. Um sich zu schützen, müssen Sie nicht nur mit Ihren eigenen Gefühlen, sondern auch mit denen Ihres Partners bzw. Ihrer Partnerin in Kontakt bleiben. Wie schwerwiegend sind Ihre Vorbehalte? Und wie schwerwiegend sind die des anderen?

Versuchen Sie oder Ihr Partner bzw. Ihre Partnerin mehr Distanz herzustellen? Gehen Sie grundsätzlich beide mit der gleichen Geschwindigkeit voran? Hat einer von Ihnen unüberwindbare Grenzen errichtet? Wie entzieht sich jeder von Ihnen dem anderen? Muss darüber dringend gesprochen werden? Achten Sie darauf, was Ihr Partner bzw. Ihre Partnerin tut. Wollen Sie beide das Gleiche von der Beziehung oder weichen Ihre Vorstellungen so stark voneinander ab, dass Sie keine Chance miteinander haben? Jetzt ist es Zeit, all das herauszufinden.

Kann ich realistisch einschätzen, ob ich in dieser Phase der Beziehung zu viel oder zu wenig will?
Manchmal sabotieren wir die Chancen einer Beziehung, indem wir zu schnell zu viel fordern. Wenn Sie sich erst wenige Monate kennen, kann es zum Beispiel unrealistisch sein, darauf zu bestehen, dass Sie zusammenziehen. Wenn Sie der Beziehung nicht vertrauen können, dann ist das eine Tatsache, die sich nicht dadurch verändert, dass Sie beide zusammenziehen oder heiraten. Vielleicht treten die Probleme zwischen Ihnen für eine Weile in den Hintergrund, aber viel größer ist die Wahrscheinlichkeit, dass sie sich deutlicher zeigen und eskalieren.

Zwei erwachsene Menschen aber, die seit mehr als ein, zwei Jahren eine Beziehung haben oder zusammen leben, können das Eingehen formaler Verbindlichkeiten nicht unbegrenzt aufschieben, ohne dass der eine oder andere Unsicherheit und Besorgnis empfindet.

Wenn wir zulassen, dass sich eine Beziehung in einem realistischen Tempo entwickelt, sorgen wir dafür, dass sie real und aufrichtig bleibt.

Reagiere ich angemessen auf extrem negatives Verhalten?
Das wird sich nie ändern, und Sie wissen es. Wenn er oder sie regelmäßig boshaft oder verächtlich ist, bleibt das wahrscheinlich auch so. Geht er oder sie sexuelle Beziehungen mit anderen ein, wird sich an dieser Situation ohne Hilfe von außen nichts ändern.

Wenn Sie sich bei Ihren ersten Begegnungen an die Regeln gehalten haben, sollten Sie das vor extrem negativem Verhalten des Partners oder der Partnerin schützen. Aber vor Überraschungen ist man nie sicher. Wenn der oder die andere sich wirklich zerstörerisch verhält, ist es jetzt an der Zeit, die Augen aufzumachen und die Wirklichkeit anzuerkennen. Ist es langfristig zu schwer, mit diesem Verhalten zu leben, haben Sie die Chance, sich diesem Wissen zu stellen und die Beziehung *jetzt* zu beenden.

Male ich mir eine Zukunft aus, die wahrscheinlich niemals eintreten wird?

Gibt Ihr Partner oder Ihre Partnerin Ihnen unzählige Signale, die deutlich machen, dass er bzw. sie keine langfristigen Pläne hat? Sie können dieser Realität nicht ausweichen, ohne sich dabei selbst zu verletzen. Der Mut zu lieben besteht manchmal in dem Mut, sich der Tatsache zu stellen, dass Liebe in einer ganz bestimmten Beziehung nicht möglich ist. Wenn Sie Liebe wollen statt ein gebrochenes Herz, dann müssen Sie weiterziehen.

Glaube ich, dass sämtliche Probleme zwischen uns verschwinden, wenn wir erst einmal verheiratet sind?

Victor denkt, dass Betsy, wenn sie erst einmal verheiratet sind, von der Ehe so angetan sein wird, dass sie aufhört, wie besessen zu arbeiten und mehr Zeit für die Beziehung hat. Tammy ist sicher, wenn sie erst einmal verheiratet sind und Kinder haben, wird Nathan erkennen, wie sehr er sich das die ganze Zeit gewünscht hat.

Immer wieder begegne ich Männern und Frauen, die zutiefst davon überzeugt sind, dass die Ehe auf magische Weise therapeutische Wunder vollbringt. Seien Sie realistisch. Die Scheidungsstatistiken beweisen, dass durch die Ehe nichts zum Besseren gekehrt wird.

Realitätsprüfung für eine bestehende Beziehung

Sie sind beide eine Bindung eingegangen. Sie nehmen sich gegenseitig für so selbstverständlich, dass es geradezu beängstigend ist. Sie sind mehr besorgt über die Beule im Kotflügel oder den Fleck auf dem Esszimmerteppich als über die Zukunft Ihrer Beziehung. Was könnte möglicherweise schief gehen? Worüber sollten Sie sich Gedanken machen?

Lösen Sie Probleme sofort, wenn Sie auftauchen?

Das Unehrlichste, was wir in einer Beziehung tun können, ist, unsere grundlegenden Unzufriedenheiten und Probleme vor sich hin gären zu lassen, ohne uns ihnen zuzuwenden. Letzten Endes stärken wir die Verbindung, wenn wir uns mit den Schwierigkeiten, die uns gerade beschäftigen, auseinander setzen.

Wenn Unterschiede deutlich werden, ist das ein Zeichen dafür, dass die Beziehung realer wird. Sein/ihr Fahrstil, seine/ihre bevorzugte Zimmertemperatur, sein/ihr geschwätziger Freund Jack, sein/ihr übertriebener Platzanspruch im Kleiderschrank und natürlich die alten unweigerlich auftretenden Alltagsthemen: die Haare im Waschbecken und die falsch ausgequetschte Zahnpastatube. Kehren Sie diese ganz realen Streitpunkte nicht unter den Teppich. Sie müssen über diese Themen miteinander verhandeln.

Sie können lernen, über ganz reale Probleme zu sprechen, sobald sie auftauchen. Es ist an der Zeit, Schwierigkeiten gemeinsam zu lösen, denn sie sind Realität. Können Sie Unstimmigkeiten fröhlich beheben? Können Sie Kompromisse eingehen? Können Sie es ertragen, wenn Sie sich nicht immer durchsetzen?

Können Sie sich auf eine gute Art und Weise auseinander setzen?

Jedes Paar hat seine Streitpunkte. Manchmal diskutieren die Beteiligten diese Themen aus. Manchmal gehen sie Kompromisse ein; manchmal müssen sie sich auch damit abfinden, dass sie zu keinem Einverständnis gelangen. Ich weiß noch, dass ich vor Jahren nicht schlafen konnte, wenn ich mit der Frau, die mir am Herzen lag, Streit hatte. Ich konnte mich nicht entspannen, weil ich einen Kloß im Bauch hatte und glaubte, die Beziehung würde auseinander gehen. Ich gebe auch zu, dass für mich jeder Streit einem Weltuntergang gleichkam.

Für mich stellte sich bei jeder Auseinandersetzung – und wenn es nur um die Fernbedienung für den Fernseher ging – auf einer bestimmten Ebene die Frage: »Ist es vorbei?« Was ich an meiner Frau unter anderem so anziehend fand, war ihre Fähigkeit zu streiten und mir dabei zu vermitteln: »Ich werde nicht weggehen; wir haben einfach Streit.«

Konflikte auf einer vernünftigen und realistischen Ebene zu halten gehört zu den ersten Dingen, die wir alle lernen müssen, damit unsere Beziehung in der Wirklichkeit verwurzelt bleibt. Das bedeutet, dass wir aufhören, mit unserem Verhalten und unseren Worten gewaltige Dramen zu inszenieren, die typisch für unstabile Beziehungen sind. Das bedeutet: keine Türen knallen, nicht mit schweren Gegenständen werfen, keine Ultimaten oder Drohungen, kein »Entweder so, wie ich es will, oder ich gehe!« und absolut keine Rachetaktiken.

Hören Sie sich gegenseitig zu?

Heute Morgen machte ich einen kurzen Spaziergang und kam zufällig bei unseren Nachbarn vorbei, die in ihrer Garage einen kleinen Hausratverkauf veranstalteten. Das Paar stritt sich gerade in gedämpftem Tonfall. Es ging darum, dass der Mann einen Staubsauger, der völlig in Ordnung war, für 10 Dollar verkauft hatte. Die Frau, die zu der Zeit gerade im Haus war, hatte vorgehabt, 50 Dollar für das Gerät zu verlangen. Er sagte gerade: »Okay, ich gebe dir die restlichen 40 Dollar. Vergiss es.« Sie erwiderte: »Es geht nicht um das Geld. Warum hast du mich nicht gefragt, wenn du den Preis nicht wusstest? Ich war doch nur ein paar Schritte entfernt. Warum können wir über solche Dinge nicht reden?« Sie schien wirklich frustriert zu sein, und er war offensichtlich verärgert.

Oft hören wir uns einfach nicht mehr zu.

Tun Sie, was notwendig ist, damit Ihre Verbindung lebendig und dynamisch bleibt?

Es ist sehr leicht, eine Beziehung auf der Grundlage von gemeinsamen Zielen, Kindern oder sogar gemeinsamen materiellen Gütern aufzubauen. Diese Ziele können ebenso wie die Kinder, das Haus und sein gesamtes Inventar die Oberhand gewinnen und unser Leben bestimmen.

Eines Tages stellen Sie dann fest, dass Sie keine wirkliche Verbindung mehr haben. Sie hören sich gegenseitig nicht zu. Sie reden nicht miteinander. Es erfordert ungeheure Anstrengung, Gedanken, Kraft und Liebe immer wieder auf Ihre Partnerin oder Ihren Partner zu lenken. Manchmal scheint es viel leichter, einfach nur den Fernseher einzuschalten, zu telefonieren oder das Buch aufzuschlagen, das Sie gerade lesen, und sich ins Alleinsein zurückzuziehen.

Über folgenden ganz realen Umstand müssen Sie sich immer im Klaren sein: Dass Sie miteinander verheiratet sind, heißt noch lange nicht, dass Sie sich miteinander verbunden fühlen. Sie müssen ganz konkret daran arbeiten, dass diese Bindung hält. Sie werden immer neue Knoten entwirren und ständig an Ihrer Beziehung arbeiten müssen. Nehmen Sie also Ihre ganz realen Kräfte zusammen und finden Sie ganz reale Zeiten, in denen Sie von Herzen miteinander reden oder zusammen etwas unternehmen, woran Sie beide Freude haben.

Romantik und Realität können parallel existieren

Ich habe hier nicht etwa vor, sämtlichen romantischen Gedanken oder Gefühlen eine kalte Dusche zu verpassen. Das wäre ziemlich öde. Ich weiß genau, dass es in meinem Leben sehr viel Romantik gibt. Warum also nicht auch in Ihrem? Aber ich habe die Erfahrung gemacht, dass Romantik aus einer tiefen Verbindung erwächst. Sie kann aus etwas Realem entstehen, und das wünsche ich auch für Sie.

Es ist in Ordnung, ja, geradezu wunderbar, romantisch zu sein, solange Sie auch pragmatisch sein können. Das eine schließt das andere nicht aus, es sei denn, Sie beschließen es. Romantik gehört zum Wesen der Liebe. Und je tiefer die Bindung, desto romantischer kann sie auch sein. Ich versuche nicht, die Romantik zu verbannen. Ich versuche lediglich zu verhindern, dass Sie sich im Wald verirren.

> Es ist in Ordnung, romantisch zu sein, solange Sie auch pragmatisch sein können.

Der Punkt ist, dass Ihr Liebesleben eine übergeordnete Intelligenz erfordert, ob Sie nun gerade einen anderen Menschen heiß umwerben oder selbst heiß umworben werden. Sie müssen Ihre Phantasien und intensiven Gefühle mit klaren Gedanken und Entscheidungen ausbalancieren, die Ihrem Selbstschutz dienen. Wenn Sie dieses Gleichgewicht nicht herstellen können und sich dem Geschehen hilflos ausgeliefert fühlen, ist das keinesfalls ein Zeichen dafür, dass Sie die »große Liebe« gefunden haben. Es besteht kein Grund zum Feiern. Wenn Sie sich machtlos fühlen, heißt das, Sie haben beschlossen, Ihre Macht abzugeben, oder sich von Ihren drängenden Bedürfnissen überwältigen lassen. Beides ist nicht gesund und zeugt nicht von Selbstschutz, und beides muss genau erforscht werden.

Wenn Ihr Herz offen ist, wird immer Raum für Romantik sein. Aber Sie können nicht darauf vertrauen, dass das Universum Sie schützt, nur weil Sie verliebt sind. Das Universum wird Sie nur schützen, wenn Sie sich selbst schützen.

Die fünfte Herausforderung

Der Mut, sich so zu zeigen, wie man ist

Oft kommen Menschen zu mir, die mir erzählen, dass sie verzweifelt sind, weil sie nach der Trennung von ihrem Partner oder ihrer Partnerin nicht das Gefühl haben, dass die Beziehung wirklich abgeschlossen ist. Viele von ihnen sagen: »Was mich wirklich aufregt, ist, dass ich das Gefühl habe, er/sie hat mich nie wirklich gekannt.« Diese Männer und Frauen meinen damit, dass, könnten sie noch einmal zurückkehren und sich so zeigen, wie sie wirklich sind, die Beziehung sich anders entwickeln würde. Auch wenn ihnen das meistens nicht bewusst ist, so sagen all diese Menschen in Wirklichkeit, dass die Beziehung, der sie nachtrauern, zwar aufregend und voller Leidenschaft war und große Möglichkeiten barg, die Partner sich aber nicht wirklich aufeinander eingelassen haben.

Wenn Sie sich mit einem Menschen regelmäßig und ausschließlich treffen, muss das überhaupt nicht heißen, dass Sie tatsächlich auch eine Bindung mit ihm eingehen. Das können zwei völlig verschiedene Dinge sein. Das Gleiche gilt für Sexualität und wirkliche Bindung. Auch wenn wir mit einem Menschen zusammenleben, haben wir nicht zwangsläufig eine wirkliche Beziehung mit ihm. Ja, selbst wenn wir jemanden heiraten, sagt das nichts über unsere reale Verbindung zu ihm aus – auch wenn die Ehe bereits 30 Jahre dauern sollte. Ich weiß, Sie wollen das nicht hören, aber zwischen der Liebe zu einem Menschen und einer ganz realen Bindung zu ihm können Welten liegen.

Im Laufe der letzten 15 Jahre habe ich Hunderte von Paaren interviewt – Paare, die sich regelmäßig treffen, verheiratete Paare, zusammenlebende Paare, Paare, die miteinander schlafen –, und persönlich kenne ich noch sehr viel mehr. Und wenn es eines gibt, was ich nach der Begegnung mit einigen dieser Paare immer wieder empfunden habe, dann ist es das Gefühl von schmerzlicher Leere, das entsteht, wenn zwei Menschen Zeit miteinander verbringen und sagen, sie seien »zusammen«, sie in Wirklichkeit aber in vieler Hinsicht Fremde füreinander sind. Ganz gleich, wie viele gemeinsame Jahre sie verbracht haben, jeder der beiden hat ganze Bereiche der eigenen Person für sich behalten und vor dem anderen verborgen.

In gewisser Weise lässt sich das Geheimnis für Nähe in sechs Worten zusammenfassen: uns zeigen, wie wir wirklich sind. Ohne dieses entscheidende Element sind die Aussichten für eine reale und dauerhafte Bindung im besten Falle dürftig. Ich habe das bei zahlreichen Paaren beobachtet und auch in meinen eigenen Beziehungen erlebt.

Fragen Sie sich: Ist dies Nähe oder Ritual?

Wenn eine Beziehung noch in den Kinderschuhen steckt, besteht das Umwerben in einer Reihe von Ritualen. So verhalten sich nicht nur Löwen, Mäuse und Schafe, sondern auch wir Menschen. Wir haben unsere Rituale für das Telefonieren, für Begegnungen, Verführung, Sex. »Sage das nicht, frage dies nicht.« »Warte noch zwei Wochen oder sechs Monate.« Unsere Gespräche sind ebenso ritualisiert wie unsere Kleidung und unser täglicher Austausch mit anderen. Und hoffentlich gibt es in all diesen strukturierten Abläufen auch einige Augenblicke, in denen wir wirklich wir selbst sind.

Aber authentisches Verhalten hat keine große Priorität, wenn das Liebesspiel im Gange ist. Die meisten von uns hoffen, dass sie später, wenn sich die Beziehung festigt, die Chance haben, sie selbst zu sein. Die weniger Optimistischen unter uns hegen vielleicht noch nicht einmal diese Hoffnung. Und Menschen, die wirklich Angst vor einer Bindung haben, wollen diese Chance noch nicht einmal.

Ich habe im Laufe der vielen Jahre des Schreibens und Forschens festgestellt, dass dieses »Später« für die meisten Paare niemals kommt. Was als ritualisiertes Paarungsverhalten beginnt, wird zum Dauermodell für intimen Austausch. Ich zögere ein wenig, hier das Wort »intim« zu gebrauchen. Wir gehen zusammen aus, wir leben zusammen, manche von uns heiraten sogar und bekommen Kinder, aber wir bemühen uns niemals um eine vielschichtige, aufrichtige Beziehung. Wir kommunizieren mit unserem Partner in Stereotypen und zeigen erlernte Verhaltensweisen, statt darum zu kämpfen, wir selbst zu sein. Die Männer machen ihr »Männerding«, die Frauen ihr »Frauending«. Und so verharren wir auf »sicherem« Gelände.

Ob sechs Tage vergangen sind oder Jahre, die Muster bleiben intakt. Wir sagen unserem Partner jeden Abend mit einem Kuss gute Nacht und reden über das Wetter. Wir reden über die Nachrichten. Wir reden über die Nachbarn. Wir reden über unsere Kinder. Wir reden über unsere Arbeit. Wir reden über unsere Haustiere. Wir reden über Politik. Aber wir reden nicht über uns und ermuntern auch unseren Partner nicht, von sich zu erzählen. Unsere Stimmungen, unsere Sorgen, unsere Ängste, unser Misstrauen, unsere Unsicherheiten, unser Ärger, unser Glück, unsere Traurigkeit, unsere Gefühle im Augenblick, unsere Gefühle füreinander ... es scheint nie die »richtige Zeit« zu sein, um diese Themen auf den Tisch zu bringen. Vielleicht reden wir viel – einige von uns reden ununterbrochen –, aber wir teilen uns nicht auf eine Weise mit, dass eine tiefere Verbindung entsteht. Und wenn wir das Bedürfnis haben, uns nahe zu sein, befriedigen wir es durch Sex.

Fragen Sie sich: Geben Sie ein Paar ab oder eine Karikatur?

Im Lauf der Zeit, und das dauert nicht lange, werden wir als Personen zu Karikaturen. Er wird zum »Problemlöser«, sie zur »Helferin«; er wird zum »Typen, der nicht über seine Gefühle spricht«, sie zur »Frau, die immer lebhaft und munter ist«; er wird zu demjenigen, »der zu viel arbeitet«, sie zu derjenigen, »die sogar noch mehr arbeitet«. Sie kocht, er wäscht ab. Sie kauft ein, er trägt den Müll hinunter. Sie vertrödelt ihre Zeit, er werkelt ständig herum. Er sieht fern, sie surft im Internet. Jeder ist immer sehr beschäftigt, sicher geschützt durch seine Rolle. Und wenn wir mehr Nähe wünschen, haben wir Sex.

Es überrascht also nicht, dass auch die Beziehung selbst zur Karikatur werden kann. Und schon sind wir »das Paar, das ständig auf Reisen ist«, »das Paar, das nie ausgeht«, »das Paar, das sich niemals streitet«, »das Paar, das ständig Streit hat«, »das Paar, das keinen Sex hat« oder »das Paar, das ständig Sex hat«. Statt diese Karikaturen in Frage zu stellen, akzeptieren wir sie und bestätigen sie durch unser Verhalten, weil es sehr viel leichter scheint, simple Rollen zu spielen, als eine wirkliche Verbindung einzugehen.

Wo bleibt die Bindung?

Hier die Sechs-Millionen-Dollar-Frage: Was bedeuten all diese Stereotypen und »sicheren« Verhaltensweisen für wirkliche Nähe und wirkliche Bindung? Und hier die Sechs-Millionen-Dollar-Antwort: Sie haben keinen Raum, um zu blühen und zu gedeihen.

Wir sind also seit sechs Wochen, sechs Monaten, sechs Jahren oder 60 Jahren zusammen, aber statt uns näher zu kommen, leben wir uns auseinander. Wir sind niemals wirklich *zusammen*. Statt zu einer ständig wachsenden Bindung zu führen, spielt sich unser Zusammenleben an der Oberfläche ab. Wir verbringen unsere Zeit miteinander, ohne uns wirklich mitzuteilen. Und selbst wenn wir uns als Teil eines Paares empfinden, fühlen wir uns zugleich sehr getrennt vom anderen; manchmal schmerzlich getrennt. Und das ist der Grund dafür, warum so viele Beziehungen plötzlich zerbrechen. Denn das bloße Zusammensein reicht nicht, um eine Beziehung am Leben zu erhalten. Monogam sein reicht nicht, um eine Beziehung am Leben zu erhalten. Und – wie die Statistiken uns zeigen – reicht auch Verheiratetsein nicht, um eine Beziehung zu erhalten. Und trotz unseres Gefühls, dass körperliche Liebe eine starke Bindung schafft, hält auch Sex eine Beziehung nicht zusammen, wenn zwei Menschen in so vieler anderer Hinsicht überhaupt nicht miteinander verbunden sind.

Eine Beziehung haben und lebendig halten erfordert, dass beide Partner sich endlos darum bemühen, sich dem anderen so zu zeigen, wie sie wirklich sind. Dieses »Kennen« ist der Klebstoff, der Menschen verbindet. Es lässt Fremde zu echten, dauerhaften Partnern werden. »Sich kennen« nicht nur im biblischen Sinne, sondern in *jeder* Hinsicht. So entwickeln Sie Anteilnahme. So lernen Sie lieben. Und so lernen Sie zuzulassen, dass Sie geschätzt und geliebt werden.

Hier einige Fragen, die Sie sich über Ihr Verhalten in Beziehungen stellen können, um zu klären, ob Sie sich Ihrem Partner bzw. Ihrer Partnerin so zeigen, wie Sie wirklich sind:

- Spiele ich in meiner Beziehung Rollen, die mich in meinem Selbstausdruck beschränken? Wie machen diese Rollen mich ärgerlich?
- Spiele ich in meiner Beziehung Rollen, die bewirken, dass ich mich ständig distanziert fühle? Auf welche Weise können diese

Rollen meinen Partner bzw. meine Partnerin auf Distanz halten?
- Spiele ich in meiner Beziehung Rollen, die verhindern, dass ich mich als Individuum geschätzt fühle? Fühle ich mich aufgrund dieser Rollen nicht wahrgenommen oder austauschbar?

Was brauchen Sie, um sich so zu zeigen, wie Sie wirklich sind?

Manche Menschen möchten nicht, dass man sie wirklich kennen lernt. Sie haben derart panische Angst davor, in einer verbindlichen Partnerschaft zu landen, dass sie entweder völlig unzugänglich bleiben oder sich Partner suchen, die nicht zugänglich sind. Wie Frank, der niemals ans Telefon geht. Oder Brenda, die ständig mit dem Flugzeug unterwegs ist. Oder Christopher, der sich nur mit Frauen trifft, wenn er unterwegs auf Reisen ist. Oder Simon, der sich nur mit Frauen verabredet, die kaum Englisch sprechen, die einzige Sprache, die er kann.

Und manche Menschen versuchen alles, damit ihre Partner oder Partnerinnen niemals offen legen, wer sie selbst sind. Wie Arthur, der ununterbrochen redet, so dass die Frauen, mit denen er ausgeht, keine Chance haben, auch nur ein Wort über sich zu verlieren. Oder Ruth, die ein gelangweiltes Gesicht aufsetzt, sobald ihr Partner versucht, über Dinge zu sprechen, die ihn wirklich interessieren. Oder Brian, der angespannt wird und das Zimmer verlässt, wenn er das Gespräch nicht mehr unter Kontrolle hat.

All diese Menschen laufen praktisch mit einem Schild um den Hals herum, auf dem steht: »Versuche nicht, mir zu nahe zu kommen.« Sie sagen, sie wollen keine langfristige Beziehung. Sie sagen, sie wollen keine Bindung. *Es ist Ihre Aufgabe, das Schild dieser Menschen aufmerksam zu registrieren und die Botschaft äußerst ernst zu nehmen.*

Aber die meisten von uns hoffen zumindest zu Beginn einer Beziehung auf eine wirkliche Verbindung. Und trotzdem scheitern wir immer wieder. Ich bin davon überzeugt, dass einer der Hauptgründe für dieses kontinuierliche Misslingen darin besteht, dass wir unseren Partnerinnen oder Partnern keine Chance geben zu erfahren, wer wir sind, und auch ihnen keine Gelegenheit geben, sich so zu zeigen, wie sie wirklich sind.

Wir geben unseren Partnerinnen und Partnern keine Chance zu erfahren, wer wir sind.

Denn sich dem anderen so zu zeigen, wie man ist, bedeutet, das eigene Abwehrsystem fallen zu lassen und die unproduktiven Spiele aufzugeben. Es bedeutet, unangemessene Grenzen zu öffnen, sich verletzlich zu machen, zuzulassen, dass unsere menschlichen Qualitäten durchschimmern. Viele von uns haben sich ihr Leben lang niemandem anvertraut außer ihrem Tagebuch oder ihrem einzigen besten Freund. Warum? Weil nichts in der Welt uns so viel Angst machen kann wie die Vorstellung, uns auf eine Beziehung einzulassen und nichts weiter zu bieten zu haben als uns selbst.

Wenn Sie mit Ihrem Partner oder Ihrer Partnerin ins Kino, zum Essen oder bis zum Morgengrauen tanzen gehen, ist das etwas völlig anderes, als ihn bzw. sie in Ihre Welt zu lassen: sich ihm bzw. ihr vom Aufwachen am Morgen bis zum Schlafengehen nachts so zu zeigen, wie Sie wirklich sind. Das bedeutet, Ihre Vorlieben, Abneigungen, Stimmungen, Meinungen, Ängste, Hoffnungen und Gewohnheiten offen zu legen. Und mehr als alles andere bedeutet es, Ihren Partner oder Ihre Partnerin wissen zu lassen, was Sie denken und fühlen, ihm bzw. ihr zu zeigen, wer Sie als Mensch sind und wie Sie der Welt begegnen.

Ich spreche hier nicht von gigantischen, kosmischen Themen nach dem Motto »Wenn mir die ganze Welt gehören würde, dann ...«. Ich meine Themen, die die ganz reale Welt betreffen. Das, was Sie im Alltag empfinden und sehen, was Ihnen täglich Sorgen macht und worüber Sie sich Tag für Tag wundern. Und nichts ist zu unbedeutend, nichts ist zu klein. Das kann etwas so Simples sein wie der Brief, den Sie gerade bekommen haben und der Sie zum Weinen bringt. Der Artikel in der Zeitung, über den Sie lachen müssen. Der Streit, den Sie bei der Arbeit hatten. Das emotionale Gespräch, das Sie mit Ihrer Schwester führten. Das kleine Ärgernis auf dem Postamt. Das Problem, das Sie gerade haben.

Behalten Sie diese Dinge und die damit verbundenen Gefühle für sich? Zensieren Sie ständig, was Sie mitteilen und was nicht? Vermeiden Sie dem anderen zu sagen, was Sie »im Augenblick« empfinden? Haben Sie Angst, Ihre Meinung offen zu äußern? Haben Sie die Angewohnheit zu »sammeln«, bis sich innerlich ein Konglomerat aus unverarbeiteten Gedanken und Gefühlen angestaut hat und Sie plötzlich explodieren? Sind Sie ständig in Ihrer eigenen Welt gefangen?

Jedes Mal, wenn Sie sich davon abhalten, diese kleinen »Brücken« zu Ihrem Partner oder Ihrer Partnerin zu schlagen, entgeht Ihnen eine Möglichkeit, Ihre Verbindung zu vertiefen. Sich zeigen, wie Sie sind, heißt im Grunde nichts anderes, als dem bzw. der anderen Ihre Welt aufzuschließen und zuzulassen, dass er bzw. sie bleibt. Das ist der Weg zu dauerhaften Verbindungen. Nichts zurückhalten. Nicht taktieren. Diese individuellen Augenblicke Ihres Lebens *sind* Ihr Leben. Diese Details und Nuancen Ihres Lebens *sind* Ihr Leben. Das Spektrum an Gefühlen, das Sie jeden Tag erleben – sowohl in der Partnerschaft als auch draußen in der Welt – *ist* Ihr Leben. Wenn Sie all das ängstlich hinter Grenzen verstecken, halten Sie auch Ihr Leben versteckt.

Das alles soll natürlich nicht gleich beim ersten Treffen passieren. Und es soll auch nicht alles auf einmal geschehen. Das ist nicht möglich und kann auch nicht das Ziel sein. Es geschieht Schritt für Schritt im Lauf der Zeit, so dass Sie die Chance haben, zu verarbeiten, was Sie erleben. Wenn eine Beziehung beginnt, könnten Sie annehmen, dass die schwerste Arbeit bereits hinter Ihnen liegt. In Wirklichkeit jedoch haben Sie sie noch vor sich, denn Sie müssen ein Leben lang fortfahren, Brücken zu bauen. Wenn Sie damit aufhören, kommt auch die Beziehung zum Stillstand. Und dann wird Ihre Verbindung brüchig und schwach.

Die meiste Zeit meines Lebens hatte ich einen inneren Dialog laufen, der sozusagen die Untertitel zu all meinen Beziehungen enthielt. Für meine Partnerinnen war ich der wohlmeinende, verständnisvolle, gut gelaunte Partner, der nur selten viel Wind machte. Aber in meinem Kopf ging es hoch her. In meinem Kopf war ich ein völlig anderer Partner, der ärgerlich oder ängstlich wurde, verletzt oder depressiv war, kritisch oder verwirrt. Aber das ließ ich nur selten jemanden wissen. Wenn ich einen harten Tag hatte, behielt ich das für mich. Wenn ich anderer Meinung oder gleichgültig war, gab ich das Gegenteil vor. Ich tat die Einzelheiten meines Lebens als unwichtig ab, obwohl sie für mich wichtig waren. Damals hatte ich das Gefühl, das Richtige zu tun, wenn ich das meiste, was mich im Leben berührte, für mich behielt. Ich dachte, es sei richtig, meine Gefühle mit mir selbst abzumachen. Ich dachte, es sei richtig, *mich selbst* für mich zu behalten. Aber in Wirklichkeit ließ ich meine Beziehungen in meinem inneren Aufruhr untergehen.

Tun auch Sie das? Wie verhalten Sie sich Ihrem Partner bzw. Ihrer Partnerin gegenüber? Stellen Sie sich einmal folgende Fragen:

- Bin ich imstande, mein Leben mit meiner Partnerin bzw. meinem Partner zu teilen? Oder tue ich Gespräche über mich selbst als unwichtig ab?
- Gibt es Einzelheiten meines täglichen Lebens, die ich niemals mitteile?
- Zensiere ich bewusst meine Gefühle? Stelle ich meine Gefühle in Frage, bevor ich sie äußere? Verleugne ich sie völlig oder tue ich sie ab?
- Reagiere ich »im Augenblick« oder warte ich immer auf »bessere Gelegenheiten« oder eine »sichere Möglichkeit«, um mich mitzuteilen?

- Steht mir ein »emotionaler Wortschatz« zur Verfügung, den ich benutzen kann, ohne ärgerlich zu werden oder mich übertrieben aufzuregen? Kann ich in einfachen Sätzen meine Gefühle zum Ausdruck bringen und zum Beispiel sagen: »Das regt mich auf, und ich möchte dir gern sagen, warum ...« oder »Ich bin glücklich, wenn ich mit dir zusammen bin, weil ...«

Eine Liebe, die »sich mit Worten nicht ausdrücken lässt«

»Bitte sage jetzt nichts ... sage jetzt nichts ...«, flehte sie und presste einen Finger auf seine Lippen. Wenn Sie den Film *Bullets Over Broadway* gesehen haben, werden Sie wahrscheinlich niemals Diana Wiests Oskar-preisgekrönte Darstellung der exzentrischen Schauspielerin vergessen haben, deren Liebe für einen jungen Dramaturgen sich nicht mit Worten ausdrücken ließ. Sie erlaubte auch ihm nicht, seine Gefühle auszudrücken. Sie ließ nicht zu, dass er überhaupt *irgendetwas* äußerte, so groß war ihre Angst, ihre innere Verbindung zu ihm, die für sie vollkommen war, könne Risse bekommen.

Aber wie wir in diesem Film gesehen haben – und wie wir es im täglichen Leben ständig erleben –, wird die Vollkommenheit unserer Verbindungen oft fragwürdig, sobald wir sie dem Tageslicht aussetzen. Und wenn Liebe sich nicht mit Worten ausdrücken lässt, ist sie meistens nicht stark genug, um zu bestehen.

Manchmal lässt sich Liebe vielleicht tatsächlich nicht in Worte fassen, aber dieses Gefühl muss irgendwann einer praktischen Form der Kommunikation weichen, wenn wir als Paar den Übergang von der Phantasie zur Wirklichkeit überstehen und eine reale Verbindung eingehen wollen. Sich zeigen bedeutet, die kostbare Stille immer wieder zu durchbrechen und nicht nur vom Herzen, sondern auch vom Kopf und vom Bauch her zu sprechen. Und es bedeutet, das immer wieder und für die ganze Dauer einer Beziehung zu tun. Wenn Sie die Stille nicht brechen können, müssen Sie sich fragen, warum. Die Antwort lautet wahrscheinlich nicht »aus lauter Liebe«, sondern »aus Angst«.

Wenn die Angst uns hindert, uns so zu zeigen, wie wir sind

Karen trifft sich mit Emil seit fünf Monaten und ist überzeugt, ihren »Seelengefährten« gefunden zu haben. Karen hört Emils Geschichten stundenlang zu – es macht sie glücklich, ihn einfach nur reden zu hören. Das passt gut, denn Emil redet viel. Während er spricht, spürt Karen die Verbindung mit ihm. Sie stimmt so völlig mit allem überein, was er sagt. Sie hat eine so starke Beziehung zu allem, was er fühlt. Sie ist so neidisch auf das Leben, das er geführt hat. Und so beeindruckt von dem, was er erreicht hat. Einfach nur an seiner Seite zu sein und ihm beim Reden zuzuhören gibt ihr das Gefühl, dass seine Errungenschaften auch ihre sind und ihre gemeinsame Zukunft die Zukunft sein wird, die sie sich immer erhofft hat.

Das Problem aber ist folgendes: Karen redet selten. Sie unterbricht Emil niemals bei seinen Geschichten, es sei denn, um ihm Tee anzubieten. Sie fragt nicht nach, wenn er etwas sagt, das sie verwirrt. Und sie stellt Emils Sichtweisen oder Meinungen auch dann nicht in Frage, wenn sie damit eindeutig nicht übereinstimmt. Karen hat sich so heftig in ihre Phantasie von Emil verliebt, dass sie den Kontakt zum wirklichen Emil verloren hat. Weil er der Mann ist, von dem sie immer geträumt hat, ist sie nicht bereit, das Risiko einzugehen, dem nachzugehen, ob er jemand ist, mit dem sie wirklich eine Beziehung leben kann. Ihr Mund bleibt also geschlossen, und sie verhindert selbst, dass Emil sie als Person kennen lernt. Und sie stellt nicht die schonungslosen Fragen, die ihr helfen würden, Emil (wirklich) kennen zu lernen.

Welche Gefühle hat Emil zu dieser Beziehung? Fühlt er sich Karen gegenüber verbunden? Hat er ebenfalls das Gefühl, *seine* Seelengefährtin gefunden zu haben? Oder verhält er sich einfach mit *jedem Menschen* so? Und ist Karen einfach nur ein gutes Publikum für ihn? Könnte Emil es aushalten, in Frage gestellt zu werden? Ist er daran interessiert, *Karens* Geschichten zu hören? Die einzige Möglichkeit, Antworten auf diese Fragen zu bekommen, besteht für Karen darin, sich zu zeigen. Emil hat ein interessantes Leben geführt, und er mag ein wunderbarer Mensch sein, aber Karen findet nie heraus, ob Emil zu einer intimen Bindung fähig ist, wenn sie nicht anfängt, sich so zu zeigen, wie sie wirklich ist. Sie muss ihre eigenen inneren Schranken und ihre Ängste überwinden. Und sie muss damit kontinuierlich fortfahren, um die Beziehung zu bekommen, die sie sich wünscht.

Tony hat Kathryn auf einer Silvesterparty kennen gelernt und mit ihr bis drei Uhr morgens getanzt. Es war einer dieser Anfänge, die man sonst nur im Kino zu sehen bekommt. Mann sieht Frau in einem Raum voller Menschen. Er bahnt sich seinen Weg zu ihr. Sagt hallo. Die Frau lächelt. Und als nächstes tanzen sie miteinander.

Theoretisch betrachtet ist Kathryn Tonys Traumfrau. Sie ist groß, hat lange Beine, ist sportlich, selbstsicher und ihr Lächeln lässt Herzen schmelzen. Sie hat einen guten Job. Eine schöne Wohnung. Eine gute Ausbildung. Und sie liebt den Sex mit Tony. Aber hier gibt es einige Probleme, die Tony schon unter den Teppich zu fegen beginnt. Kathryn spricht nicht mit ihrer Familie und sagt Tony nicht, warum. Kathryn möchte nicht, dass Tony bei ihr schläft, nachdem sie Sex hatten, und sagt ihm nicht, warum. Kathryn hat keine engen Freunde und sagt Tony nicht, warum. Kathryn sagt, ihre Arbeit stehe für sie an allererster Stelle, und erzählt Tony nicht, warum. Kathryn lässt nicht zu, das Tony ihr etwas schenkt und sagt ihm nicht, warum. Kathryn will nicht mit Tony in Urlaub fahren und sagt ihm nicht, warum. Kathryn verbringt keine Zeit mit seinen Freunden oder seiner Familie und sagt Tony nicht, warum. Die Phantasie-Kathryn ist ziemlich reizvoll, aber die reale Kathryn ist ein Rätsel. Doch Tony ist so verliebt in seine Phantasie, dass er bereit ist hinzunehmen, dass größere Puzzleteile fehlen. Wenn Kathryn sagt: »Darüber möchte ich nicht reden«, drängt Tony nicht auf ein Gespräch. Wenn Kathryn sagt: »So sehen meine Spielregeln aus«, beklagt Tony sich nicht. Wenn Kathryn Dinge äußert, die Tony verärgern, behält er seinen Ärger für sich. Selbst wenn Kathryn sich völlig widerspricht, weist Tony sie nicht darauf hin. Tony hat nicht das Vertrauen, seine Gefühle äußern zu können, ohne dass es Probleme gibt. Er ist allerdings nicht bereit zu sehen, dass er bereits Probleme hat. Kathryn zieht unüberwindliche Grenzen, die verhindern, dass Tony sie kennen lernt. Tony hat große Angst vor diesen Grenzen, und das verhindert, dass Kathryn ihn kennen lernt.

Viele von uns, wenn nicht die meisten, verlieren die Realität aus dem Blick, wenn unsere Phantasiebedürfnisse angesprochen werden. Zumindest theoretisch haben wir die Partnerin oder den Partner gefunden, die bzw. den wir wollten, und wir sind entschlossen, dafür zu sorgen, dass es klappt. Also ignorieren wir die Dinge, mit denen wir uns unwohl fühlen, die wir in Frage stellen oder ablehnen. Und wir halten unsere Zweifel tief verborgen, damit sie unser Phantasieboot nicht zum Schaukeln bringen. Was für Beziehungen beschert uns das? Beziehungen ohne viel Substanz. Beziehungen, die uns keine reale Grundlage für Vertrauen bieten. Beziehungen ohne festes Fundament. Und wenn der erste große Krach losgeht (eine persönliche Krise, ein großer Streit), überleben Beziehungen wie diese ihn nur selten.

Stellen Sie sich folgende Fragen:

- Haben Sie den Mut, sich zu äußern und den Status quo in Frage zu stellen, wenn Sie Probleme haben mit dem, was in Ihrer Beziehung passiert?

- Akzeptieren Sie das Wenige, weil Sie nicht den Mut haben, mehr zu fordern?

Sich dem Partner oder der Partnerin so zu zeigen, wie Sie sind, bedeutet, den Mut zu haben, Ihre Gefühle, Zweifel, Konflikte, Freuden und Meinungen zum Ausdruck zu bringen. Es geht nicht darum, zu kontrollieren, übertriebene Forderungen zu stellen oder ungeduldig und gereizt zu werden. Es geht nicht darum, Krach zu schlagen oder zu gewinnen. Sich zeigen bedeutet, Unterschiede ruhig zu benennen und immer wieder bereit zu sein, sich aufrichtigen und unangenehmen Gesprächen zu stellen. Es bedeutet, nicht zuzulassen, dass Ihr Kummer sich häuft. Es bedeutet, sagen zu können: »Damit stimme ich nicht überein.« Und: »Das gefällt mir nicht.« Und: »Dabei fühle ich mich unwohl.« Und: »Das hat meine Gefühle verletzt.« Und: »Ich bin sehr ärgerlich.« Es bedeutet, nicht zu sagen: »Es geht mir gut«, wenn es Ihnen nicht gut geht. Nicht zu sagen: »Alles bestens«, wenn viele Dinge überhaupt nicht gut stehen. Und es bedeutet, Informationen und Emotionen, wenn sie hochkommen, zu verarbeiten, Gefühle nicht zu horten und Ihre Frustration nicht so anwachsen zu lassen, dass Sie sich dem oder der anderen entfremdet und nicht mehr verbunden fühlen. Das alles erfordert Mut.

Den Unterschied zwischen sich zeigen und sich entblößen

Es beginnt mit einem Anruf, einer Verabredung oder einem freundlichen Hallo. Wir tanzen miteinander. Wir flirten. Wir tagträumen. Wir zweifeln. Wir sehnen uns. Wir machen lange Spaziergänge und führen lange Gespräche. Wir überstehen gute und schwierige Begegnungen sowie die Nervosität, die Befangenheit und die wiederkehrenden Anfälle von Unsicherheit. Aber dann kommt SEX ins Spiel, und alles verändert sich auf magische Weise.

Viele Menschen glauben, dass eine Beziehung erst wirklich »anfängt«, wenn sexuelle Intimität dazukommt. Und viele Jahre gehörte auch ich zu den Menschen, die so denken. So lange Sie beide bekleidet sind, begegnen Sie sich lediglich als »Freunde«. Aber in dem Augenblick, wo die Kleider fallen, werden Sie sofort ein Paar. Sex, als Symbol des Einverständnisses betrachtet, signalisiert das Ende der Phase des anfänglichen Werbens und den Beginn von »etwas Besonderem«. Der Druck weicht. Ängste lösen sich auf. Und alle entspannen sich. Doch was viele Menschen »entspannt«, ist lediglich die Tatsache der Beziehungslosigkeit.

Eine der größten Abkürzungen auf dem Weg zur Beziehungslosigkeit wird S-E-X buchstabiert. Ich sage das nicht, weil ich prüde wäre oder Menschen davon abhalten möchte, ihre Sexualität zu leben. Ich sage das, weil ich es bei meiner Arbeit ständig sehen kann (und selbst ebenfalls so oft in diese Falle getappt bin). Die Entwicklung einer sexuellen Beziehung kann tatsächlich ein Zeichen für den Beginn einer Beziehung sein, aber allzu häufig passiert es, dass Paare an diesem Punkt *aufhören*, sich »zu beziehen«. Statt mit Sex die Verbundenheit zwischen beiden zu feiern, wird er zum einzigen Weg, sich zu verbinden. Und für manche bleibt es der *einzige* Weg. Aber ist das genug?

Sex ist potentiell das Intimste, was zwei Menschen miteinander erleben können – ein außergewöhnliches körperliches Zusammenkommen, das mit Gefühlswogen von emotionaler Verbundenheit einhergehen kann. Und das ist wirklich etwas Wunderbares. Doch für viele Menschen ist Sex ein *Ersatz* für wirkliche Intimität oder sogar ein Weg, diese Intimität zu *vermeiden*. Und das führt oft zu Beziehungslosigkeit. Nehmen wir zum Beispiel Nick.

Nicks Vorstellung von »wirklicher Intimität« kreist um Verführung und Sex. Was ihn betrifft, so beginnt eine Beziehung, sobald die Unterwäsche fällt. Und so lange wie sie immer wieder fällt, ist alles einfach wunderbar.

Wenn Nick Distanz zu seiner Partnerin empfindet, ist Sex die Lösung. Wenn Gefühle wie Ärger oder Eifersucht bei ihm hochkommen, ist Sex die Lösung. Wenn er Bestätigung braucht oder seine Zuneigung ausdrücken möchte, ist Sex die Lösung. So hat er sich in Beziehungen immer verhalten.

Nick hat das Gefühl, wirklich einfühlsam und liebevoll zu sein. Er glaubt, seine Gefühle mitzuteilen. Er achtet auf die Bedürfnisse seiner Partnerin. Aber das alles läuft über Sex. Er denkt, das sci genug. Aber seine Partnerinnen stimmen damit nicht immer überein. Mindestens ein dutzend Mal in seinem Leben musste Nick »völlig verblüfft« erleben, dass Frauen sich von ihm trennten, ohne dafür – wie er es formuliert – »offensichtliche Gründe« zu haben. »Im einen Augenblick schlafen wir miteinander und haben unglaublichen Sex«, erklärt er, »und im nächsten Augenblick erzählt sie mir, sie wolle andere Männer treffen. Ich habe das nie verstanden. Und ich habe auch die Gründe nie verstanden.«

Doch Nick *sollte* das verstehen, denn auch er hat seinen Beitrag zu diesen unangenehmen Überraschungen geliefert. Oft in seinem Leben hat er das Interesse an einer Frau verloren, mit der er geschlafen hat, und die Beziehung abrupt beendet. Wie erklärt er sich das? Er sagt: »Es hat einfach nicht geklappt.« Aber meine Erklärung lautet ein wenig anders. Denn wenn ich mir Nicks Beziehungen anschaue, kann ich sehen, dass er mit diesen Frauen zwar eine Verbindung hatte, aber eine, die kaum über die sexuelle Ebene hinausging. Und das reichte natürlich nicht aus.

Verbundenheit bedeutet mehr als körperliche Intimität. Viel, viel, viel, viel mehr. Körperliche Intimität ist etwas Großartiges und Wichtiges, aber wenn die emotionale Intimität fehlt, reicht sie einfach nicht aus. Nicht wenn Sie sich eine *wirkliche* Beziehung wünschen. Sex allein verhindert nicht, dass Menschen sich fremd sind – manchmal stellt Sex sicher, dass sie füreinander Fremde bleiben. Sex allein schafft keine tiefe Bindung. Und Sex ist keine Garantie für eine verbindliche Beziehung. Sex ist kein Alleskleber. Und es erfordert Mut, Sex den richtigen Platz zuzuweisen.

Akzeptieren Sie Sex als Ersatz für Intimität, obwohl Sie den Unterschied kennen?

Vanessa lebt mit ihrem Freund Abe jetzt seit fast einem Jahr zusammen, und sie wünschte, es gäbe einen Grund zu feiern. Aber Vanessa hat zunehmend die Befürchtung, dass die Beziehung mit Abe nirgendwo sonst endet als immer nur im Schlafzimmer. Vanessa wünscht sich einen richtigen Partner. Vanessa wünscht sich eine Beziehung, in der beide sich wirklich aufeinander einlassen. Vanessa möchte echte Nähe. Aber in ihrer Beziehung mit Abe bekommt sie lediglich guten Sex.

Am Anfang war Vanessa ganz aufgeregt und glücklich. Der Sex mit Abe war so energiegeladen, dass sie sich ihrem Partner dabei schnell sehr nahe fühlte. Trotzdem muss sie zugeben – und wenn auch nur vor sich selbst –, dass die Verbindung nie tiefer gegangen ist. In den wenigen Situationen zu Beginn ihrer Beziehung, in denen Vanessa versuchte, über ihre Gefühle oder ihre Bedürfnisse zu sprechen, wehrte Abe sofort ab. Seitdem hat sie nie mehr gewagt, das Boot zum Schaukeln zu bringen. Und sie hat gelernt zu akzeptieren, dass Sex die einzige Möglichkeit einer sinnvollen kontinuierlichen Verbindung mit Abe ist, der einzige Bereich, in dem sie keine emotionalen Grenzen erlebt.

Eine Bindung ist weit mehr als körperliche Intimität.

Nicht, dass Vanessa kein Vertrauen zu Abe hätte. Sie hat das Gefühl, dass er sie wirklich liebt, soweit er überhaupt imstande ist, einen anderen Menschen zu lieben. Und sie ist sich auch sicher, dass er sich nicht »nach einer anderen umschaut«. Für sie ist es ein Problem, dass die Beziehung »keine Richtung« hat. Sie kann mit Abe nicht über die Beziehung reden. Sie kann mit Abe nicht über ihr Leben reden. Sie kann mit Abe nicht über ihre Gefühle reden.

Er hat diese vielen Grenzen errichtet, die sie nicht überschreiten kann, und sie hat das Gefühl zu »verhungern«. Abe benutzt Sex, um eine tiefere Verbindung zu vermeiden, und Vanessa bekommt das mit voller Wucht zu spüren.

Vanessa möchte die Beziehung nicht beenden. In vieler Hinsicht ist sie glücklich, Abe gefunden zu haben. Aber sie weiß nicht, wie lange sie noch eine Beziehung ertragen kann, in der es ihr an Nähe fehlt. Sie wendet sich an ihre Freundinnen und Freunde, um sich menschlich geborgener zu fühlen. Sie vertieft sich in ihre Arbeit, um mehr Erfüllung zu finden. Sie schaltet den Fernseher an – aber die Leere bleibt.

Vanessa ist ein interessantes Beispiel, denn Vanessa *weiß*, was ihr fehlt. Viele Menschen sind hochbeglückt darüber, eine verlässliche sexuelle Beziehung zu haben. Das heißt für sie, sich einem anderen Menschen zeigen, und sie erhoffen gar nicht mehr. Aber Vanessa weiß, dass es bei diesem »Mehr« um den Reichtum einer umfassenderen Verbindung geht. Und sie weiß, was es heißt, sich einem anderen so zu zeigen, wie sie wirklich ist. Sie wagt es nur nicht, die entsprechenden Schritte zu unternehmen, weil sie Angst hat, ihren Partner dadurch zu verlieren.

Wenn der Versuch, dem anderen aufrichtig zu begegnen, Sie Ihre Beziehung kostet, was sagt das dann über Ihre Beziehung aus? Und was genau geht Ihnen dabei verloren? Sexuelle Intimität ist etwas Großartiges, aber offene emotionale Rechnungen lassen sich damit unmöglich begleichen – Sie werden davon nicht so genährt wie von einer wirklichen Verbindung, und Sie können auch nicht darauf vertrauen, dass die sexuelle Nähe von Dauer ist. Sich körperlich zu öffnen ist etwas völlig anderes, als Ihr Herz zu öffnen und einen anderen Menschen wirklich an sich heranzulassen. Wenn Sie um diesen Unterschied wissen, können Sie nicht mehr »weniger« akzeptieren und hoffen, es werde sich eines Tages nach »mehr« anfühlen.

Stellen Sie sich einmal folgende Fragen:

- Verwechsele ich manchmal sexuelle Begegnung mit emotionaler Nähe?
- Sind Sex und körperliche Zuwendung meine primäre Lösung für Beziehungskämpfe?
- Benutzen mein Partner oder ich Sex, um emotionale Nähe zu vermeiden?

Wenn Sie eine der obigen Fragen mit Ja beantworten, müssen Sie lernen, Ihre Gefühle und Gedanken außerhalb des Schlafzimmers auszudrücken. Finden Sie heraus, wie Sie Nähe zeigen und Streitigkeiten lösen können, ohne sich in den Sex zu flüchten.

Können Sie nicht nur reden, sondern auch zuhören?

Dinah redet viel und gerne. Dinah würde Ihnen erzählen, dass sie sehr gut kommunizieren kann. Aber niemand, der Dinah kennt, würde ihr zustimmen. Denn Dinah kommuniziert überhaupt nicht, sie redet lediglich. Dinah schaut sich nicht an, wie und was sie redet, um ein Gespür dafür zu bekommen, wo ihre Worte landen. Sie lässt keinen Raum für die andere Person. Sie schaut nicht hoch, um zu sehen, ob sie den anderen erreicht. Sie stellt fast keine Fragen. Und sie hört nicht wirklich zu, was andere sagen. Ja, sie hat einige großartige Geschichten auf Lager, und ja, sie kann einen Raum mit ihrer Stimme füllen, aber sie weiß nicht, wie sie Verbindungen herstellen kann, die über Oberflächlichkeiten hinausgehen.

Wenn Dinah allein ist und nicht weiß, wen sie anrufen soll, fühlt sie sich leer. Sie zeigt sich anderen nicht so, wie sie wirklich ist, und gibt ihnen auch keine Chance, sich ihr zu zeigen. Und diese mangelnde Verbundenheit erlebt sie als innere Leere. Das verwirrt sie, da sie doch glaubt, viele Freunde zu haben. Aber tatsächlich ist es sehr leicht zu verstehen. Mit ihrer Art zu reden errichtet sie Grenzen gegen Nähe und wehrt die Möglichkeit einer spürbaren Verbindung ab.

Dinah glaubt, dass ein Partner diese Leere füllen könne. Aber in Wirklichkeit ist es so, dass sie ihr inneres Unausgefülltsein nur überwinden kann, wenn sie lernt, sich aufrichtig mitzuteilen, und anderen eine Chance gibt, das Gleiche zu tun. Sie muss ihre Augen und Ohren aufsperren. Ihr Herz muss sich öffnen. Es reicht nicht, einfach nur zu reden.

Stellen Sie keine schonungslosen Fragen, weil Sie selbst keine gestellt bekommen möchten?

Jede Beziehung durchlebt schwierige Zeiten. Genau dann müssen wir viel reden, statt uns zu verschließen. Wenn es in Ihrer Beziehung Probleme gibt, sind Sie dann imstande, die schwierigen Fragen zu stellen, die Sie einander näher bringen könnten oder durch die Sie erfahren, was Sie wissen müssen? Fragen Sie sich:

- Wechsele ich manchmal das Thema, um die Antworten meines Partners oder meiner Partnerin auszublenden, wenn ich nicht hören will, was ich zu hören bekomme?
- Habe ich Angst vor schwierigen Fragen, die deutlich machen würden, dass ich Angst vor zu viel Nähe habe?
- Habe ich Angst vor schwierigen Fragen, die meine Verletzlichkeit offen legen würden?

Sie haben zu Ihrer eigenen Familie eine gestörte Beziehung, also fragen Sie Ihren Freund auch nicht nach *seiner* Familie. Sie hassen es, über Ihre Arbeit zu reden, also fragen Sie Ihre Freundin auch nicht nach *ihrer* Arbeit. Sie schämen sich Ihrer früheren Beziehungen, deswegen fragen Sie ihn auch nicht nach *seinen*. Sie haben mit finanziellen Schwierigkeiten zu kämpfen, also fragen Sie auch nicht nach *ihrer* finanziellen Situation. Sie zweifeln daran, zu einer verbindlichen Beziehung fähig zu sein, also fragen Sie ihn auch nicht, was *er* von Verbindlichkeit hält.

Viele von uns haben Angst vor den »schwierigen Fragen«, mit denen Beziehungen uns konfrontieren, deswegen stellen wir sie unseren potentiellen Partnerinnen und Partnern vorsorglich nicht. Wir glauben, uns damit selbst zu schützen. Wir halten uns für Verfechter der Gleichberechtigung. Wir glauben, wir würden uns klug verhalten und Probleme vermeiden. Aber in Wirklichkeit bereiten wir den Boden für Enttäuschungen, Entfremdung, Missverständnisse, Verwirrung, unerfüllbare Phantasien und wahrscheinlich sogar eine ganze Menge Schwierigkeiten.

Eine Beziehung aufbauen bedeutet, schonungslose Fragen zu stellen und es auszuhalten, selbst solche Fragen gestellt zu bekommen. Es erfordert, viel Unangenehmes über sich selbst offen zu legen. Es erfordert, ein umfassendes Bild zu zeichnen – ein Bild von sich und ein Bild Ihres potentiellen Partners bzw. Ihrer potentiellen Partnerin. Nicht beim ersten Telefonat oder beim ersten Treffen und auch nicht auf einmal. Aber letzten Endes muss es geschehen. Und auch, wenn es sehr viel Mut erfordert – je schneller Sie damit beginnen, desto klüger sind Sie.

Inszenieren Sie Krisen, um zu vermeiden, dass Nähe entsteht?

Viele Menschen, die große Angst vor Nähe haben, stellen sich ihrer eigenen Wahrheit nicht. Sie sagen, sie wünschen sich eine *wirkliche* Verbindung mit einem anderen Menschen, eine verbindliche Partnerschaft, und sie tun auch immer wieder, was sie glauben, dafür tun zu müssen. Trotzdem gibt es eine Seite in ihnen, die geradezu mit Hingabe dafür sorgt, dass sich niemals erfüllt, was sie sich zu wünschen glauben; ein Teil von ihnen stellt sicher, dass andere Menschen ihnen niemals wirklich nahe kommen.

Es gibt viele Wege, eine intime Verbindung zu boykottieren und sich gleichzeitig den Anschein zu geben, man wolle und lebe eine Beziehung. Und eine der effektivsten Möglichkeiten besteht darin, ständig Krisen zu inszenieren. Nehmen wir zum Beispiel Ellie.

Als Jeff Ellie kennen lernte, studierte sie auf ihren Abschluss als medizinische Notfallassistentin hin und erzählte ihm, sie könne keinen zusätzlichen Stress gebrauchen. Wenn es zwischen ihnen zu Konflikten kam, musste Jeff den Mund halten, weil er Angst hatte, er würde Ellie überfordern. Zwei Wochen, nachdem Ellie ihren Abschluss gemacht hatte, musste eine frühere Mitarbeiterin von ihr für fast eine Woche ins Krankenhaus. Ellie besuchte sie jeden Tag und kam immer ganz erschöpft nach Hause. Jeff fuhr fort, all die Konflikte zu horten, die er in der Beziehung erlebte, denn er befürchtete, Ellie könne nicht noch mehr Anstrengung ertragen.

Die Ferien kamen näher, und Ellie war völlig absorbiert von ihren ständigen und zahlreichen Verpflichtungen. Sie hatte für Thanksgiving 15 Leute in ihre Wohnung eingeladen und war völlig in Panik, weil sie gar nicht wusste, wo sie all ihre Gäste unterbringen sollte. Sie brauchte fast zwei Wochen für die Vorbereitungen, während Jeff wichtige Beziehungsthemen weiterhin auf Eis legte. Dann wurde es Dezember, und Ellie war völlig im Verzug mit ihren Weihnachtseinkäufen und verbrachte ihre Abende in den Kaufhäusern der Stadt. Jeff brütete zu Hause still vor sich hin und wartete darauf, dass die Kaufhäuser schlossen. Nach Weihnachten fragte Ellie Jeff, ob sie über Silvester nicht verreisen könnten. Nachdem sie in Eile und auf die letzte Minute hin ihre Vorbereitungen getroffen hatten, flogen sie nach Florida. Als ihr langes Wochenende vorüber war, fasste Jeff im Flugzeug schließlich den Mut, einige seiner Bedenken zu formulieren. Ellie wurde so ärgerlich, dass sie sich weigerte zu sprechen. Und an dem Tag endete die Beziehung.

Das Leben ist kompliziert und stellt uns vor immer neue Herausforderungen. Freunde werden krank. Arbeitsstellen drohen gekündigt zu werden. Autos werden auf dem Parkplatz angefahren. Und die Aktien fallen. Aber wenn es bei Ihnen zu Hause zugeht wie auf der Feuerwache, dann müssen Sie sich fragen, auf welche Weise Sie zu den ständigen Katastrophen beitragen.

Sicherlich entsteht durch Krisen eine gewisse Zusammengehörigkeit, aber diese ist kein Fundament für eine gesicherte Zukunft (und wenn Sie glauben, Sie könnten durch Krisen Bindungen herstellen und vertiefen, sind Sie ebenfalls auf dem falschen Weg). Eine stabile Zukunft entsteht nicht in »Kriegszeiten«, sondern in »Friedenszeiten«, wo Sie entspannt und zentriert genug sind, um die ganze Vielfalt von Beziehungsthemen zu verarbeiten, die von offensichtlich auf der Hand liegenden bis zu subtilen Konflikten reichen. Wenn Sie sich nach einer stabilen Zukunft mit einem Partner bzw. einer Partnerin sehnen, müssen Sie bereit sein, ruhig zu bleiben und innere Türen zu öffnen. Und wenn Sie es vermeiden, diese Türen aufzutun – und ständig Krisen inszenieren, um Grenzen zu errichten –, müssen Sie anfangen, sich zu fragen, warum. Und ja, ich weiß, das erfordert Mut:

- Scheint sich in meiner Beziehung eine Krise an die nächste zu reihen? Warum?
- Inszeniere ich manchmal Krisen, um eine tiefere Verbindung zu boykottieren? Warum?

- Habe ich die Tendenz, in den Lebensdramen meiner Partnerin bzw. meines Partners zu verschwinden und meine eigenen Prioritäten und Bedürfnisse aus den Augen zu verlieren? Warum?

Haben Sie ganz offensichtliche Grenzen, die verhindern, dass andere Ihnen nahe kommen?

So schmerzlich paradox es ist – viele Menschen, die sagen, sie seien auf der Suche nach einer wirklich tiefen Beziehung, halten an Grenzen fest, die eine solche Verbindung unmöglich machen. Für lange Jahre meines Lebens gehörte auch ich zu diesen Menschen mit offensichtlichen Grenzen. Gehören auch Sie dazu? Wenn Sie tagtäglich Redewendungen benutzen wie »meine Arbeit«, »meine Freunde«, »meine Familie«, »mein Haus«, »mein Schreibtisch«, dann ist das wahrscheinlich der Fall. Sie müssen diese Worte noch nicht einmal aussprechen; es reicht, wenn sie so denken, um eine intensive Atmosphäre von Getrenntheit zu schaffen. Und Sie nehmen sowohl sich als auch Ihrem Partner bzw. Ihrer Partnerin die Chancen für wirkliche Nähe.

Einige Menschen errichten diese Mauern sehr bewusst. Sie wollen nicht, dass ihnen jemand zu nahe kommt; sie wollen nichts von sich preisgeben. Und das ist ihre Strategie, sicherzustellen, dass sich die Beziehung über einen bestimmten Punkt hinaus nicht weiterentwickeln kann. Doch sehr viel mehr Menschen ziehen diese Grenzen, weil sie eine Rolle spielen, die ihnen zur Gewohnheit geworden ist, oder weil sie überholte Verhaltensweisen fortsetzen, die sie in ihrer Ursprungsfamilie, bei Geschwisterrivalitäten und aus Scham entwickelt haben. Wenn Sie zu diesen Menschen gehören, können Sie sehr viel dazu beitragen, dass Ihre Beziehungen in Zukunft anders verlaufen.

Das bedeutet nicht, dass Sie jeden einzelnen Aspekt Ihres Lebens mit dem Leben Ihres Partners oder Ihrer Partnerin in Einklang bringen müssen. Und es bedeutet auch nicht, dass es nicht Ihr gutes Recht ist, viele Dinge für sich zu behalten. Aber es ist wichtig, sich die »Meins« in Ihrem Leben stärker bewusst zu machen und zu verstehen, dass Sie potentielle Partner und Partnerinnen mit jedem »Mein«, das Sie benutzen, ein Stück weiter von sich wegschieben. Das Ziel in Beziehungen aber besteht darin, den anderen oder die andere in Ihre Welt hineinzuholen, langsam und Schritt für Schritt.

Also halten Sie einen Augenblick inne und schauen Sie sich einmal gründlich um ...

Schauen Sie sich die *Menschen* in Ihrem Leben an. Ihre Familie, Ihre Freundinnen und Freunde, Ihre Kollegen, Ihre vielen Bekannten. Wie viele von ihnen machen Sie mit Ihrem Partner bekannt oder erzählen ihm überhaupt von ihnen?

Schauen Sie sich einmal gründlich an, an welchen *Orten* sich Ihr Leben abspielt. Ihr Büro, Ihre Freizeitstätten, Ihre Lieblingskneipe, Ihr Wochenendhotel. An welche dieser Orte nehmen Sie Ihre Partnerin oder Ihren Partner mit oder lassen sie bzw. ihn überhaupt davon wissen?

Schauen Sie sich die *Dinge* gut an, die in Ihrer Welt wichtig sind. Ihr Haus, Ihr Auto, Ihre Möbel, Ihre Geräte. Wie viele dieser Dinge können Sie mit einer potentiellen Partnerin oder einem potentiellen Partner teilen?

Wenn wir uns auf einen anderen Menschen einlassen, müssen wir immer mehr Wege finden, uns ganz mit ihm zu verbinden. Eine Möglichkeit ist, ihm Zugang zu unserer Welt zu gewähren. Natürlich soll dieser Prozess in Phasen vor sich gehen. Sie müssen nicht gleich am ersten Tag sämtliche Türen Ihres Lebens öffnen. Aber schauen Sie sich einmal an, welche Türen Sie niemals öffnen und wo Sie potentielle Partnerinnen oder Partner daran hindern, bestimmte Türen zu öffnen. Und überlegen Sie, wie Sie damit verhindern, dass man Ihnen näher kommt und Ihre Beziehung wächst. Es erfordert wirklich Mut, sich diese Türen anzuschauen, und noch mehr Mut, sie eine nach der anderen aufzuschließen. Aber nur so bewegen wir uns vom Alleinsein zu einer Partnerschaft, die wir wirklich schätzen können.

Wie viele Geheimnisse behalten Sie für sich?

Wer ist dieses Ich, das niemand kennt? Haben Sie eine Familiengeschichte, die Sie keinem Partner bzw. keiner Partnerin erzählen würden? Haben Sie persönliche Erfahrungen gemacht, die Sie niemandem mitteilen möchten? Gleicht Ihr Leben eher einem »offenen Buch« oder ist es voller Geheimnisse, von denen Sie sich noch nicht einmal vorstellen können, sie anderen zu eröffnen, auch nicht jenen Menschen, die Sie am meisten lieben? Denken Sie lange und gründlich nach, bevor Sie auf diese Fragen antworten.

Haben Sie emotionale Probleme, von denen Sie niemals gesprochen haben – wie Depressionen, Ängste, Besessenheiten, Zwangsverhalten, Phobien oder Wutausbrüche? Leiden Sie unter Süchten, über die Sie niemals reden? Haben Sie Probleme mit sexuellem Missbrauch, die Sie niemals angesprochen haben? Finanzielle Schwierigkeiten? Esssucht? Kaufsucht? Spielsucht? Leiden Sie unter krankhafter Eifersucht? Geschwisterneid? Wie viele Bereiche der Scham gibt es in Ihrem Leben, über die Sie bislang mit niemandem gesprochen haben? Auch wenn in populären Büchern das Gegenteil behauptet wird, es *gibt* so etwas wie »eine große Sache«. Dies alles sind »große Sachen«.

Ich sage damit nicht, dass Sie loslaufen und Ihre Geheimnisse laut in die Welt hinaustrompeten sollen. Ich schlage noch nicht einmal vor, dass Sie Ihrer Partnerin oder Ihrem Partner davon erzählen sollen. Einige dieser Themen müssen mit der Weisheit und Unterstützung einer einfühlsamen Therapeutin oder eines Beraters verarbeitet werden, bevor Sie mit *irgendjemandem* darüber sprechen können. Und wieder andere Dinge sollten Sie für immer für sich behalten. Aber Sie müssen wissen, dass jedes dieser Geheimnisse Sie von anderen isoliert. Sie verhindern, dass andere Ihnen nahe kommen, und errichten undurchdringliche Mauern, die Sie ernsthaft darin hemmen, sich auf andere zu beziehen.

Und was ist mit den »Kleinigkeiten«, mit den Dingen, die Sie vielleicht gar nicht wichtig finden? Haben Sie einen geheimen Vorrat an Schokolade, eine Pornosammlung, einen Liebesroman, den Sie ständig lesen? Essen Sie heimlich Eiscreme, trinken Sie gelegentlich etwas zu viel Wein oder stehlen Sie sich an Tagen, an denen die Arbeit Sie langweilt, heimlich aus dem Büro fort und gehen ins Kino? Und wieder möchte ich damit nicht sagen, dass Ihr Leben einem offenen Buch gleichen muss und Sie keinerlei Geheimnisse haben dürfen. Trotzdem ist es wichtig zu verstehen, dass kleine Geheimnisse schnell zum konkreten Hindernis für Ihre Beziehung werden können. Nicht unbedingt zum unüberwindbaren Hindernis, aber zu einem bedeutenden.

Vielleicht sind Sie heute nicht bereit, über die »großen Sachen« zu reden, und vielleicht werden Sie auch nie dazu bereit sein, aber auch Gespräche über »die kleinen Dinge« können sehr tief gehen. Wenn Sie über die kleinen Dinge sprechen, helfen Sie Ihrem Partner oder Ihrer Partnerin, Sie besser zu verstehen, indem Sie ihm bzw. ihr ein reicheres, interessanteres Bild von sich vermitteln. Vielleicht fällt es Ihnen im Augenblick noch schwer, das zu glauben, aber die Eigenarten, die Sie so verzweifelt zu verbergen versuchen, machen Sie auch besonders liebenswürdig. Ihre Besessenheit von Ihrem Lippenkonturstift. Ihre Sorge wegen der Geheimratsecken. Ihr Spitzname in der zweiten Klasse. Ihre Sammlung von Müsliverpackungen. Ihre komische Art, sich zu räuspern. All das macht Sie als Mensch einzigartig. Diese Dinge machen Sie faszinierend und wunderbar, sie geben Ihnen Tiefe und Weite. Dies sind die Dinge, die ein Partner oder eine Partnerin liebt und weiter lieben möchte. Es erfordert wirklich Mut, sich einem anderen menschlichen Wesen so menschlich zu zeigen. Und genau diese Art von Mut führt zu dauerhaften Bindungen.

Warum halten Sie sich versteckt?

Warum behalten Sie kleine Geheimnisse für sich, obwohl diese Sie doch so sehr ausmachen? Die Antwort auf die Frage besteht aus einem Wort mit fünf Buchstaben und dieses schreckliche Wort lautet: Scham.

Scham ist tödlich für menschliche Verbindungen. Scham ist tödlich für Beziehungen. Scham treibt uns alle in die Isolation und Einsamkeit. Scham hindert uns daran, uns auf andere einzulassen. Aber Scham ist auch etwas, womit jeder von uns täglich zu kämpfen hat.

Wenn Sie wie die meisten Männer und Frauen sind, die ich kenne, haben Sie an irgendeinem Punkt Ihres Lebens die Erfahrung gemacht, dass es nicht immer sicher ist, sich den Menschen zu öffnen, die Ihnen am nächsten stehen. Vielleicht haben Klassenkameraden oder Geschwister Sie lächerlich gemacht. Vielleicht haben Eltern oder Lehrer mit Ihnen geschimpft. Vielleicht wurden Sie missverstanden oder ignoriert oder offen abgelehnt. Vielleicht hat man Sie sogar völlig alleine gelassen. Welche Erfahrungen auch dahinter stehen mögen, Sie haben gelernt, bestimmte Bereiche Ihrer Persönlichkeit zu verschließen. Ihre Umgebung ist Ihnen nicht immer mit Akzeptanz, Verständnis und Unterstützung begegnet. Man hat Ihnen nicht immer Liebe entgegengebracht und gewiss nicht bedingungslose Liebe. Die Welt konnte auch ein sehr gefährlicher Ort sein. Ein schmerzlicher Ort. So haben Sie gelernt,

»auf Nummer Sicher zu gehen«. Und so haben Sie auch erfahren, was Scham ist.

Lektionen wie diese vergessen wir nicht so leicht. Und viele von uns haben sich innerlich entsprechend verschlossen. Wir haben Grenzen errichtet, die wir nicht in Frage stellen und über die wir nicht verhandeln. Wenn diese Grenzen bedroht sind, geraten wir in Panik. Und wenn sie zu sehr bedroht werden, laufen wir weg. Das ist unsere Art und Weise, auf Nummer Sicher zu gehen und dafür zu sorgen, dass man uns niemals wieder verletzt.

Auf Nummer Sicher gehen, heißt nicht, für immer dabei bleiben

Wenn Sie wüssten, dass Ihre Geheimnisse Sie von anderen trennen und Sie daran hindern, eine dauerhafte, liebevolle Verbindung einzugehen, würden Sie dann weiter daran festhalten? Oder würden Sie sich bemühen, sich mitzuteilen?

Wir glauben, auf Nummer Sicher zu gehen, wenn wir uns in bestimmten Bereichen zurückhalten und uns dem anderen nicht zeigen. Aber wann immer wir das tun, fügen wir unserer Beziehung Schaden zu. Und wenn wir zu viel zurückhalten, entgleitet uns die Verbindung.

Wir können in Beziehungen – wie in den meisten anderen Bereichen unseres Lebens auch – in Wirklichkeit gar nicht auf Nummer Sicher gehen. Masken aufzusetzen macht an Fasching Spaß, aber wenn Sie Ihr Leben lang damit herumlaufen, ist das makaber. Wenn wir entscheidende Informationen für uns behalten, isolieren wir uns von den Menschen, die wir am meisten lieben. Wenn wir wichtige Gefühle nicht mitteilen, werden wir zu Gefangenen unserer eigenen Einsamkeit. Wenn »große Teile« dessen, wer wir sind, fehlen, müssen wir und auch unsere Partnerinnen und Partner hart darum kämpfen, sich verbunden zu fühlen.

Es ist sehr schmerzlich, zurückgewiesen zu werden. Und ich wünschte, ich könnte Ihnen eine magische Formel liefern, die sicher stellt, dass Ihnen das niemals wieder passiert. Aber meiner Meinung nach ist es noch sehr viel schmerzlicher, zurückgewiesen zu werden, ohne jemals einen anderen Menschen an uns herangelassen zu haben. Oder in einer Beziehung oder Ehe zu leben, ohne jemals jemandem wirklich nahe zu kommen. Es ist sehr viel schmerzlicher, keine Chance zu haben, Verbindlichkeit und Verbundenheit zu erfahren, weil Sie nicht den Mut haben, der Mensch zu sein, der Sie sind. Ja, es erfordert wirklich Mut, sich zu zeigen und sich dem anderen immer wieder zu öffnen, aber die Belohnungen überwiegen bei weitem das Risiko.

Bleiben Sie kein Fremder/keine Fremde

Ich weiß noch, wie ich meine Frau in den Anfangszeiten unserer Beziehung oft anschaute und dachte: »Ich kenne diesen Menschen wirklich überhaupt nicht.« Und ich bin sicher, dass sie häufig das Gleiche empfunden hat. Selbst jetzt, nachdem wir mehrere Jahre zusammen sind, taucht dieses Fremdheitsgefühl in manchen Augenblicken auf. Und doch haben wir uns beide intensiv darauf eingelassen, innere Mauern abzubauen und dem anderen unsere Licht- und Schattenseiten zu zeigen und damit die Person, die wir wirklich sind. Aufgrund dieses Einlassens fühle ich mich meiner Frau bereits nach fünf Jahren des Zusammenseins (und zwei Jahren Ehe) näher und verbundener als irgendeiner anderen Person in meinem Leben, einschließlich der Menschen, die seit Dutzenden von Jahren gute Freunde von mir sind. Diese Nähe ist nicht entstanden, weil wir unter dem selben Dach leben oder im selben Bett schlafen. Sie ist die Folge endloser Versuche, sich zu zeigen und verstanden zu werden. Das Gefühl von Liebe und Treue, das aus dieser tief greifenden Verbindung erwächst, hält unsere Beziehung zusammen trotz ernsthafter Frustrationen, schwieriger Herausforderungen und hart erstrittener unterschiedlicher Standpunkte (ja, die gibt es bei uns). Das Zulassen dieser gegenseitigen Nähe hat uns zu mächtigeren Verbündeten gemacht, als jeder Schwur oder jedes Zertifikat es vermocht hätte.

Wenn zwei Freunde sich voneinander verabschieden, sagt einer vielleicht spielerisch: »Lass uns keine Fremden füreinander bleiben ...« Dies möchte ich Ihnen gerne weitergeben, und ich meine es ernst. Wenn Sie eine wirkliche Verbindung wollen, die Sie erfüllt und die von Dauer ist, können Sie weder für sich selbst noch für Ihre Partnerin oder Ihren Partner ein Fremder bzw. eine Fremde bleiben. Je besser Sie sich selbst kennen und zulassen, dass der bzw. die andere Sie kennen lernt, und je mehr Sie Ihre Partnerin oder Ihren Partner ermutigen, sich Ihnen zu zeigen, desto besser wird es Ihnen gelingen, die Beziehung aufzubauen, die Sie sich wünschen. Ja, das ist sehr schwer, und ja, es ist sehr riskant, aber sehr viel riskanter ist es zu beschließen, Ihr innerstes Wesen verborgen zu halten. Das Einlassen auf eine Beziehung erfordert mehr als harte Arbeit. Es erfordert Vertrauen – das Vertrauen, dass es Sie einander näher bringt, wenn Sie etwas riskieren. Und es erfordert natürlich auch einen niemals versiegenden Mut.

Die sechste Herausforderung
Der Mut, Akzeptanz zu lernen

Gwen und Leonard sind beide über 70 Jahre alt. Wenn man sie Arm in Arm die Straße entlang spazieren sieht, wird ihre liebevolle Verbundenheit beneidenswert deutlich. Sollten Sie einmal ihre Gespräche belauschen, bekämen Sie mit, wie die beiden sich immer noch alles erzählen, was sie erleben und empfinden. Seit fast 40 Jahren miteinander verheiratet, sind sie immer noch voller Liebe füreinander. Gwen sagt, was sie betrifft, so sei die Hauptlektion ihrer Ehe Akzeptanz.

Gwen und Leonard bestätigen, dass sie im Laufe der Jahre den Versuch aufgegeben haben, sich gegenseitig zu verändern. Sie haben voll und ganz begriffen, dass keine zwei Menschen jemals perfekt zusammenpassen und dass es immer Meinungsverschiedenheiten zwischen ihnen geben wird. Gwen sagt, vor einigen Jahren seien sie als Paar zu folgender praktischer Einsicht gelangt: Wenn einer von ihnen sich wirklich über den anderen ärgerte, dann hielt er, statt ihn zu kritisieren oder einen Streit vom Zaun zu brechen, zunächst einmal inne und dachte darüber nach, wie wichtig die Beziehung ihm war, und versuchte dann, die Schwächen des anderen zu akzeptieren.

Nähe und Akzeptanz hängen direkt miteinander zusammen. Und trotzdem besteht bei Männern und Frauen mit Bindungsschwierigkeiten fast immer Verwirrung darüber, welche Rolle Akzeptanz beim Finden und Bewahren von Liebe spielt. Ein Maßstab für Ihre Liebesfähigkeit ist, wie weit Sie einen Liebespartner mit all seinen menschlichen Unvollkommenheiten akzeptieren können. Wollen wir nicht schließlich alle als der Mensch, der wir sind, akzeptiert werden? Und doch: Wie viele von uns besitzen die Reife und das Mitgefühl, mit ihren Gefährten liebevoll umzugehen und sie entsprechend zu akzeptieren?

Unfähig zu Nähe, unfähig zu Akzeptanz

Amy hat nie einen Mann so akzeptieren können, wie er ist, und das Gleiche gilt für die Beziehungen, die sie gelebt hat. Was sagt sie über die Männer, die sie gekannt hat? Verschiedenes. Nicht klug genug. Nicht charmant genug. Nicht erfahren genug. Nicht gebildet genug. Manchmal klingt sie wie ein allwissendes Orakel.

Amys Freunde schütteln den Kopf über ihr Verhalten: Obwohl sie an jedem Mann, den sie näher kennen lernt, etwas auszusetzen hat, kritisiert sie nicht unbedingt das Richtige. Ihre Freunde sind völlig verblüfft darüber, dass Amy riesige Probleme hinnehmen kann, sich aber an dummen Kleinigkeiten stößt. Es scheint sie zum Beispiel nicht zu stören, dass ihr augenblicklicher Freund ein völlig egozentrischer Kerl ist, der ständig über sich und seinen langweiligen Beruf redet. Nein, was Amy an Dan nicht akzeptieren kann, ist, dass er kein wirklich gutes College besucht hat. Amys letzter Freund, Larry, war ein wirklich freundlicher und intelligenter Mann, aber Amy konnte ihn nicht akzeptieren, weil er ihrer Meinung nach nicht »weltmännisch genug« war und sich damit auch noch »brüstete«.

Ich kann mich mit Amy durchaus identifizieren, denn ich hatte früher ähnliche Gefühle. Ich behauptete immer, Frauen kennen lernen zu wollen, die kompliziert und »interessant« waren, aber wenn ich solchen Frauen wirklich näher kam, lehnte ich sie ab, weil sie »zu viel hinter sich« hatten, was natürlich ihre Faszination ausmachte. Und meistens musste ich nicht groß nach etwas suchen, das ich ablehnen konnte. Diese »Dinge« kamen schnell und automatisch zum Vorschein, und ich fand mich sehr vernünftig. Ich hatte nicht das Gefühl, um den heißen Brei herumreden zu müssen. Die »Fehler« lagen offen auf der Hand: Einige Frauen waren älter, andere waren jünger, eine hatte noch niemals eine größere Stadt und entsprechende kulturelle Veranstaltungen besucht.

Akzeptanz und Selbstbild

Ich kann mich auch mit Chuck identifizieren, den man ohne weiteres als typischen Fall von Bindungsphobie bezeichnen kann. Er hat in sämtlichen Lebensbereichen Schwierigkeiten, sich zu entscheiden und einzulassen, was für jemanden mit diesen speziellen Ängsten nicht unüblich ist. Chuck fällt es sehr schwer, eine Entscheidung für den Kauf eines neuen Wagens zu treffen, an die er sich dann auch hält, ganz zu schweigen von der Frage, mit welcher Frau er sein Leben verbringen soll. Für ihn steht jedes Auto, ganz gleich wie wundervoll es ist, für ein anderes Selbstbild, und er ist sich nicht sicher, wie er gesehen werden möchte. Sicherheit ist für ihn wichtig, aber er würde zum Beispiel niemals einen Volvo kaufen, weil das eher ein Familienauto ist, und Chuck ist ein typischer Single. Andererseits würde er aber auch keinen sportlichen Zweisitzer kaufen, denn er möchte keinen *zu* flotten Eindruck machen und will auch nicht bis an sein Lebensende Single bleiben.

Wie viele Männer und Frauen benutzt Chuck Äußerlichkeiten – Kleidung, Autos, Freunde, Uhren, Nachbarn und Frauen –, um der Außenwelt eine klare und deutliche Botschaft von sich zu vermitteln. Bislang hat er jede Frau in seinem Leben seinem Selbstbild geopfert. Wenn eine Frau so und so aussieht, redet und sich verhält, verliebt er sich in sie. Aber wenn die Frau dann im Laufe der Beziehung menschlicher wird, schaltet Chuck um und starrt nur noch auf ihre Mängel.

Ich verstehe Chuck, denn ich musste jahrelang daran arbeiten, mich von äußeren Bildern zu befreien. Ich war zum Beispiel immer fasziniert von »umwerfenden« Frauen und Frauen aus Europa, die für mich bereits als solche etwas Besonderes waren. Wenn eine Frau diesen Kriterien entsprach, dann war es – selbst für mich – erstaunlich, wie viel andere und durchaus entscheidende Details ich übersehen konnte. Ich akzeptierte immer das Falsche. Was ich nicht akzeptieren konnte, waren simple menschliche Schwächen. Es gab wunderbare Frauen in meinem Leben, mit denen sich alles vollkommen anfühlte, wenn wir alleine waren. Aber sobald wir ausgingen, distanzierte ich mich von ihnen, weil sie meiner ziemlich schrägen Vorstellung davon, welches Bild ich abgeben wollte, nicht entsprachen. Kleine unbedeutende menschliche Unvollkommenheiten wurden oft zu tragischen Fehlern, die ich nicht hinnehmen konnte. Natürlich war mir nicht bewusst, dass meine Haltung mich daran hinderte, einer Frau wirklich nahe zu sein oder mich auf sie einzulassen. Aber genau das war der Fall.

Wenn zwei Menschen sich zum ersten Mal begegnen und sich ineinander verlieben, kann es manchmal scheinen, als seien sie ein Herz und eine Seele. Glücklich, ihre Hand zu halten, schaut der Mann sich zum Beispiel bei der ersten Verabredung mit ihr zusammen Filme an, die er ansonsten als »pubertär« bezeichnen würde. Aber wenn er wieder zu sich kommt und ihm einfällt, dass er eigentlich andere Filme mag, nimmt seine Bereitschaft ab, sich ihren Vorlieben zu beugen. Wenn Sie einen Menschen kennen lernen, den Sie mögen, ist es Ihnen zunächst einmal egal, ob er Magermilch, Vollmilch oder Ziegenmilch kauft. Aber wenn eine Beziehung sich weiter entwickelt, werden diese Dinge wichtig. Für Männer und Frauen mit ernsthaften Bindungsschwierigkeiten können diese Kleinigkeiten überdimensionale Proportionen annehmen.

Wenn Männer und Frauen mit Bindungsschwierigkeiten sich ihrer Beziehung sicherer sind, fühlen sie sich meistens unwohl und unfrei. Da sie die Quelle für ihr Unbehagen nicht präzise benennen können, geben sie dem Partner oder der Partnerin die Schuld. Die klassischen Gründe lauten: »Wenn ich hier nur rauskäme und weg von dieser Person, würde es mir besser gehen ... würde ich mich freier fühlen.« Und meistens beginnen diese Männer und Frauen dann an den Eigenschaften herumzumäkeln, die sie für die ureigensten Charakterzüge ihrer Partnerin oder ihres Partners halten. Meistens existierten diese Eigenschaften auch schon zu Beginn der Beziehung und wurden zu diesem Zeitpunkt ohne Frage akzeptiert.

Hektor zum Beispiel, ein 42 Jahre alter Autor, lebt mit Susan seit zwei Jahren glücklich zusammen. Doch jetzt, wo sie manchmal übers Heiraten sprechen, beginnt er, sich zurückzuziehen. Bislang hat er nur seinem besten Freund erzählt, dass er findet, Susan habe zu kleine Brüste.

Jean hielt ihren Freund für perfekt, bis sie sich verlobten. Jetzt bemängelt sie, dass er ein Stubenhocker ist und zu wenig verdient.

Harry hat sich in eine Situation gebracht, wo er zwischen zwei Frauen steht, die beide auf ihre Art wundervoll sind. Naomi ist groß, schlank, elegant und blond. Brandi ist klein, bewundernswert lustig und brünett. Welch schwierige Entscheidung! Er weiß einfach nicht, mit welcher Frau er für immer zusammen bleiben möchte.

Das alles klingt furchtbar oberflächlich, stimmt's? Aber die Wahrheit ist, dass wir Beziehungen oft genau aus solchen oberflächlichen Gründen anfangen und beenden. Wir könnten leicht eine ganze Liste von Gründen aufstellen, warum wir einen bestimmten Menschen nicht als Partnerin oder Partner akzeptieren. In Wirklichkeit haben diese Gründe selten etwas mit der Tiefe menschlicher Bindungen zu tun.

Was genau akzeptieren wir nicht?

Der Kampf um mehr Akzeptanz scheint oft ein äußerer Kampf zu sein. Konzentrieren wir uns denn nicht auf Äußerlichkeiten? Sie hat Probleme mit seinen Haaren. Er stört sich an ihrem Make-up. Er wünschte, sie wäre humorvoller. Sie wünschte, er hätte einen besseren Job. Doch bei Menschen mit Bindungsschwierigkeiten wurzelt die Unfähigkeit, einen anderen Menschen ganz zu akzeptieren, meistens in einem inneren Kampf, einem Kampf, der mit äußeren Unzufriedenheiten beginnt.

Ihre mangelnde Akzeptanz ist oft nichts weiter als eine Projektion der Verachtung, die Sie vermeintlichen eigenen Fehlern entgegenbringen. Sie sagen, er oder sie sei nicht erfolgreich oder klug genug, weil Sie innerlich unsicher sind, wie andere Sie wahrnehmen. Sie kritisieren seinen oder ihren schnellen Aufstieg, weil Sie insgeheim unglücklich darüber sind, dass Sie sich beruflich nicht mehr ins Zeug legen oder Angst haben, in einer Welt der schnellen Karrieren ins Hintertreffen zu geraten. Sie mäkeln an ihren Gemälden herum, weil Sie innerlich befürchten, Ihre Freunde könnten Sie aufgrund des mangelnden Talents Ihrer Gefährtin heftig kritisieren. Sie bemängeln die enge Beziehung Ihres Partners zu seinen Eltern, weil Sie über die fehlende Nähe zu Ihrer eigenen Familie unglücklich sind.

In Wirklichkeit bringt Ihre kritische Haltung zum Ausdruck, dass Sie einen Partner wollen, der die Macht hat, Ihnen ein besseres Selbstwertgefühl zu schenken. Das heißt, dass Sie die besorgte

Frage, was andere Menschen von Ihnen denken könnten, ganz Ihrer Partnerin oder Ihrem Partner aufbürden.

Glauben Sie mir: Ihre Unfähigkeit, die menschlichen Schwächen Ihres Partners oder Ihrer Partnerin zu akzeptieren, wurzelt in mangelnder Selbstakzeptanz. Woher ich das weiß? Wer innerlich zufrieden ist, geht mit anderen nicht so hart um. Menschen, die mit sich und dem, was sie tun und haben, einverstanden sind, können auch andere besser akzeptieren. Sie nehmen die Dinge meistens leichter und können anderen offener begegnen. Die Fehler anderer Menschen stören sie ebenso wenig wie deren Eigenarten, deren begrenzter Wortschatz oder deren Beruf. Es sind einfach nur Eigenarten. Es sind einfach nur Worte. Es ist einfach irgendein Beruf. Das alles ist keine große Sache. Die Menschen glauben nicht, dass alles, was ihr Partner oder ihre Partnerin tut und hat, auf sie selbst zurückfällt.

Menschen, die sich selbst akzeptieren, bringen meistens auch anderen sehr viel mehr Akzeptanz entgegen.

Wenn Sie mehr Akzeptanz entwickeln möchten, müssen Sie mit einer rigorosen Inventur all der Unzufriedenheiten beginnen, die in Ihnen selbst lauern. Wofür schämen Sie sich? Wo fühlen Sie sich verletzlich? In welchen Situationen nehmen Sie sich selbst auseinander? Wann fühlen Sie sich minderwertig? Was macht Sie innerlich am unzufriedensten? Warum sind Sie darauf angewiesen, dass ein anderer Mensch bestimmte Dinge tut oder besitzt? Warum reicht es nicht, dass andere einfach so sind, wie sie sind?

Machen Sie sich klar, dass viele dieser inneren Kämpfe nicht bewusst ablaufen. Unbewusste Spannungen lassen uns meistens sehr viel kritischer, strenger und unzufriedener werden als die Konflikte, die sich bereits nach außen zeigen. Aber schauen Sie sich einmal an, wo Sie sich selbst Ihre Anerkennung verweigern, und versuchen Sie herauszufinden, warum das so ist. Machen Sie sich auch klar, dass Ihre kritische innere Stimme einmal eine Stimme von außen war.

Warum haben Sie das Gefühl entwickelt, dass Sie nicht gut genug aussehen, nicht schlau genug sind, nicht die richtigen Entscheidungen treffen und dass Ihr Was-auch-immer nicht gut genug war? Was hat Ihnen das Gefühl vermittelt, dass *Sie* nicht gut genug sind? Und auf welche Weise haben Sie dieses Gefühl im Laufe der Zeit nach außen projiziert? Je besser Sie sich innerlich fühlen, desto leichter fällt es Ihnen, Ihr Herz zu öffnen und einen liebevollen Partner oder eine liebevolle Partnerin zu finden und zu akzeptieren. Wenn Sie wissen, dass Sie ein wunderbarer Mensch sind, werden auch jene, die Sie als Partner oder Partnerin wählen, Sie akzeptieren und schätzen können.

Das andere Extrem: Gibt es auch so etwas wie zu viel Akzeptanz?

Während manche Männer und Frauen nichts akzeptieren, prahlen andere geradezu mit ihrer Fähigkeit, das Nichtakzeptable anzunehmen. Zum Beispiel Michele. Als sie Bob vor einem Jahr kennen lernte, erzählt er ihr, er würde für sie durchs Feuer gehen. Schon nach wenigen Monaten jedoch musste sie feststellen, dass sie diejenige war, die sich für die Beziehung ständig ins Zeug legte. Sie war es, die immer die Eintrittskarten besorgte, die für Bob schnell etwas zu essen einkaufte und sich seinem Terminkalender ebenso anpasste wie seinen Launen und Wünschen. Sie schleppte sogar Wasser für ihn – die vielen Literflaschen Mineralwasser, die Bob trank, wenn er bei ihr war, weil ihm ihr Leitungswasser nicht schmeckte.

Dann entdeckte Michele, dass Bob sich mit einer anderen Frau traf und Sex mit ihr hatte – jeden Donnerstagabend. Bob erzählte Michele, dass er sie liebe, jedoch noch Zeit brauche, um diese alte Beziehung zu beenden, die bereits existierte, bevor er

Michele begegnete. Michele akzeptierte diese Erklärung. Sie glaubte Bob sogar, als er ihr sagte, er habe keinen Sex mehr mit seiner ständigen Donnerstagabendverabredung.

Monatelang erzählte Bob Michele, dass er für eine Woche geschäftlich nach Kalifornien fahren würde und lud sie ein mitzukommen, denn sie würden viel Zeit haben, gemeinsam etwas zu unternehmen und sich die Gegend anzusehen. Michele bat ihren Chef um Urlaub, kaufte sich neue Kleider und organisierte jemanden, der den Hund ausführte. Zwei Tage vor ihrer geplanten Abreise erzählte Bob Michele, seine Pläne hätten sich geändert: Seine Firma habe erklärt, dies sei eine Geschäftsreise, und Bob müsse sein Privatvergnügen da heraushalten. Michele war sehr enttäuscht, aber sie akzeptierte die Situation.

Um Bob zu zeigen, welch guter Kumpel sie wahr, beschloss Michele, ihn zu überraschen und zum Abschied am Flughafen zu sein. Als sie dort ankam, sah sie, wie er sich mit einer anderen Frau einchecken ließ. Michele rannte auf die Damentoilette, um nicht entdeckt zu werden, aber als Bob aus Kalifornien zurückkehrte, konfrontierte sie ihn. Bob erzählte, es sei ihm sehr schwer geworden, sie anzulügen, aber er hatte das Gefühl, die andere Frau würde seinen plötzlichen Abflug einfach nicht verkraften. Er betrachte dies als Abschiedsreise, die der anderen Frau helfen würde, über die Beziehung hinwegzukommen. Michele bemüht sich jetzt sehr, Bobs Version dieses Vorfalls zu akzeptieren.

Michele ist nicht allein mit ihrer Fehlinterpretation von Liebe. Frauen und Männer akzeptieren im Namen der Liebe alle möglichen schrägen Verhaltensweisen. Sie hängen dem irrigen Glauben nach, es würde ihrer Fähigkeit zu lieben und zu akzeptieren Abbruch tun, wenn sie sich selbst schützen. Sie glauben, diese ganze übertriebene bedingungslose Akzeptanz würde auf phantastische Weise belohnt werden. Michele und andere wie sie müssen lernen, dass eine persönliche Beziehung kein Anlass ist, mit Mutter Theresa zu konkurrieren. Und natürlich wissen wir alle, dass Michele Bob nicht wirklich als den unehrlichen, manipulativen Kriecher akzeptiert, der er ist. In Wirklichkeit passt sie sich seinem pathologischen Verhalten an, weil sie hofft, dass durch die Beziehung und ihre Liebe ein Wunder geschehen und *er sich ändern wird*. Und natürlich ist das unwahrscheinlich. Am wichtigsten aber ist, dass Michele sich mit ihrer falsch verstandenen Akzeptanz und Anpassung daran hindert, einen besseren Partner zu finden.

Michele und andere wie sie müssen begreifen, dass wir uns in Beziehungen oft missbrauchen lassen, weil wir uns selbst nicht akzeptieren. Wir glauben, mit uns sei etwas so grundlegend verkehrt, dass wir bereit sind, alle möglichen negativen Verhaltensweisen hinzunehmen. »Wer soll mich denn wirklich akzeptieren?« denken wir für uns. »An mir ist so viel verkehrt. Ich habe so viele Probleme. Meine Familie ist so gestört. Ich versage in so vielen Bereichen. Ich habe so viele körperliche und geistige Fehler, keine gute Ausbildung/keine gute Arbeit/nicht viel Geld.«

Manche Menschen sind sich all dessen, was sie an sich selbst als Fehler wahrnehmen, bewusst, so dass sie das »Tauschgeschäft« innerlich klar formulieren: »Ich werde die Tatsache akzeptieren, dass er sich weigert, seinen Lebensunterhalt zu verdienen, wenn er meine dicken Oberschenkel und meinen unaufgeräumten Kleiderschrank akzeptiert.« »Ich werde ihr Nörgeln hinnehmen, wenn sie akzeptiert, dass ich ein Workaholic bin.« »Ich werde nichts dazu sagen, dass er trinkt, wenn er akzeptiert, dass ich keinen Sex will.« Das Problem besteht natürlich darin, dass wir für uns einen Handel abschließen, dem der andere gar nicht zugestimmt hat. Michele zum Beispiel hat Bobs Untreue akzeptiert, aber dann hat er über die Stränge geschlagen. Während Michele um die Beziehung kämpft – und dabei die ganze Zeit hofft, dass Bob sich ändert –, eskaliert sein Verhalten und wird sogar noch unverschämter.

Eine Lektion, die wir alle lernen müssen, lautet: **Akzeptanz heißt nicht, das schräge Verhalten des oder der anderen zu akzeptieren in der Hoffnung, dass er bzw. sie sich ändern wird.**

Hier eine – unvollständige – Liste der Dinge, die wir nicht akzeptieren sollten: Partner oder Partnerinnen, die uns körperlich, emotional, finanziell oder verbal missbrauchen; die unfreundlich zu unseren Kindern, Freunden, Haustieren oder Familien sind; die untreu oder unehrlich sind; die nicht nach besten Absichten handeln; die nicht das Beste für uns wollen; die unsere Leistungen schmälern.

Verbundenheit entwickeln – was akzeptieren?

Wenn Sie sich in Ihrem Leben eine liebevolle Verbindung zu einem anderen Menschen wünschen, ist es sehr hilfreich, sich genau darüber im Klaren zu sein, was Akzeptanz heißt. Hier einige Vorschläge, wie Sie in Ihrem Leben mehr Akzeptanz entwickeln können.

Akzeptieren Sie Liebe

Liebe annehmen kann für Menschen mit Bindungsproblemen sehr schwierig sein. Der Grund dafür ist, dass wir oft gar nicht wissen, was Liebe ist. Wir verwechseln Liebe mit Sehnsucht; wir verwechseln Liebe mit Leidenschaft; und wir verwechseln Liebe mit Liebeskummer. Menschen mit Bindungsschwierigkeiten fällt es nicht schwer, neue Partner oder Partnerinnen zu umwerben. Sie wissen, wie es ist, sich nach einer Beziehung zu sehnen; sie wissen, wie sie einem Menschen, der ihnen am Herzen liegt, gefallen können. Aber sie können oft keine Liebe annehmen. Sie fühlen sich unwohl, wenn jemand sie liebt.

Menschen mit Bindungsproblemen können ihr ganzes Leben mit dem Versuch verbringen, Partner, die sich nur zögerlich einlassen oder die gar nicht wirklich offen sind, für eine langfristige Liebesbeziehung zu gewinnen. Und während sie das tun, erleben sie meistens überwältigende Gefühle von Sehnsucht und Liebeskummer. Dieser Lebensstil verlangt einen enormen Aufwand an psychischen Energien und Schmerztoleranz. Aber für viele von uns ist es leichter, in diesen zwangsläufig unbefriedigenden Beziehungen zu leben, als Liebe anzunehmen. Wir sabotieren die Liebe und bekämpfen sie; wir laufen vor ihr davon und verunglimpfen sie. Wir erkennen nur selten, was wir tun oder warum wir es tun. Auch wenn wir selbst sehr liebevoll sein können, gilt grundsätzlich, dass wir, die wir Bindungsschwierigkeiten haben, es als schwer empfinden, mit einem Menschen zusammen zu sein, der mit uns ebenso liebevoll umgeht. Es ist schwer für uns zuzulassen, dass jemand uns liebt. Uns wirklich liebt. Warum ist das so?

Einige von uns trauen der Liebe nicht. Einige von uns erkennen die Liebe nicht. Die meisten glauben nicht daran, dass die Liebe von Dauer ist. Wir fühlen uns schuldig, verletzlich und »schwach«, wenn uns jemand liebt. Wir fühlen uns abhängig, unsicher und haben Angst, die Kontrolle zu verlieren. Und das alles wollen wir nicht fühlen. Selbst wenn wir zu großer Leidenschaft mit all ihrer Intensität fähig sind, fällt es uns äußerst schwer, die ganz grundlegende menschliche, irdische, wohlmeinende Liebe zu akzeptieren, die Liebe, die ohne große Dramen und hormonelle Sturzbäche blüht und gedeiht. Aber sie ist genau das – und vielleicht das Einzige –, was einer Beziehung zu Wachstum und Dauer verhilft.

Akzeptieren Sie sich und Ihr Leben

Adam, ein Lehrer, ist ein durchschnittlich aussehender Mann und der Tendenz nach ein Bücherwurm, der sich nur zu Frauen vom Typ Schauspielerin oder Mannequin hingezogen fühlt – den Frauen, auf die jeder Mann sofort ein Auge hat. Dabei findet die Hälfte der Frauen im Lehrerkollegium ihn unglaublich attraktiv, ohne dass ihm das überhaupt auffällt.

Babette ist eine 39-jährige geschiedene Mutter mit zwei Töchtern, die sie vergöttert, und großen finanziellen Belastungen. Die einzigen Männer, die ihre Aufmerksamkeit finden, sind arbeitslose Kerle unter 30. Sie zeigt jedem durchschnittlich aussehenden Mann mit einem guten Job die kalte Schulter.

Jacob engagiert sich für seine Religion und ist auf der Suche nach einem für ihn passenden spirituellen Weg. Auch er möchte gern eine Lebenspartnerin finden. Warum aber sucht er sie in der Bar nebenan statt bei Aktivitäten, bei denen er Frauen begegnen kann, die seine Interessen teilen?

Joanne sagt, sie wünsche sich mehr als alles andere einen Mann, für den eine »Familie ein großer Wert ist«. Trotz dieses Wunsches versucht sie ständig, Männer, die exzessiv leben, stark trinken und hinter Frauen her sind, davon zu überzeugen, dass sie sich ändern sollen.

Viele von uns kämpfen mit der Unfähigkeit zu akzeptieren, wer wir wirklich sind und welche Partner für uns am besten wären. Statt uns von unseren Stärken beflügeln zu lassen, werden wir von unseren Schwächen beherrscht. Wir sind nicht aufrichtig und ehrlich mit uns selbst. Wir treffen immer wieder eine schlechte Wahl. Wir verhalten uns oft ziemlich gedankenlos.

Sicher, manchmal ziehen sich Gegensätze an, und es kann interessant sein, eine Welt zu betreten, die nicht wirklich die unsere ist. Aber diese grenzüberschreitenden Träume bieten uns selten einen stabilen Rahmen für Beziehungen. Tatsächlich vermeiden wir damit oft Beziehungen. Früher oder später müssen Sie nach Hause zurückkehren, zu jenem Menschen, der Sie sind, zu jenem Leben, das Sie führen. Sie können eine Zeit lang mit anderen Welten flirten und sich darin versuchen, ein »Spieler« zu sein, aber Sie werden in dieser Liga nicht gewinnen – selbst wenn es Ihnen gelingt, Ihren Kopf über Wasser zu halten –, wenn sie nicht mit dem übereinstimmt, was Sie als Mensch wirklich ausmacht.

Akzeptieren Sie, dass Ihr Partner oder Ihre Partnerin, Ihre Beziehung und selbst *Sie* nie perfekt sein werden

Nicht wenig Menschen fragen mich ständig, ob sie sich auch auf eine Beziehung *festlegen* sollen, die nicht perfekt ist. Das Wort »festlegen« stört mich ebenso wie »nicht perfekt«. Wenn Sie in einer grundsätzlich guten und liebevollen Beziehung leben, legen Sie sich damit ja nicht fest. Vielmehr ist eine solche Beziehung ein *Geschenk,* das Zeit, Mühe und liebevolle Pflege verdient.

Die einzige perfekte Person ist die, die gegangen ist, die Sie nicht will oder die mit jemand anderes verheiratet ist. Partnerinnen und Partner sind nur in unserer Phantasie perfekt. Wenn jemand lange genug mit Ihnen in einem Raum sitzt und versucht, eine wirkliche Verbindung herzustellen, wird automatisch deutlich, dass er nicht vollkommen ist. Und das gilt auch für Sie. Sie können Ihr Leben lang hinter Menschen herjagen, die unerreichbar sind, und sich einbilden, wenn diese Person Sie nur liebte, würden Ihre Träume wahr.

Denken Sie daran: **Kein einzelner Mensch wird jemals all Ihre Bedürfnisse erfüllen.** Das ist einfach nicht möglich. Eine Bekannte erzählte mir, sie habe einmal ein Rendezvous mit einem Unbekannten gehabt, den wir Gary nennen wollen. Gary war Ende 40 und nie verheiratet. Als meine Bekannte ihn nach den Gründen fragte, antwortete er: »Nun, ich habe meine letzte Freundin, Martha, nicht geheiratet, weil sie nicht so gut kochen konnte wie meine vorherige Freundin, Jacki. Und Jacki habe ich nicht geheiratet, weil sie nicht so gut Ski fahren konnte wie Paula. Und mit Paula ist es nichts geworden, weil sie nicht gern auf Partys ging und außerdem keine besonders gute Figur im Bikini abgab ...« Gary fuhr noch etwa eine halbe Stunde fort, seine Liste zu ergänzen.

Jede dieser Frauen hätte für Gary die Richtige sein können. Oder keine. Wir werden es nie wissen. Und er auch nicht. Es ist ziemlich offensichtlich, dass Gary sich um keine dieser Beziehungen wirklich bemüht hat. Diese Frauen hatten nie eine Chance. Keine dieser Beziehungen hatte jemals wirklich eine Chance. Und solange Gary seine Haltung nicht ändert, hat auch er keinerlei Chance.

Akzeptieren Sie, dass Ihre Partnerin oder Ihr Partner ein eigenständiges und einzigartiges Individuum ist

Wünschen Sie sich nicht, dass Ihre Partnerin oder Ihr Partner so ist wie Sie selbst – dass sie bzw. er dieselben Filme und Restaurants liebt, dieselbe politische Partei wählt, denselben Gottesdienst besucht, dieselben persönlichen Angewohnheiten, Werte und Prioritäten hat? Wäre das nicht großartig? Oder wäre es frustrierend und langweilig?

Oft erhoffen wir uns von einer Beziehung die totale Verschmelzung. Ein Herz und eine Seele. Aber eine der Lektionen dauerhafter Liebe besteht darin zu akzeptieren, dass Sie und Ihre Partnerin oder Ihr Partner in vieler Hinsicht verschieden sind. Sie lassen Rechnungen, Kontoauszüge und die Steuererklärung bis zum letzten Augenblick liegen; er oder sie kümmert sich immer sofort darum. So lange, wie Sie denken können, haben Sie davon geträumt, dass Sie, wenn Sie sich einmal verlieben, Sonntagabend immer zusammen alte Filme im Fernsehen anschauen und sich chinesisches Essen bestellen; er oder sie hasst die chinesische Küche und schaut sich keinen Film öfter als einmal an. Ihr Zahnpastatubenritual ist so rigide, dass Sie sich sogar eine kleine Klammer angeschafft haben, die Sie an jeder neuen Tube befestigen, um sie beim Benutzen gleichmäßig aufzurollen; Sie lieben diese kleine Klammer so sehr, dass Sie Ihrem Partner oder Ihrer Partnerin auch eine schenken – mit dem Resultat, dass er bzw. sie über Ihr Geschenk eine volle Viertelstunde lacht.

Einen anderen Menschen akzeptieren und in Ihr Leben lassen, damit eine lebendige und sinnvolle Beziehung zwischen Ihnen wächst, heißt nicht, symbiotisch mit ihm verschmelzen. Das wäre sowohl ungesund als auch unpraktisch. Ein Herz und eine Seele – das ist eine Phantasie, die nicht funktioniert. Zwei Menschen können nicht eins werden. Und sollten es auch nicht. Ganz gleich, wie stark die anfängliche Anziehung und Verbindung ist, im besten Falle ist das Zulassen, dass ein anderer Mensch Teil Ihres Lebens wird, ein Prozess, der in kleinen Schritten vor sich geht.

> **Ein Herz und eine Seele – das ist eine Phantasie, die nicht funktioniert.**

Ganz gleich, wie viel Zeit Sie mit einem anderen Menschen verbringen, wie viele gemeinsame Interessen Sie haben und wie leidenschaftlich Ihre sexuelle Verbindung ist, Sie werden nicht zu Ihrer Partnerin oder Ihrem Partner. Sie werden nicht leben wie Ihr Partner, und Ihr Partner wird nicht leben wie Sie. Im Idealfall werden Sie beide als Menschen sichtbarer füreinander und lernen, Ihre Verschiedenheit zu schätzen, während sich zwischen Ihnen eine liebevolle Beziehung entwickelt.

Der Stiefvater meiner Frau, der aus dem Mittleren Westen stammt, ist ein begeisterter Vogelfreund und hat sogar einen Rundbrief über das Beobachten von Vögeln verfasst. Als ich Jill kennen lernte, redete sie ständig über Vögel. Ihr Stiefvater hatte seine Leidenschaft mit ihr geteilt, als sie noch Kind war, deswegen war dieses Thema sehr wichtig für sie. Ich hingegen war in New York aufgewachsen und die einzigen Vögel, die mir jemals auffielen, waren lästige Tauben, die die Fensterbänke voll schissen. Als Jill also anfing, mich auf die Vögel in den Bäumen hinzuweisen, kehrte ich meinen blasierten New Yorker heraus, der sich über solche Dinge lustig macht und keine Zeit dafür hat. Jill fühlte sich dadurch sehr verletzt, so dass ich aufhörte zu spotten und über meine rigiden Vorstellungen nachdachte. Heute steht in dem Gärtchen hinter unserem Haus ein großes, prächtiges Vogelhaus, das ich Jill zum Geburtstag geschenkt habe. Und ich muss gestehen, dass ich jetzt jeden Morgen als erstes aus dem Fenster schaue, um zu sehen, ob wir geflügelte Gäste haben. Das macht mir unglaublichen Spaß, vielleicht sogar noch mehr Spaß als Jill, weil es für mich so neu ist. Der Punkt ist natürlich, dass ich, indem ich meine rigiden unbedachten Reaktionen aufgab, etwas Neues entdeckt habe, das mein Blickfeld erweitert hat. Dadurch sind wir beide uns ein weiteres Stück näher gekommen.

Wenn Sie lernen, einen Menschen immer mehr zu lieben und sich wünschen, dass Ihre Beziehung wächst und hält, werden Sie wahrscheinlich entdecken, dass Sie die Wahl haben: Sie können sich jedes Mal ärgern, wenn Sie feststellen, dass Ihre Partnerin oder Ihr Partner anders ist als Sie, oder Sie erleben genau das als Quelle einer unglaublichen Bereicherung Ihres Lebens, wie Sie es sich früher nicht einmal vorstellen konnten. Das ist der Prozess der Beziehung. Der Prozess, sich mit einem anderen Menschen zu verbinden.

Akzeptieren Sie Verantwortung

Wir denken oft nicht darüber nach, aber einer der Gründe, warum es so viel Mut erfordert zu lieben, besteht darin, dass Liebe und Bindung mit Verantwortung einhergehen. Wenn Sie auf eine reife, erwachsene Art lieben möchten, müssen Sie in den sauren Apfel beißen und sich auch wie ein erwachsener Mensch verhalten. Für viele jedoch ist *genau das* der größte Kampf. Wer sich nicht mit den Verlusten und Geistern seiner Kindheit auseinander gesetzt hat, kann große Schwierigkeiten mit dem Übergang ins Erwachsenenleben haben – ganz gleich, wie alt er sein mag.

Jeder von uns hat zumindest einige Widerstände dagegen, ganz erwachsen zu werden, und wir müssen an diesen Widerständen arbeiten, bevor wir uns wirklich auf die Verpflichtungen einer verbindlichen Beziehung einlassen können. Oft gibt es triftige Gründe für diesen Widerstand. Zum Beispiel: Wenn Sie immer noch versuchen, Ihre verlorene Kindheit nachzuholen; wenn Sie vor Ihrer Zeit erwachsen werden mussten; wenn Ihnen Ihre Unschuld durch Missbrauch oder Vernachlässigung genommen wurde; wenn immer noch ein Kind in Ihnen lebt, das nicht leicht beruhigt werden kann – dann sind Sie vielleicht nicht bereit, erwachsen zu werden. Sie fühlen sich möglicherweise nicht imstande, Kinder in die Welt zu setzen (Gott sei Dank!) und ihnen die Zeit, Aufmerksamkeit, Energie, Liebe und ja, das Geld zu widmen, das sie brauchen – vor allem, wenn Sie selbst diese Unterstützung nicht bekommen haben.

Menschen, die sich um ihre Jugend betrogen fühlen, kann es wirklich schwer fallen, treu zu sein, eine gemeinsame Kasse zu führen und sich von Kindergartenspielen zu verabschieden. Wenn Ihnen das bekannt klingt, müssen Sie vielleicht erst einmal Ihre verlorene Kindheit betrauern, bevor Sie die Verantwortung eines Erwachsenen übernehmen können. Das heißt nicht, dass Sie mit Ihrem Drachen oder Frisbee in den nächsten Park laufen oder in den nächsten 15 Jahren täglich Fußball spielen müssen, um die verlorene Zeit nachzuholen. Suchen Sie sich eine Therapeutin, einen Therapeuten oder eine Selbsthilfegruppe, und lernen Sie zu begreifen, wie Ihre Gefühle zu Bindungsproblemen geführt haben. Wenn Sie sich eine Bindung wünschen, dann ist es Zeit, an diesen Themen zu arbeiten und einige schwer wiegende Entscheidungen zu treffen.

Akzeptieren Sie Ihre Partnerin oder Ihren Partner, wie sie bzw. er ist

Als Maeve Thomas heiratete, hatte sie heimliche Pläne. Obwohl sie bis über beide Ohren in ihren Ehemann verliebt war, glaubte sie, sie könne ihn bewegen, sich anders zu kleiden. Das im Hinterkopf, machte sie sich daran, ihren Spielplan, den sie für sehr subtil hielt, in die Tat umzusetzen: Sie schenkte Thomas zu jeder Gelegenheit neue Hemden, Krawatten, Hosen und Anzüge – zu Weihnachten, zum Geburtstag, am Valentinstag. Innerhalb weniger Jahre, so stellte Maeve sich vor, würde Thomas eine vollständig neue Garderobe besitzen und sie einen Mann, der so aussah, wie sie ihn sich wünschte. Stattdessen aber brüllte Thomas ihr nach einem halben Jahr entgegen: »Ich bin nicht deine verdammte Barbiepuppe!«

Maeve ist nicht klar, dass Thomas seinen Kleidungsstil als Spiegel seiner inneren Werte betrachtet. Er will billige Anzüge tragen. Er liebt seine abgetragenen T-Shirts und Jeans. Es macht ihn glücklich, sich so zu kleiden. Wie er ihr oft gesagt hat, kann er sich sehr wohl selbst etwas zum Anziehen kaufen. Er kennt den Unterschied zwischen einem Armani-Anzug und den Anzügen, die er trägt. Aber er will keinen Anzug von Armani tragen. Das ist einfach nicht sein Stil.

Bevor Sie Thomas einen Heiligenschein verleihen, sollten Sie aber wissen, dass auch er vor seiner Heirat einen heimlichen Plan hatte. Er glaubte, dass Maeve unter seinem Einfluss mehr Interesse für politische Ereignisse und die Nachrichten entwickeln würde. Das im Hinterkopf, begann er ihr abends laut aus der *New York Times* vorzulesen. Täglich bringt er zum Abendessen ein paar Ausschnitte aus dem *Wall Street Journal* mit, die er Maeve zum Lesen hinlegt. Manchmal stellt er beim Essen ganz bewusst die Nachrichten im Fernseher an.

Was Thomas nicht bedenkt, ist, das Maeve einen außerordentlich anstrengenden Job hat und von ihrem Chef sehr gefordert wird. Sie möchte sich abends nicht fühlen, als besuche sie ein Seminar. Anders als Thomas kann sie sich die Nachrichten einfach nicht objektiv anschauen, sie findet sie anstrengend und beängstigend. Sie möchte Musik hören, sich nur entspannen und nichts tun. Maeve hasst Thomas' Vorträge in politischer Bildung. Sie hat das Gefühl, als würde ihr Mann sie belehren oder prüfen wollen, ob sie aufmerksam verfolgt hat, was an diesem Tag in der Welt passiert ist. Sie ärgert sich schlichtweg darüber.

Man fragt sich, warum Thomas und Maeve ihrer Beziehung so viel Schaden zufügen, indem sie versuchen, sich gegenseitig zu verändern und in Schablonen zu pressen. Aber das tun sie. Dabei kommt lediglich heraus, dass beide voller Groll und Zorn sind. Maeve befürchtet offensichtlich, ihre Freunde könnten Thomas ablehnen, wenn er ausgebeulte Kordhosen trägt. Thomas hingegen sähe sich gerne mit einer belesenen, politisch informierten Frau an seiner Seite.

Es kann eine ziemliche Herausforderung sein, sich zurückzulehnen und zuzulassen, dass Ihr Partner oder Ihre Partnerin einfach der Mensch ist, in den Sie sich verliebt haben. Dabei wird die Zeit Sie beide auf eine Art und Weise verändern, wie Sie es sich gar nicht vorstellen können. In fünf Jahren kann Maeve eine Mutter und Hausfrau sein, die völlig süchtig nach den täglichen Nachrichten ist. Und Thomas kann einen Job haben, in dem er so teure und maßgeschneiderte Anzüge und Hemden tragen muss, wie seine Frau es sich jetzt gar nicht ausmalen kann. Das bedeutet natürlich nicht, dass Thomas und Maeve sich nicht auch von sich aus verändern können, um sich gegenseitig eine Freude zu machen.

Akzeptieren Sie, dass Sie das Verhalten Ihrer Partnerin oder Ihres Partners nicht kontrollieren können – und auch nicht ihre bzw. seine Freunde, Familie, Religion oder Besitztümer

Ich kenne viele Frauen, die sich bitterlich über die ihrer Meinung nach »männliche Tendenz« beklagen, sie kontrollieren zu wollen. Es überrascht nicht, dass ich auch vielen Männern begegne, die sich über die »typisch weiblichen Versuche« beschweren, sie zu kontrollieren. Kontrolle – wer immer sie hat, wer immer sie will – schafft in Beziehungen große Probleme. Und Kontrolle ist natürlich genau das Gegenteil von Akzeptanz.

Sagen wir zum Beispiel, Ihr Partner oder Ihre Partnerin begleitet Sie zu einer Party und beginnt ein Gespräch mit einem für

Sie sehr wichtigen Menschen – einer besten Freundin, einem guten Freund, einer verflossenen Liebe, einem Bruder oder einer Schwester. Die beiden verstehen sich so gut, dass sie sich zum Essen verabreden. Sexualität ist eindeutig nicht im Spiel, also sind Sie nicht eifersüchtig, aber trotzdem ist Ihnen bei der Sache nicht wohl, ohne dass Sie genau verstehen, warum. Worüber werden die beiden reden? Was werden sie sich erzählen? Warum sind Sie nicht dabei? Wenn wir uns auf einen anderen Menschen einlassen, machen wir die Erfahrung, dass wir seine Beziehungen weder bestimmen noch kontrollieren können – weder die neuen noch die alten. Wenn Ihr Partner oder Ihre Partnerin und zum Beispiel Ihre Schwester beschließen, gute Freunde zu werden, müssen Sie Ihre Besitzansprüche fallen lassen und akzeptieren, dass neue und andere Ebenen der Freundschaft und Beziehung in Ihr Leben kommen.

Ähnlich ungerecht ist es zu sagen:»Ich liebe zwar meine Freundin/meinen Freund, aber ich will nichts mit deren/dessen Mutter/Schwester/Kind/besten Freunden/Hund/Katze zu tun haben.« Ihr Partner oder Ihre Partnerin hat Freundschaften, die bereits existierten, bevor Sie eine Beziehung zu ihm bzw. ihr eingingen. Bewundern Sie ihn/sie dafür, dass er/sie diese Freundschaften pflegt, und geben Sie jeden Versuch auf, sie zu sabotieren. In dem Maße, wie sich Ihre Beziehung vertieft und wichtiger wird, werden diese Freundschaften sich automatisch mit verändern. Manche dieser Freundschaften werden sich vielleicht sogar auflösen – wie auch einige Ihrer eigenen Freundschaften. Aber Sie schaden Ihrer Beziehung, wenn Sie versuchen, die Freundschaften oder familiären Bindungen Ihres Partners oder Ihrer Partnerin zu kontrollieren oder zu unterbinden.

Akzeptieren Sie, dass Sie Kompromisse machen müssen

Schlafgewohnheiten, in diesem Bereich Kompromisse zu schließen, fiel Jill und mir am schwersten. Als wir uns kennen lernten, gingen wir beide immer nach Mitternacht zu Bett, und Jill stellte den Wecker auf 7.15 Uhr morgens. Sie musste jeden Tag pünktlich bei der Arbeit sein und brauchte auch weniger Schlaf als ich.

Ich habe Leuten stets erzählt, dass ich Autor geworden bin, um mir mein ganzes restliches Leben lang niemals mehr morgens den Wecker stellen zu müssen. Wenn ich nicht volle sieben oder acht Stunden schlafe, bin ich praktisch ein Zombie, und es fällt mir außerordentlich schwer, mich auf meine Arbeit zu konzentrieren. Und der schrille Ton eines Weckers reicht, um mir den restlichen Tag zu verderben.

Wir mussten eine Lösung finden, die beide Bedürfnisse berücksichtigte. Obwohl ich ein brandneues, tolles Bett hatte, mussten wir ein neues mit einer festeren Matratze kaufen, damit ich nicht jedes Mal aufwachte, wenn Jill sich umdrehte, und auch einen neuen, leiseren Wecker, mit dem ich leben konnte. Jill gewöhnte sich an, auf Zehenspitzen das Schlafzimmer zu verlassen und sich im Nebenzimmer anzukleiden. Das machte ihr nicht gerade Spaß, aber wir taten das alles, weil das langfristige Überleben unserer Beziehung davon abhing. Vielleicht klingt das nach keiner großen Sache. Aber das sind genau die Dinge, die Menschen, die grundsätzlich gut zusammen passen, auseinander bringen können.

Ich glaube, es ist wichtig, sich daran zu erinnern, dass ein Kompromiss nicht unbedingt bedeutet, dass einer der Partner immer nachgeben muss. Thomas und Maeve zum Beispiel konnten sich auf folgenden Kompromiss einigen: Thomas war einverstanden, sich einige Kleidungsstücke zu kaufen, die er trug, wenn er Maeve zu geschäftlichen Anlässen begleitete. Und Maeve willigte ein, mit Thomas zumindest an einem Abend in der Woche beim Essen über die Tagesereignisse zu sprechen.

Jedes Paar hat seine eigene kleine Liste von Bereichen, in denen beide Kompromisse schließen müssen. Wenn Sie sich erst einmal auf eine verbindliche Beziehung eingelassen haben, teilen Sie und Ihr Partner oder Ihre Partnerin ein gemeinsames Schicksal. Sie sind nicht allein Kapitän dieses Schiffes mit Namen »Beziehung«. Es gibt noch jemanden, der die gleichen Befugnisse hat wie Sie und das gleiche Recht, Entscheidungen zu treffen. Aber diese Person hat völlig andere Dinge zu berücksichtigen und ganz andere Prioritäten. Und früher oder später werden diese Unterschiede zum Vorschein kommen. Wenn Sie glücklich bis ans Lebensende (oder auch nur für eine Woche) zusammenleben möchten, müssen Sie Kompromisse schließen.

Akzeptieren Sie, dass Ihr Partner oder Ihre Partnerin auch ein Leben ohne Sie führt

Ich kenne ein Paar, das seit fast 40 Jahren verheiratet ist. Beide haben das Gefühl, dass ihre Beziehung gescheitert ist. Trotzdem sind sie bis auf den heutigen Tag selten mehr als eine Stunde voneinander getrennt. Sie besteht darauf, dass er sie überall hinfährt; er will seine Socken nicht ohne sie kaufen. Sie wird ärgerlich, wenn er ohne sie Tennis spielen will; er regt sich darüber auf, wenn sie am Telefon mit Freundinnen spricht. Und natürlich sind beide furchtbar eifersüchtig, wenn sich einer von ihnen mit einem Menschen des anderen Geschlechts unterhält. Sie machen einfach alles zusammen – und nörgeln dabei die ganze Zeit aneinander herum. Mir ist zwar klar, dass einige Paare imstande sind, im Rahmen einer liebevollen Beziehung fast ihre ganze Zeit gemeinsam zu verbringen, aber die meisten von uns können und wollen das gar nicht.

Mir persönlich ist es unangenehm, Paaren zu begegnen, die an der Hüfte zusammengewachsen zu sein scheinen. Und ich halte es für wichtig, dass wir als Individuen auch um unsere Individualität wissen. Ich halte es für wichtig zu akzeptieren, dass unsere Partnerinnen oder Partner eigene Freunde und Interessen haben. Teil eines Paares zu sein sollte nicht bedeuten, ein reduziertes oder begrenztes Leben zu führen – für keinen der beiden. Im Rahmen einer vertrauensvollen Beziehung ist Eigenständigkeit etwas Gutes und Lebendiges.

Akzeptieren Sie Ihren Partner oder Ihre Partnerin in Ihrem Leben

Angemessene Grenzen sind ein Zeichen für eine gute Beziehung; übertriebene Grenzen sind ein Symptom für eine Beziehung, die von Bindungsphobie geprägt ist. Männer und Frauen mit ernsthaften Bindungsschwierigkeiten scheinen zu Beginn einer Beziehung fast keine Grenzen zu haben. Sie heißen neue Menschen in ihrem Leben bereitwillig und uneingeschränkt willkommen. Ihre Gespräche sind voller Pläne für »Dinge, die wir unternehmen werden«. Wenn die Beziehung sich dann weiterentwickelt, ziehen sie sich zurück und gewähren ihrem Partner oder ihrer Partnerin immer weniger Zugang zu ihrem Leben. Die Beziehung wird zur Übung, immer weniger zu geben, was genau das Gegenteil von dem ist, was wir von einer liebevollen Verbindung erwarten.

Wir alle haben Probleme damit, unseren Raum und unsere Zeit mit einem anderen Menschen zu teilen und ihm unsere Gefühle zu zeigen. Mut zu lieben heißt, dass Sie einem anderen Menschen Zugang zu Ihrem Raum, Ihren Freunden, Ihrer Familie, Ihren Dingen und Ihren Gedanken gewähren. Dieser Prozess braucht Zeit und kann manchmal nur in kleinen Schritten erfolgen. Aber wenn Sie sich Liebe wünschen, sollten Sie wissen, wann Sie die Mauern fallen lassen und den anderen hereinlassen müssen.

Es ist nicht schwer herauszufinden, wie wir dabei vorgehen können. Die Schlüsselworte sind *langsam* und *allmählich*. Einem Menschen, den Sie kaum kennen, versprechen Sie nicht, dass Sie den Rest Ihres Lebens oder auch nur Silvester mit ihm verbringen. Wenn Sie sich aber seit einem halben Jahr regelmäßig sehen, ist es unangemessen, wenn Ihnen am 28. Dezember plötzlich einfällt, dass Sie Silvester allein verbringen möchten.

Akzeptieren Sie, dass Beziehungen gewisse Absprachen erfordern

Es ist einfach nicht in Ordnung, wenn wir in Beziehungen immer nur absahnen wollen, ohne uns an den Kosten zu beteiligen. Wenn Ihr Partner ein wunderbares Essen kocht, ist es nur gerecht, dass Sie den Abwasch machen. Wenn Sie sich einen vollen Kühlschrank und saubere Unterwäsche wünschen, müssen Sie in den Supermarkt gehen und die Waschmaschine anwerfen. Beziehung heißt Zusammenarbeit. Du machst den Abwasch, ich trockne ab. Du saugst den Teppich, ich wische den Boden. Nicht, du erledigst das alles, und ich sitze vor dem Fernseher.

Lassen Sie uns jetzt einen Schritt weiter gehen. Wenn Sie eine sexuelle Beziehung zu Ihrer Partnerin oder Ihrem Partner haben, ist es unfair zu glauben, Sie könnten ihr bzw. ihm ohne weiteres untreu werden. Es macht mich jedes Mal wütend, wenn ich jemanden sagen höre: »Was meine Partnerin/mein Partner nicht weiß, kann sie/ihn auch nicht verletzen.« Untreue muss nicht offen auf den Tisch kommen, um den anderen zu verletzen. Die bloße Tatsache, dass sie existiert, kratzt am Fundament einer Beziehung. Sie ist ein äußerst destruktives Verhalten, das der Bindung den größten Schaden zufügt und zeigt, dass jemand eine völlig korrumpierte Vorstellung von Liebe hat.

Ebenso destruktiv und unfair ist, wenn Sie etwas tun, das auf das Leben, die Gesundheit und das Wohlergehen Ihres Partners oder Ihrer Partnerin ernste Auswirkungen hat und über dieses Verhalten Stillschweigen bewahren. Die Tatsache sexuell übertragbarer Krankheiten macht uns diese Wahrheit noch deutlicher bewusst.

Akzeptieren Sie die Beziehung so, wie sie ist

Wie die meisten Menschen hatte auch ich zu der Zeit, als ich alt genug war für ernsthafte Beziehungen, den Kopf voller Ideen, »wie ich zu sein hätte«. Oft war ich ganz verärgert über diese selbst produzierten Erwartungen an mich, trotzdem brachte ich sie auch mit in die Beziehung. So hatte ich zum Beispiel ganz genaue Vorstellungen davon, was ein Paar an den Wochenenden zu tun habe. Ich hatte zu viele Bilder im Kopf wie die von Paul Reiser und Helen Hunt, die die *Sunday Times* im Bett lesen oder sonntags aufs Land fahren. Die gesellschaftlichen Definitionen von Zweisamkeit machten mir wirklich zu schaffen.

In einigen meiner früheren Beziehungen absolvierten wir all diese Wochenendprogramme. Jazzfestivals mit Freunden, Familientreffen, durchgeplante Kurzferien. Ich dachte, so sähe es aus, wenn man ein Paar ist, und konnte mir gar nichts anderes vorstellen. Ich glaubte, wenn man erst einmal zusammen ist, dann macht man auch fast alles zusammen. Man verbringt die Wochenenden gemeinsam, geht gemeinsam ins Kino und zu anderen Veranstaltungen. Ich hätte mir nicht im Traum einfallen lassen, am Wochenende etwas alleine zu unternehmen. Und es überrascht nicht weiter, dass ich oft sehr unglücklich war, weil *ich gar nicht dort sein wollte, wo ich war*. Ich wollte eigentlich lieber zu Hause bleiben oder etwas anderes tun. Aber ich wusste nicht, wie ich es anstellen sollte.

Ich wusste nicht, wie ich ein Individuum und trotzdem ein guter Partner sein konnte. Wenn ich erst einmal mit einer Frau zusammen war, so glaubte ich, dann mussten wir alles, was es zu unternehmen gab, als Paar unternehmen. Jede Entscheidung gemeinsam fällen. Alles und immer zusammen. Und das machte mich unglücklich. Das heißt nicht, dass ich mit Männern in Bars herumsitzen wollte, um mit anderen Frauen anzubändeln, oder alleine auf Weltreise gehen wollte. Aber ich hatte immer das Gefühl, in einer Beziehung sein bedeute, meine Individualität und Eigenständigkeit aufzugeben.

Dann lernte ich Jill kennen, und das Bild veränderte sich. Jill musste samstags und auch die meisten Sonntage in der Galerie arbeiten, wo sie angestellt war. Und so war ich mit einer Frau zusammen, die am Wochenende keine Zeit hatte. Ich wurde ärgerlich. Ich wollte das Paar sein, das sonntags aufs Land fuhr, Freunde besuchte, zu Flohmärkten und Kunstausstellungen ging. Ich wollte das alles, was erstaunlich ist, wenn man die Tatsache bedenkt, dass ich das meiste davon *hasste*.

Jills Zeitplan zwang mich, mir anzuschauen, wie ich zu all den Vorstellungen von Paaren und ihrem Verhalten gelangt war. Statt an meinem Ärger und meiner Frustration festzuhalten und darauf herumzukauen, beschloss ich, einen besseren Weg einzuschlagen. Zu meiner Überraschung brauchte es nicht lange, bis meine Wochenendideale sich aufzulösen begannen. Und obwohl Jill heute nicht mehr samstags oder sonntags arbeitet, hat unsere Beziehung jetzt eine Flexibilität, die sowohl Raum für gemeinsame als auch für getrennte Wochenendaktivitäten lässt. Und auch Raum für nichts von alledem. Wenn unser Zeitplan sich ändert, dann überlegen wir gemeinsam, wie wir damit umgehen können. Heute weiß ich, dass das möglich ist.

Akzeptieren Sie, dass der Sex sich ändern wird

Tim, der gerade 32 geworden ist, hat sich vor einem halben Jahr verlobt. Am Vorabend seiner Hochzeit bekam er ziemlich kalte Füße. Er hatte sich selbst fest eingeredet, dass an seiner Beziehung etwas nicht stimmt. Als er und Stephanie sich kennen lernten, verbrachten sie ganze Wochenenden im Bett. Dann zogen sie zusammen, und obwohl ihre sexuelle Beziehung noch immer phantastisch war, wurden die Wochenendmarathons allmählich seltener. Jetzt, vier Jahre später, stehen sie kurz vor ihrer Heirat und Tim sagt, dass er mehr daran denke, am Strand zu faulenzen, als sich vorzustellen, wie Stephanie im Bikini aussieht. Der Sex hat sich verändert. Bedeutet das den Anfang vom Ende der Beziehung?

Tatsache ist, dass der Sex sich im Laufe einer Partnerschaft verändert. Das ist nicht unbedingt ein »schlechtes« Zeichen, sondern oft sogar ein gutes, denn es kann bedeuten, dass zwei Menschen sich nicht mehr im Stadium der aufregenden Unsicherheit befinden. Wenn die Beziehung an Sicherheit gewinnt, verliert der Sex meistens an Intensität. Das kann zum Beispiel auch einer der Gründe dafür sein, dass Menschen sich streiten – der Sex wird dann meist zunächst einmal intensiver. Vertrautheit geht nicht einher mit intensivem, sondern mit liebevollem Sex. Wir sollten diese Art der körperlichen Liebe nicht abwerten, und sie sollte darüber hinaus auch keine Rechtfertigung für Untreue sein.

Akzeptieren Sie, dass die »heilende Macht der Liebe« ihre Grenzen hat

Viele Menschen auf der Suche nach einer Bindung sind fest davon überzeugt, dass ihre dringendsten Probleme sich lösen werden, wenn sie erst einmal die ultimative Liebesbeziehung gefunden haben. Sie glauben, dass die »richtige Beziehung« sie heil und glücklich macht und sie bedingungslos akzeptiert werden. Sie stellen sich vor, wenn sie erst einmal in einer guten Partnerschaft leben, werden sie sich nie mehr einsam, depressiv, missverstanden oder verloren fühlen. Und vor dem Hintergrund dieser Phantasien ordnen sie jeden Mann oder jede Frau, mit dem bzw. der sie sich ernsthaft einlassen, der Kategorie »richtig« oder »falsch« zu.

Das Problem ist, dass die unangenehmen Gefühle, die wir mit uns herumtragen, nicht automatisch verschwinden, weil wir eine liebevolle Beziehung haben. Wenn die rosa Seifenblase einer neuen Liebe erst einmal zerplatzt ist, entdecken wir unweigerlich, dass wir weder ständig glücklich noch immer zufrieden oder munter und energiegeladen sind. Es gibt Zeiten, in denen wir uns immer noch einsam, ärgerlich, depressiv, missverstanden und manchmal sogar ungeliebt fühlen. Das hängt mit den emotionalen Themen zusammen, die Sie mit in eine Beziehung bringen. Sie haben diese Probleme auch weiterhin, denn sie beruhen auf tief greifenden inneren Kämpfen. Eine liebevolle Partnerschaft kann daran einiges ändern, aber sie heilt nicht all Ihre Schwierigkeiten. Wenn Sie das als Versagen Ihres Partners bzw. Ihrer Partnerin oder als Versagen Ihrer Beziehung betrachten, urteilen Sie hart und falsch. Tatsächlich machen genau die Beziehungen, in denen unser Schmerz sofort verschwindet, uns später, wenn die Phantasieblase zerplatzt, oft noch viel unglücklicher.

Akzeptieren Sie Ihre Menschlichkeit

Geburt, Tod, Altwerden – das alles sind Themen einer langfristigen Bindung. Beide Partner müssen sich mit vielen Realitäten auseinander setzen. Eine Realität, die mich zum Beispiel immer sehr gestört hat – und ich weiß, dass ich damit nicht allein dastehe –, ist die des Älterwerdens. Ich schäme mich, das einzugestehen, weil es so oberflächlich klingt. Aber so empfinde ich nun einmal, und ich denke, wir alle haben mit Dingen zu kämpfen, die wir am liebsten nur vor uns selbst zugeben möchten. So nervös mich die Vorstellung auch macht, älter zu werden, noch beunruhigender fand ich immer die Vorstellung, mit einer Partnerin zusammen zu sein, die älter wird. Wie soll man wissen, wie dieser Prozess bei einem Menschen verläuft? Wie soll man wissen, ob der andere gesund bleibt? Ob er sich geistig verändert und wie er später einmal aussehen wird? Bekommt Ihre Geliebte Krähenfüße um die Augen und Zellulite? Was werden Sie empfinden, wenn der Mensch, den Sie lieben, vergessen hat, wo der Wagen steht? Ich habe mich oft gefragt, ob ich imstande wäre, das Altern eines anderen Menschen zu akzeptieren.

Ich weiß noch, dass ich darüber wiederholt mit einer klugen Therapeutin gesprochen habe. Ich fragte sie immer, was ich ihrer

Meinung nach wohl tun würde, wenn in 20 Jahren der Verfall eines Menschen sichtbar wird. War ich derart oberflächlich, dass ich mich dann aus der Beziehung davonstehlen würde? Würde ich zu den Männern gehören, die eine Fünfzig gegen zwei Fünfundzwanziger tauschen? Diese Therapeutin machte mir schnell klar, dass ich mir selbst Angst einjagte, wenn ich in eine Zukunft vorpreschte, über die ich mir unmöglich eine genaue Vorstellung machen konnte. An diesem Punkt meines Lebens hatte ich noch keinerlei Erfahrung, ich konnte mir noch gar kein reales Bild davon machen, wie tief und stark eine Verbindung sein kann, die aus einem mehr als 20 Jahre langen Zusammenleben und dem möglichen gemeinsamen Aufziehen von Kindern erwächst.

Wenn wir uns auf einen Partner oder eine Partnerin verbindlich einlassen, dann machen wir damit in vieler Hinsicht die – trügerische – Vorstellung zunichte, uns stünden unbegrenzte Möglichkeiten offen, zumindest was die Partnerwahl betrifft. Wir akzeptieren die Tatsache, dass wir jetzt erwachsen geworden und Teil des menschlichen Lebenszyklus sind. Wir denken nicht mehr darüber nach, »wen wir heiraten, wenn wir einmal groß sind«. Wir sind »groß«, und wir *haben* eine Wahl getroffen. Mann! Das ist schwer. Das ist ähnlich, wie uns klar zu machen, dass wir unausweichlich altern und eines Tages sterben werden wie jeder andere Mensch auch. Tatsächlich heißt es genau das. Kein Wunder, dass es so beängstigend ist, sich auf einen anderen Menschen wirklich einzulassen. Und trotzdem bedeutet das Einlassen auf eine langfristige Bindung und wirklich tiefe Beziehung auch eine große Bereicherung unseres Lebens in der Zeit, die wir hier auf dieser Erde verbringen. Es macht unser Leben lebenswert.

Akzeptanz führt zu Kompromissen

Wo werden wir essen? Wo werden wir wohnen? Wo werden wir die Ferien verbringen? Werden wir die Fenster nachts öffnen oder geschlossen halten? Werden wir uns sämtliche Kosten teilen? Wie viel Zeit werden wir mit unseren Freunden verbringen? Wie viel Zeit werden wir zusammen verbringen?

In Beziehungen geht es letzten Endes immer wieder um Kompromisse. Wenn Sie mit einem anderen menschlichen Wesen zusammen sind, das Sie lieben, werden Sie bei großen und kleinen und auch bei mittelwichtigen Angelegenheiten Kompromisse schließen. Manchmal sind Sie glücklich damit und stimmen mit Ihrem Partner oder Ihrer Partnerin fast lückenlos überein. Oft jedoch werden Sie beide darum kämpfen müssen, sich in der Mitte zu treffen – wo eine wirkliche Beziehung stattfindet. Wenn Sie sich eine ausgeglichene und stabile Beziehung wünschen, ist dieser Prozess unvermeidbar.

Ohne Akzeptanz gibt es keine Kompromisse. Ohne Akzeptanz bleibt kaum Raum für etwas anderes als unsere idealisierten Vorstellungen davon, wie die Dinge sein »sollten«, und diese Rigidität macht uns unerreichbar. Aber wenn wir anfangen, mehr Akzeptanz zu entwickeln, beginnen sich diese Grenzen aufzulösen. Wir erleben Menschlichkeit bei uns und anderen, und wo wir früher nicht bereit waren zu verhandeln, eröffnen sich uns plötzlich neue Möglichkeiten. Sie *muss* keine roten Haare haben oder jünger sein als Sie. Er *muss* nicht einsachtzig groß sein oder überhaupt größer als Sie. Sie *muss* keine Vegetarierin sein. Er *muss* nicht unbedingt gerne reisen. Akzeptanz heißt, wir fangen an, unterschiedliche Formen des Seins, Aussehens, Fühlens, Denkens und Handelns schätzen zu lernen.

Akzeptanz heißt, wir fangen an, unterschiedliche Formen des Seins, Aussehens, Fühlens, Denkens und Handelns schätzen zu lernen.

Etwas, worüber ich in meiner eigenen Beziehung immer noch staune, ist, wie meine wachsende Fähigkeit zur Akzeptanz mir die Tür zu Kompromissen öffnet. Als ich in Beziehungen noch enge und rigide Vorstellungen hatte, gab es keinen wirklichen Weg, um sich in der Mitte zu treffen. Offen gestanden, ich wusste noch nicht einmal, wie ein gesunder Kompromiss aussieht.

Es ist unglaublich, wie viel Energie – und Ärger – ich oft investierte, um eigenständig und kompromisslos zu bleiben. Aber als ich immer mehr Unterschiede zulassen konnte und immer weniger das Bedürfnis hatte, schwierig zu sein und mich zu verschließen, stellte ich plötzlich fest, dass ich auf neue und kreative Weise verhandelte. Ja, es gab Augenblicke von Frustration und sogar Ärger, aber ich hatte nicht mehr das Gefühl, meine Seele zu verkaufen, wenn ich auch nur einen Millimeter von meiner festgesteckten Position abwich. Während es mir immer besser gelang, meiner Partnerin auf halbem Wege entgegenzukommen, konnte ich auch erleben, was es heißt, eine Partnerin zu haben, die bereit war, *mir* entgegenzukommen. Und ich lernte schnell schätzen, wie wunderbar es ist, mit einer Frau zusammen zu sein, der mehr daran gelegen ist, die Beziehung zu erhalten, als auf ihrem eigenen Standpunkt zu beharren.

In einer liebevollen Verbindung lernen wir schnell zu akzeptieren, dass wir nicht immer und sofort genau das bekommen, was wir haben wollen. Das bedeutet nicht, dass mit der Beziehung etwas nicht stimmt. Es bedeutet lediglich, dass Sie und Ihre Partnerin oder Ihr Partner zwei verschiedene und einzigartige Menschen sind, die versuchen, in Verbindung zu bleiben.

Die siebte Herausforderung

Der Mut, neue Wege einzuschlagen

*I*ch bin fest davon überzeugt, dass wir alle die Macht und Fähigkeit haben, die Liebe und die Verbindung zu finden, die wir uns wünschen. Aber wir müssen anfangen, anders an die Dinge heranzugehen. Aufgrund falscher Entscheidungen sind viele von uns in Beziehungen gelandet, die (um eine möglichst positive Definition zu geben) ein »reiches Lernfeld« waren. Diese »Liebeslektionen« sind anstrengend. Ich weiß noch, wie oft ich insgeheim gedacht habe: »Genug Lektionen! Ich möchte leben!« Auf dem Weg zu dem Leben, das ich mir wünschte, gelang es mir schließlich, eine überraschend einfache und trotzdem grundlegende Lektion zu lernen:

Eine befriedigende Beziehung ist nur möglich, wenn ich bereit bin, mich neu und besser zu verhalten.

Kurz gesagt, wenn wir das Alte rauswerfen, schaffen wir Platz für das Neue.

Haben wir nicht alle alte und überholte Verhaltensweisen, die ausgemustert werden müssen? Nehmen wir zum Beispiel Glen. Als unsicherer 13-Jähriger versuchte er die Mädchen auf sich aufmerksam zu machen, indem er ihnen seine gut geübte Rülpstechnik vorführte. Jetzt ist Glen 30 und besucht regelmäßig Bars, um Frauen kennen zu lernen. Auch wenn er heute nicht mehr rülpst, so hat er doch nicht aufgehört, Darbietungen zu geben. Wenn man ihn beobachtet, kann man sehen, dass er sich in gewisser Weise immer noch so provokativ verhält wie als 13-Jähriger. Natürlich hat er Erfolg bei Frauen, aber erreicht er damit die Frauen, die ihm wirklich gefallen? Natürlich nicht. Warum sieht er nicht, was er tut? Wenn er sich sein unangebrachtes Verhalten bewusster machen würde, könnte er es dann nicht ändern? Wenn wir alle bewusster wahrnehmen würden, was wir tun, wären wir dann nicht in der Lage, die Verhaltensweisen zu ändern, mit denen wir uns selbst boykottieren?

Manches von dem, was wir tun, wenn wir versuchen, eine dauerhafte Liebesbeziehung aufzubauen, beruht auf vielschichtigen Programmierungen und anderen raffinierten psychischen Mechanismen, die Zeit, Energie und eine enorme Motivation verlangen, um erforscht, verstanden und abgebaut zu werden. Aber vieles ist auch reine Gewohnheit – wieder und wieder verhalten wir uns so und oft aus keinem anderen Grunde als dem, dass es vertraut und bequem für uns ist.

Wir haben dieses Verhalten so viele Jahre unseres Lebens und in so vielen Beziehungen praktiziert, dass wir glauben zu sein, was wir tun. Wir stellen uns nicht in Frage. Wir versuchen nicht zu verstehen, was wir tun. Wir überlegen nicht, ob es uns nützlich ist und was wir uns damit nehmen. Wir denken noch nicht einmal daran, uns zu verändern. Und es ist schwer, sich vorzustellen, dass genau diese Verhaltensweisen uns daran hindern, die dauerhafte und verlässliche Bindung zu finden, die wir uns wünschen. Aber genau so ist es. Dieses Verhalten ist ein großes Hindernis. Das sind die schlechten Nachrichten. Die guten lauten, dass wir viele dieser Verhaltensweisen relativ einfach ändern können. Und dass Sie damit sofort beginnen können.

Ihr selbstzerstörerisches Verhalten zu verändern beginnt damit, dass Sie zum guten Beobachter Ihrer früheren und augenblicklichen Beziehungen und Ihrer eigenen Person in diesen Beziehungen werden. Sie müssen sehen, welche Muster Sie bei Ihren Entscheidungen und in Ihrem Verhalten wiederholen. Und Sie müssen Ihre selbstzerstörerischen Reaktionen erkennen.

Wenn wir an unsere Beziehungen völlig »unbewusst« herangehen, empfinden wir jeden Partner oder jede Partnerin und jede Erfahrung als völlig neu und anders.

Wieder und wieder verhalten wir uns so und oft aus keinem anderen Grunde als dem, dass es für uns vertraut ist.

Geht eine Beziehung zu Ende, blenden wir sie aus unserer bewussten Erinnerung aus und packen sie so gut weg, dass sie uns nicht mehr stört. Und wenn wir die nächste Beziehung beginnen, glauben wir, ganz neu anzufangen.

Aber wenn wir beschließen »aufzuwachen«, zeigt sich uns schnell ein anderes Bild – ein Bild voller alter Spuren, denen wir ständig wieder folgen. Manchmal sehen wir so viele dieser Spuren, dass wir plötzlich meinen, wir gingen immer dieselben Wege. Die »Einzigartigkeit« unserer vielen Beziehungen ist in Frage gestellt. Tatsächlich gleichen sich unsere Beziehungen manchmal wie Fotokopien ein und desselben Motivs.

Ich habe fast mein ganzes Erwachsenenleben lang Beziehungen beobachtet. Ich betrachte die Welt gern aus diesem Blickwinkel und verdiene mir damit meinen Lebensunterhalt. Aber ich muss zugeben, dass ich mir meine eigenen Beziehungen – wenn überhaupt – ganz zuletzt angeschaut habe. Ich wollte glauben, dass jede Erfahrung einzigartig war, ebenso wie auch ich jedes Mal einzigartig und neu war. Ich hatte kein Interesse daran, genau hinzusehen. Ich hatte kein Interesse daran, von der Vergangenheit zu lernen (und offen gestanden, ich glaubte auch nicht, dass das möglich sei). Alles, was mich beschäftigte, war »die Nächste«. Und wie Sie sich vorstellen können, war es reichlich demütigend, als ich schließlich innehielt und mir anschaute, was ich da tat. Aber es war auch äußerst hilfreich.

Ich lernte sehr schnell, dass ich es bis zu einem gewissen Maß in der Hand hatte, wie ich mich in Beziehungen verhielt. Auch wenn ich meine eigenen Ängste nicht auf magische Weise zum Verschwinden bringen konnte, so konnte ich doch immerhin bewirken, dass sie weniger intensiv waren und nicht so starke Auswirkungen hatten. Viele meiner automatischen Verhaltensweisen erzeugten unnötigen Druck, vermittelten falsche Botschaften und führten dazu, dass potentielle Partnerinnen (und auch ich selbst) verletzt und enttäuscht wurden. Ich musste lediglich daran arbeiten, dass die Automatik sich nicht anschaltete. Ich bin mir sicher, das können Sie auch.

Gewohnheiten ablegen, die Ihre Partnerschaft sabotieren

Die folgende Liste von selbstzerstörerischen Verhaltensweisen und automatischen Reaktionen in Beziehungen beruht auf jahrelangen Beobachtungen und eigenen Erfahrungen. Aber sie ist keineswegs vollständig und soll Sie lediglich auf den Weg bringen. Die besten Einsichten werden Sie gewinnen, wenn Sie sich darauf einlassen (da ist das Wort wieder), sich selbst in Ihrer Welt zu beobachten. Indem Sie Ihre Motive, Ihre Strategien, Ihr magisches Denken und Ihr Verhalten hinterfragen. Indem Sie die Wahl Ihrer Partnerinnen und Partner hinterfragen und sogar hinterfragen, warum Sie nicht genügend Fragen stellen.

Vielleicht sieht es so aus, als wollte ich Ihnen jeglichen Spaß an Beziehungen verderben, wenn ich Sie auffordere, einen so großen Bereich Ihres Lebens durch ein Vergrößerungsglas zu betrachten. Aber in Wirklichkeit versuche ich Ihnen Werkzeuge an die Hand zu geben, mit denen Sie sich befreien können, so dass der Weg zu einer erfüllten, verbindlichen Partnerschaft für Sie leichter wird.

Hören Sie auf, sich auf bestimmte Typen festzulegen

Sind Sie immer auf der Suche nach einem bestimmten »Typ« Mann oder Frau? Entgehen Ihnen Menschen, die diesem Bild nicht entsprechen, ganz gleich, ob diese gut zu Ihnen passen könnten? Haben Sie Ihre Freunde oder Ihre Familie gebeten, sich für Sie nach einem bestimmten »Typ« umzuschauen und sie derart gut instruiert, dass sie bei anderen »Typen« noch nicht einmal an Sie denken? Muss er groß, dunkelhaarig und gut aussehend sein, bevor Sie ihn in Betracht ziehen? Oder klein, hellhaarig und muskulös? Muss sie zierlich und blond sein? Oder groß, langbeinig und exotisch? Vielleicht sind Sie immer auf der Suche nach dem »professionellen« Typen. Oder dem Erfolgsbesessenen, dem energiegeladenen Führungsmenschen, dem leidenden Künstler. Oder der Frau mit ständigen Problemen. Ganz gleich, welchen Typ Sie bevorzugen, es ist Zeit, dieses Raster abzulegen – je schneller, desto besser.

Eine Schwäche für ein bestimmtes Aussehen, eine bestimmte Ausstrahlung oder einen bestimmten Stil zu haben ist etwas völlig anderes, als diesem Typ sklavisch verfallen zu sein. Doch wenn es unbedingt ein bestimmter Typ sein *muss*, sind Sie nicht imstande, Menschen als Individuen zu erleben. Das macht es auch anderen schwer, Ihnen bei Ihrer Suche zu helfen. Wenn Sie sich selbst und Ihrer Welt so viele Zwänge auferlegen, schrumpfen Ihre Chancen, eine wertvolle Bindung zu finden. So verhält sich kein Mensch, der offen ist für eine ganz reale Beziehung.

Wahrscheinlich haben Sie dem, was ich Ihnen von mir erzählt habe, bereits entnommen, dass ich viele gute Jahre meines Lebens damit vergeudet habe, mich nach einem bestimmten Typ Frau umzuschauen. Ein Freund von mir, der meine heutige Frau schon zwei Jahre kannte, bevor wir uns begegneten, kam niemals auf die Idee, uns beide zusammenzubringen, weil er glaubte, dass sie nicht in das Raster passte, das ich ihm ins Hirn gebrannt hatte! Ich hatte das große Glück, Jill trotzdem kennen zu lernen, aber ich hätte diese Gelegenheit sehr leicht verpassen können. Überlegen Sie einmal, wie viele Gelegenheiten Ihnen im Augenblick entgehen. Und denken Sie dann darüber nach, wie Sie anfangen können, offener zu werden, indem Sie Ihre Haltung ändern und andere Botschaften aussenden.

Wenn Sie dieses Buch lesen, hat es mit Ihrem Typ wahrscheinlich nie funktioniert. Warum sollte das in Zukunft anders sein? Ergreifen Sie die Chance, gehen Sie Kompromisse ein, und schauen Sie, was passiert.

Geben Sie Ihr furchtloses Draufgängertum auf

Wenn Ed eine Frau kennen lernt, unternimmt er praktisch alles, um sie für sich zu gewinnen. Er schreibt ihr schamlos anhimmelnde Gedichte, mietet ein Flugzeug, das am Himmel ein Banner mit der Aufschrift »Ich liebe dich« hinter sich herzieht, und erzählt ihr, sie sei der wichtigste Mensch in seinem Leben.

Eds Schwester, Edwina, geht ganz anders vor, aber das Resultat sieht in vieler Hinsicht gleich aus. Wenn sie einem Mann begegnet, der ihr gefällt, macht sie ihn zu ihrem »Projekt«: Sie flirtet hemmungslos mit ihm, schickt ihm verliebte, erotische Faxe oder Briefe und macht ihm ausgefallene kleine Geschenke. Sie erzählt ihm, er sei der klügste, bestaussehendste Mann, der ihr je begegnet sei, und der wunderbarste Liebhaber, den sie kennt.

Weder Ed noch Edwina können ein Nein hinnehmen. Sie drängen entschlossen voran und verhalten sich wie getrieben. Und sie scheinen absolut angstfrei zu handeln. Aber wissen Sie was? Die beiden haben große Angst. Und beide sollten eigentlich aus Erfahrung wissen, dass ihre Angst sich zeigt, sobald sie ihre Eroberung gemacht haben. In Wirklichkeit aber sind sie unglaublich unehrlich, zudem inszenieren sie das klassische Spiel von Verfolgung und Flucht.

Es ist leicht, zu Beginn einer Beziehung angstfrei zu sein und sich in Gefühle zu stürzen, ohne die Konsequenzen zu bedenken.

Skrupelloses Draufgängertum ist ein destruktives Muster und typisch für Phantasten.

Wenn unser Blick sich weitet und wir beschließen, verantwortungsvoller zu handeln, dann sehen wir dieses Draufgängertum völlig anders. Wir fangen an zu begreifen, dass wohlwollende Menschen unsere Worte und unser Verhalten falsch verstehen und schrecklich darunter leiden können. Wir sind bereit, die Anfangsphase einer Beziehung ernster und verantwortungsbewusster anzugehen. Auf diese Weise können wir viele schmerzliche Gefühle vermeiden, ganz gleich, wie sich die Beziehung entwickelt.

Wenn wir keine Angst vor Bindungen hätten, könnte es vielleicht ganz reizvoll sein, uns neuen Partnerinnen oder Partnern draufgängerisch zu nähern. Nicht unbedingt notwendig natürlich, aber möglicherweise ganz reizend. Aber da wir alle mehr oder weniger Angst haben, ist dieses Verhalten einfach nicht fair. Eine Fassade der Angstlosigkeit wird immer in der einen oder anderen Weise auf uns zurückfallen. Wir vertreiben damit Menschen, die mit beiden Beinen auf dem Boden stehen und angemessen vorsichtig sind. Und wir verführen Menschen, die insgeheim immer von der Liebe auf den ersten Blick geträumt haben. Und auf jeden Fall kommt es zu Verletzungen. Ich glaube nicht, dass Sie das wollen, aber Sie tun genau das. Doch das muss nicht so sein. Sie haben die Wahl.

Sie können zum Beispiel anfangen, authentischer zu sein und ein Bild von sich zu zeichnen, das realistischer darstellt, wer Sie in Beziehungen sind: jemand, der keinesfalls ohne Angst ist. Sie können vorsichtige, kleine Schritte machen und sich dabei mit den Ängsten, die allmählich hochkommen, auseinander setzen. Statt sich wie ein wild gewordener Gabelstapler zu verhalten, können Sie immer wieder auf die Bremse treten und »ganz langsam fahren« und dabei die zeitlos wahre Geschichte vom Hasen und vom Igel im Hinterkopf behalten. Vielleicht klingt das nicht besonders erotisch oder aufregend. Aber es ist ehrlich – und Ihre beste Chance, das Ziel zu erreichen, das Sie vor Augen haben.

Erkennen Sie gute Werbestrategien als das, was sie sind

Er serviert Ihnen in den besten Restaurants die teuersten Weine zum Essen und überschüttet Sie mit Geschenken. Sie haben sich gerade erst kennen gelernt, und schon begleitet er Sie und Ihren Hund zum Tierarzt und wartet dort stundenlang mit Ihnen. Er singt Lieder für Sie und stellt Ihnen seinen selbst gekochten Reispudding in den Kühlschrank. Und genau das und nichts anderes ist erforderlich, damit Ihre Abwehr fällt und Ihr Herz sich öffnet. Sie denken: »Er muss mich wirklich mögen, wenn er mir so viel Aufmerksamkeit schenkt.« Aber in Wirklichkeit sollten Sie denken: »Wahrscheinlich macht er das mit *jeder* Frau.«

Sie haben sich gerade erst kennen gelernt, und schon steht sie heute vor Ihrer Tür und sieht unglaublich attraktiv aus in ihrem blauen Arbeitshemd. Sie bietet Ihnen an, beim Streichen Ihrer Wohnung zu helfen. Sie lädt Sie ein, die Nacht bei ihr zu verbringen, obwohl Sie sich erst sei drei Tagen kennen. Und viel mehr brauchen Sie nicht, um sich gleich eine lange gemeinsame Zukunft auszumalen. Ihre Gedanken sehen etwa wie folgt aus: »Sie muss wirklich verrückt nach mir sein, wenn sie so schnell Sex haben will.« In Wirklichkeit aber sollten Sie denken: »Sie spaltet die Sexualität von ihrem sonstigen Leben ab, sonst könnte sie mit einem relativ fremden Mann nicht so schnell körperlich intim werden.«

Jeder von uns möchte sich als etwas Besonderes fühlen. Und viele von uns möchten das Gefühl haben, die einzige Person weit und breit zu sein, dem die tiefste Zuneigung eines anderen Menschen gehört – vor allem, wenn dieser Mensch attraktiv und begehrenswert zu sein scheint. Man lässt sich furchtbar leicht von einer guten Werbung verführen, und das ist verständlich, wenn auch nicht klug. Wenn es etwas gibt, was Sie in einer neuen Beziehung misstrauisch machen sollte, dann ein »Zu-viel-und-zu-schnell«. Wenn Sie die Person sind, die vorandrängt, müssen Sie sich Ihre Beweggründe genau anschauen. Und wenn Sie der oder die heiß Umworbene sind, sollten Sie sofort in Habachtstellung gehen.

Auch wenn Ihr Wunsch, sich als etwas Besonderes zu fühlen, Ihre Urteilskraft trübt, weiß ich, dass Sie irgendwo in Ihrem Inneren gute Instinkte haben, die Sie warnen. Sie müssen mit diesen schützenden Instinkten wieder in Kontakt kommen, um keine voreiligen Schlüsse aus diesem verführerischen Verhalten zu ziehen. Vielleicht *ist* dieses Verhalten ein Zeichen dafür, dass etwas Ungewöhnliches und Besonderes passiert. Aber sehr viel wahrscheinlicher ist es ein deutliches Signal dafür, dass Sie über diese Beziehung *überhaupt keine* eindeutigen Aussagen machen können. Es ist in Ordnung, wenn Sie es genießen, so aufmerksam umworben zu werden. Aber gehen Sie nicht davon aus, dass diese intensive kurzfristige Zuwendung ein Zeichen für ernsthafte langfristige Absichten ist.

Lassen Sie sich von Ihren Phantasien nicht den Blick für echte Liebe trüben

Jedes Mal, wenn Sie einen attraktiven fremden Menschen sehen, fragen Sie sich: »Könnte sie/er es sein?« Also verbringen Sie Stunden Ihrer kostbaren Zeit damit, von Personen zu träumen, die Sie kaum kennen. Sie verlieren sich in Phantasien über Fernsehgestalten. Sie laufen auf der Straße attraktiven fremden Frauen oder Männern hinterher. Sie legen sich ins Zeug, in der Hoffnung, von Menschen, die Sie kaum kennen, bemerkt zu werden und ein einziges Gespräch mit ihnen zu führen. Sie versuchen monatelang, ein Treffen mit einer bestimmten Person zu arrangieren, die irgendwo in Ihrem Bürogebäude arbeitet, ohne zu wissen, ob er oder sie überhaupt frei ist. Oft sind Ihre Anstrengungen völlig umsonst, und Sie bleiben enttäuscht und voller Sehnsucht zurück. Aber selbst wenn Ihre Mühe sich lohnt und es Ihnen tatsächlich gelingt, den anderen oder die andere kennen zu lernen, sind Sie bald schon ernüchtert. Und vielleicht fällt Ihnen noch nicht einmal auf, wie viel Zeit Sie mit alledem vergeuden.

Wonach halten Sie eigentlich Ausschau? Was hoffen Sie zu finden? Ich weiß aus Erfahrung, dass Sie nicht wirklich einem anderen Menschen begegnen möchten, sondern ein *Gefühl* verfolgen. Das magische Gefühl, das so viele von uns verzweifelt suchen, ist das Gefühl der »vollkommenen Verbindung«, die nur in unseren Träumen existiert. Es gibt keine *reale* Verbindung, die sich so vollkommen anfühlt. Es gibt keinen *realen* Menschen, der so viel Magie besitzt. Sie haben das wieder und wieder bestätigt bekommen. Wann haben Sie endlich die Kraft, dieses Wissen auch in die Tat umzusetzen?

Die meisten von uns, die sich nach dieser vollkommenen Verbindung sehnen, suchen ein Gefühl, das uns sehr früh im Leben verloren gegangen ist – in der Kleinkindzeit oder in der frühen Kindheit. Und der Ort, diesen Verlust zu verarbeiten, ist die Praxis einer erfahrenen Therapeutin oder eines Beraters; sie können uns helfen, die Scherben unserer Vergangenheit zusammenzufügen. Kein Partner und keine Partnerin der Welt kann Sie für diesen Verlust entschädigen, auch wenn es eine Menge Menschen gibt, die viel Liebe zu geben haben. Wenden Sie diesen ganz realen Menschen und deren ganz realer Liebe nicht immer wieder den Rücken zu, nur weil Sie entschlossen sind, etwas zu finden, das größer und umfassender ist als das Leben selbst.

Beginnen Sie, aktiv – und realistisch – nach der Liebe zu suchen

Sie sagen, Sie wünschen sich eine liebevolle Bindung, aber Sie warten darauf, dass sie Ihnen ins Haus geliefert wird. Sie warten schon Ihr Leben lang auf die Liebe, aber Sie sorgen noch nicht einmal dafür, dass Sie erreichbar sind. Sie bitten Ihre Freunde nicht, sich für Sie umzuschauen. Sie wissen nicht, wie Sie sich »in Umlauf bringen« können. Sie wissen nicht, wie man flirtet, und wollen es noch nicht einmal versuchen. Sie wissen nicht, wie Sie potentielle Partnerinnen oder Partner, an denen Sie interessiert sind, auf sich aufmerksam machen können. Sie unterhalten sich nicht mit Menschen, denen Sie zufällig begegnen. Sie machen keinen Augenkontakt. Sie unternehmen nichts, um Menschen kennen zu lernen. Wer soll Sie also finden? Nur die hart Gesottenen – die Don Juans oder Juanitas, die sich von Ihrer Abwehr herausgefordert fühlen? Und wenn Sie auf deren heißes Werben eingehen, verwandelt dieses sich unweigerlich in reine Panik.

Wenn Sie Arbeit brauchen, gehen Sie hin und suchen sich einen Job, ob das nun heißt, Anzeigen lesen, sich umhören oder Klinken putzen. Sie verhalten sich intelligent und wohl durchdacht, damit Ihre Talente im besten Licht erscheinen. Warum aber unternehmen Sie nicht alles in Ihrer Macht Stehende, um eine verbindliche Beziehung zu finden? Sie müssen sich Ihrer eigenen Kräfte neu bewusst werden und auf die Bühne treten. Das ist nicht immer leicht und macht nicht immer Spaß, und oft werden Sie sich wünschen, lieber zu Hause zu sitzen und sich einen schlechten Film im Fernsehen anzuschauen. Aber nur wenn Sie hinausgehen, verschaffen Sie sich ganz reale Chancen zu bekommen, was Sie wollen.

Ich meine damit nicht, dass Sie gleich auf der Stelle in Ihre Lieblingsbar oder in die Disco für Singles stürzen sollen (auf diese schlechten Angewohnheiten werde ich gleich zu sprechen kommen). Ich möchte Sie vielmehr einladen, Ihr zukünftiges Liebesleben selbst in die Hand zu nehmen. Das Bild vom schlafenden Dornröschen ist eine überholte Vorstellung aus Kinderzeiten und zeugt von einem Verhalten, das Sie aufgeben müssen. Wenn Sie »immer nur warten«, kommen Sie wunderbar darum herum, eigene Kräfte zu entwickeln. Sie haben die Wahl.

Hören Sie auf, die Liebe immer am falschen Ort zu suchen

Janelle sagt, sie fände nie einen Mann, der sich die Zeit nimmt, mit ihr zu reden und sie kennen zu lernen, obwohl sie in ihrer Lieblingsdisco, die der lauteste Ort in ganz Nordamerika sein muss, fast jede Woche neue Männer trifft. Andrew, 32 Jahre alt, sagt, dass keine der Frauen, denen er begegnet, ernsthaft an einer Beziehung interessiert sei. Aber die einzigen Plätze, die er regelmäßig aufsucht, sind die Bars und Restaurants auf dem Universitätsgelände seiner Heimatstadt. Viktoria, die sich nur mit »Männern aus dem Geschäft« (das heißt: Showgeschäft) trifft, beklagt sich, dass diese alle oberflächlich, narzisstisch und nur daran interessiert seien, sich in Pose zu stellen. Kevin hat alle seine Bekannten gebeten, ihm bei der Suche zu helfen, aber er hat auch gesagt, dass er sich nur für Frauen interessiere, die außergewöhnlich hübsch seien. Jetzt wagen seine Freunde nicht, Kevin überhaupt eine Frau vorzustellen. Sie befürchten, er könne dieser Frau das Gefühl vermitteln, dass sie seinen Maßstäben nicht entspricht. Folglich hat ihre Suche auch keinen Erfolg.

Was läuft hier falsch? Alles. Wenn Sie sich bessere Aussichten für eine langfristige Liebesbeziehung wünschen, müssen Sie sich etwas intelligenter umschauen. Wo sind die Menschen, die Ihre Werte, Ihre Ziele und Ihr Interesse an einer verbindlichen Beziehung teilen? Welches Alter passt zu Ihnen? Welche Berufsgruppe? Wo wäre ein Ort, der sich atmosphärisch gut für ein wirkliches Kennenlernen eignet? Ich habe zum Beispiel im letzten halben Jahr mit drei Personen gesprochen, die ihren späteren Partnerinnen oder Partnern bei High-School- oder College-Treffen begegneten. Aber als ich diese Wiedersehensfeiern als gute Gelegenheit für entsprechende Kontakte mit neuen oder bereits bekannten Menschen empfahl, blickten die Leute mich an, als sei ich nicht von dieser Welt. Ansonsten sehr kluge Personen benehmen sich manchmal ziemlich dumm, wenn es darum geht, andere kennen zu lernen, und sind dann enttäuscht oder überrascht, wenn sich nichts vorwärts bewegt. Sehen Sie sich einmal gründlich an, wie Sie vorgehen, um Menschen zu treffen, und überlegen Sie, wie Sie alte, unproduktive Gewohnheiten auf produktive Weise verändern können.

Bringen Sie sich nicht in Schwierigkeiten, indem Sie sich laut anpreisen

Wenn Tom mit einer neuen potentiellen Partnerin ausgeht, verhält er sich immer so, als sei Geld kein Thema für ihn. Er möchte nicht knauserig erscheinen, denn das ist er nicht. Er möchte nicht arm erscheinen, denn das ist er nicht. Er möchte auch nicht »unromantisch« erscheinen, denn er ist sehr romantisch. Er möchte nicht danach beurteilt werden, was er hat oder nicht hat. Er möchte nicht, dass Geld gleich zu Beginn einer Beziehung zum Hindernis wird. Und doch ist Toms Budget sehr begrenzt, da er zwar ein festes, aber bescheidenes Einkommen hat, und wenn es in der Beziehung »Klick« macht, bekommt er Panik, weil er weiß, dass er die Fassade des Spendablen nicht aufrechterhalten kann.

Wie Tom ist auch Summer nicht ganz ehrlich, wenn sie eine Beziehung anfängt. Wenn der Mann, um den es geht, sich auch noch mit anderen Frauen trifft, sagt sie, das sei »kein Problem«. Wenn er ihr erzählt, es falle ihm schwer, sich von seiner Exfreundin wirklich zu trennen, sagt sie zu ihm, »nimm dir Zeit«. Summer glaubt, sie müsse Verständnis und Geduld zeigen, aber innerlich fühlt sie keineswegs so. Innerlich schmort sie und wartet nur darauf, dass die anderen Frauen verschwinden. Aber diese scheinen niemals zu gehen, und Summer landet in Beziehungen, in denen sie nicht glücklich sein kann.

> Viele von uns tun alles, was sie können, um eine Partnerin oder einen Partner für sich zu gewinnen und zu halten.

Zu Beginn einer Beziehung tun viele von uns alles, was sie können, um eine Partnerin oder einen Partner für sich zu gewinnen und zu halten, selbst wenn wir uns dabei ernsthaft verleugnen. Wir vertuschen unseren finanziellen Status. Wir zeigen unsere wahren Gefühle nicht. Vielleicht verstecken wir sogar unsere Kinder. Wir vertreten weder unsere Werte, noch bringen wir unsere wahren Meinungen oder Bedürfnisse zum Ausdruck. Und wir glauben, damit das Richtige zu tun.

Aber wenn Sie mit dem Bild nicht leben können, das Sie von sich entwerfen, sind Sie auf dem falschen Weg. Sie bringen sich in eine Situation, die unweigerlich auf Ärger, Groll, Panik oder Schmerz hinausläuft. Sie glauben, Sie wollten nicht viel Wind machen, aber wenn Sie am Anfang der Beziehung still halten, sorgen Sie mit Sicherheit dafür, dass später, wenn Sie sehr viel mehr zu verlieren haben, Stürme losbrechen. Still halten ist also keine intelligente Strategie, wenn Sie sich wirklich eine verbindliche Beziehung wünschen.

Machen Sie aus Ihrer Beziehung keine Therapie

Manche von uns haben offenbar eine Vorliebe für Beziehungen, in denen sie unweigerlich in der Rolle des Therapeuten oder des Patienten landen. Ted zum Beispiel ist wirklich im Konflikt darüber, ob er seine Beziehung mit Katie fortsetzen möchte. Er fühlt sich ganz zerrissen. Und wem beschließt er seine Angst zu offenbaren? Katie natürlich. Er behandelt Katie, als sei sie seine Therapeutin. Sie kann gut zuhören. Sie findet die Details von Teds Innenleben völlig faszinierend. Und sie scheint Teds Problem wirklich zu verstehen.

Die Beziehung ist inzwischen völlig einseitig geworden. Es geht immer nur darum, was Ted will, was Ted braucht, was Ted befürchtet. Ted begreift nicht, wie unglaublich egoistisch er sich verhält. Er denkt noch nicht einmal darüber nach, ob Katie die

Richtige ist, sich seine inneren Dialoge und die oft sehr harten Urteile, die auf seinen ambivalenten Gefühlen beruhen, anzuhören. Er begreift auch nicht, dass sein Verhalten Katie auf ungute Weise falsche Hoffnungen macht. Für Katie drückt sein Verhalten aus: »Ich möchte dich an meinem Kampf teilhaben lassen, weil es *unser* Kampf ist.« Für sie sagen seine Worte: »Ich möchte, dass *wir* uns das gemeinsam anschauen, denn es geht um *uns*.« Aber das ist es nicht unbedingt, was Ted empfindet.

Wenn Ted sich mit Katie innerlich wirklich auseinander setzen und seine Bindungsambivalenz verstehen möchte, sollte er das in der Praxis eines Therapeuten tun – und nicht Katie behandeln, als sei sie die Therapeutin. Katie braucht jemanden, der ihr hilft zu verstehen, was da vor sich geht. Und Ted braucht einen neutralen Dritten – jemanden, der ihm hilft, mehr Verantwortung für seine Worte und sein Handeln zu übernehmen. Beide brauchen jemanden, der ihnen hilft, Grenzen zu ziehen. Dafür gibt es Therapeuten.

Wenn Sie in Ihrer Beziehung die Rolle des Therapeuten oder des Patienten spielen, dann brauchen Sie beide professionelle Hilfe.

Wenn der andere anfängt, Ihnen weniger zu geben, sollten Sie ihm nicht automatisch mehr geben

Sie zeigt weniger Interesse, und Sie reagieren darauf, indem Sie sich noch mehr bemühen, ihr zu zeigen, dass Sie ein liebevoller, liebenswerter und besonderer Mann sind. Er sagt, er sei noch nicht bereit für eine monogame Beziehung, und Sie sagen ihm, dass Sie geduldig warten und ihm dabei treu bleiben werden. Sie geht auf Distanz, und Sie strengen sich noch mehr an, ihr nahe zu kommen. Er beginnt, an Ihnen herumzukritisieren, und Sie versuchen die Dinge zu ändern, die er offensichtlich nicht mag. Was stimmt hier nicht? Für weniger Fortgeschrittene: Sie gehen in die falsche *Richtung*.

Der Versuch, mehr zu geben, wenn Sie weniger bekommen, ist eine klassische automatische Reaktion auf Beziehungsprobleme. Und diese Automatik schaltet sich unter anderem deswegen so leicht ein, weil Sie glauben, das Richtige zu tun. Sie glauben, Ihr Partner oder Ihre Partnerin brauche mehr Bestätigung, mehr Beweise Ihrer Anteilnahme und Ihres Wertes. Aber meiner Erfahrung nach braucht er oder sie Zeit für sich alleine.

Gewohnheiten wie diese nehmen ihren Anfang zu einer Zeit, wo wir noch sehr klein und verletzlich gegenüber Menschen sind, die wir lieben. Jemand, der uns sehr wichtig ist, drückt seine Missbilligung aus, und wir bemühen uns daraufhin ganz besonders um seine Anerkennung. Jemand, der uns sehr lieb ist, hat keine Zeit für uns, und wir strengen uns noch mehr an, seine Aufmerksamkeit zu gewinnen. Jemand, der uns am Herzen liegt, kritisiert uns, und wir versuchen verstärkt, ihm zu gefallen. Dieser »Jemand« war wahrscheinlich unser Vater, unsere Mutter, eine Schwester, ein Bruder oder ein anderer naher Mensch, der unser Verhalten zu kontrollieren versuchte. Aber heute geht es nicht mehr um das Thema Kontrolle. Sie haben es mit einem Liebespartner zu tun, der sich aus Angst zurückzieht. Das ist eine völlig andere Situation. Ihr Partner oder Ihre Partnerin handelt aus völlig anderen Motiven heraus, und die erfordern eine andere Reaktion. Dies ist kein Test für Ihr Mitgefühl oder Ihre Liebe. Diese Person versucht wegzunehmen, was sie Ihnen gegeben hat, und die richtige Antwort besteht darin, dass auch Sie sich zurückziehen und genauso wenig geben, wie Sie jetzt bekommen – oder noch weniger. Das ist die einzige Reaktion, die Ihnen das Gefühl von Ohnmacht nehmen kann.

In Situationen wie diesen hilft ein Kompass und die Fähigkeit, ihn zu lesen. Wenn Ihr Partner sich plötzlich zurückzieht und sich nach Westen wendet, müssen Sie Richtung Osten gehen. Wenn Ihre Partnerin nach Süden schaut, sollten Sie den Norden ins Auge fassen. Diese Reaktion hilft Ihnen, sich dem plötzlichen Gesinnungswandel des anderen nicht ausgeliefert zu fühlen, und unterstützt Sie darin, angesichts von Verhaltensweisen, die überhaupt nicht real oder liebevoll sind, vernünftig und auf dem Boden zu bleiben.

Führen Sie getrennte Leben, solange Sie nicht sicher wissen, dass Sie sich von Herzen einig sind

Situation I: Sie verbringen zu viel Zeit mit Telefonieren. Die Fahrt zu ihm/zu ihr ist lang und anstrengend. Wenn Sie die Nacht bei ihm/bei ihr verbringen, haben Sie am nächsten Morgen nie etwas Richtiges für die Arbeit anzuziehen. Sie sind häufig frustriert. Warum sollten Sie nicht zusammenziehen, damit alles einfacher wird? Schließlich leben wir in einer aufgeschlossenen Gesellschaft.

Situation II: Sie haben beide die gleichen Arbeitsinteressen. Vielleicht können Sie gemeinsam an einem Projekt arbeiten? Oder zusammen eine kleine Firma gründen? Oder ihm/ihr eine wichtige Arbeit übertragen? Sicher, Sie kennen sich erst seit ein paar Monaten, aber Ihre Zweisamkeit könnte so produktiv sein. Und so romantisch. Warum den Versuch nicht wagen?

Ich will versuchen, Ihnen ein klares »Warum-nicht« zu liefern: weil diese ganz realen Zusammenschlüsse zu viel Druck für eine gerade beginnende Beziehung bedeuten. Und noch ein weiteres »Warum-nicht«: Es gibt nichts Schmerzlicheres und Aufwendigeres, als diese konkreten Zusammenschlüsse wieder zu lösen, wenn Ihre emotionale Verbindung nicht gedeiht.

Ich will gar nicht anfangen, Ihnen aufzuzählen, wie viele Menschen ich kenne, deren Beziehung unglücklich ist, weil sie zu schnell »ernst« wurde. Gesunde Beziehungen entwickeln sich wie ein Puzzle: Ein Teilchen nach dem anderen kommt hinzu. Das ist ein Prozess, ein langsamer Prozess, den Sie leben müssen. Das Zusammenleben funktioniert nur dann, wenn beide Partner sich verbindlich darauf einlassen, an der Beziehung zu arbeiten, und das wiederum ist nur möglich, wenn eine feste emotionale Bindung zwischen Ihnen existiert. Gibt es diese Verbindlichkeit? Und diese Bindung? Oder hoffen Sie einfach, dass sie auf magische Weise entsteht, wenn Sie erst einmal unter demselben Dach leben oder arbeiten? Das funktioniert nicht. Das eine hat mit dem anderen nichts zu tun und kann nicht erzwungen werden. Bevor Sie also Ihr eigenes Leben und das Ihres Partners (Ihrer Kinder, Ihrer Haustiere) umkrempeln, sich gemeinsam ein Baugrundstück kaufen, ein Geschäft aufmachen oder sich auf eine Arbeitsbeziehung einlassen, sollten Sie sich *wirklich Zeit lassen*.

Versprechen Sie nur, was Sie auch halten können

Sie sagen, Sie könnten es kaum erwarten, sie Ihrer Familie vorzustellen. Sie sagen ihm, Sie möchten ihn unbedingt mit Ihren besten Freunden bekannt machen. Sie erzählen ihr, sie wollen mit ihr nach Europa reisen. Sie sagen ihm, sie wünschen sich unbedingt, den Sommer mit ihm zu verbringen. Sie erzählen ihr, dass Sie, wenn Sie mit ihr zusammen sind, ans Heiraten denken. Sie sagen ihm, sie könnten sich vorstellen, mit ihm eine Familie zu gründen. Sie erzählen ihr, dass Sie immer mit ihr zusammen sein möchten. Sie sagen ihm, sie sind außerstande, sich Ihr Leben ohne ihn vorzustellen. Versprechen über Versprechen, dabei kennen Sie sich erst wenige Wochen. Ist dieses Gerede über die Zukunft wirklich nötig? Hilft es Ihnen wirklich weiter? Die Antwort lautet: Nein.

Es gibt nur eines, was Sie sich zu Beginn einer Beziehung selbst versprechen sollten: für diese Beziehung wirklich Ihr Bestes zu geben. Sie müssen Ihrer neuen Partnerin oder Ihrem neuen Partner nichts versprechen. Und es ist für Sie beide viel besser, wenn Sie das auch nicht tun. »Zukunftsgespräche« sind unglaublich verführerisch – und die perfekte Grundlage für Enttäuschungen und Verletzungen. Wenn Sie Versprechungen machen, sagen Sie damit, dass Sie sich bereits auf die Zukunft festlegen. Und

Menschen vertrauen dem, was Sie sagen und beginnen sogar, ihr Leben danach auszurichten. Dabei sind Sie sich noch gar nicht im Klaren darüber, wie weit Sie sich einlassen wollen. Das ist auch nicht möglich. Nicht zu Beginn einer Beziehung. Vielleicht wissen Sie, dass Sie sehr intensive Gefühle haben, die Sie verführen, Zukunftspläne zu schmieden, aber das sind lediglich Phantasien. Und solange Sie sich nicht wirklich einlassen *können*, müssen Sie diese Phantasien für sich behalten.

Haben Sie keine Angst, Ihrem zukünftigen Partner/Ihrer zukünftigen Partnerin viele Fragen zu stellen

Manchmal haben wir GUTE Gründe, keine Fragen zu stellen. Denn wir haben Angst vor den Antworten. Oder wir haben Angst, eine Szene zu machen. Oder wir haben Angst, dass unser potentieller Partner bzw. unsere potentielle Partnerin den Spieß umdreht und uns die gleichen Fragen stellt – und wir wissen, dass ihm bzw. ihr unsere Antworten nicht gefallen werden. Also fragen wir nicht und leben mit den Konsequenzen.

Aber manchmal gibt es auch keine besonderen Gründe dafür, dass wir nicht nachfragen. Das ist einfach eine schlechte Angewohnheit, die auf der sehr naiven Annahme beruht, Menschen würden Ihnen unaufgefordert sagen, was Sie wissen müssen, oder Sie könnten es intuitiv erahnen. Vielleicht basiert diese Gewohnheit auch auf der ebenso naiven Vorstellung, Sie könnten niemals verletzt werden.

Sicher, Sie wollen nicht neugierig erscheinen oder einem anderen Menschen Unbehagen bereiten. Aber Menschen erwarten, dass man ihnen Fragen nach ihren Beziehungen, ihren Hoffnungen und Absichten stellt. Sie erwarten, dass man sie nach ihrer Familie und ihrer Arbeit fragt. Und wenn jemand Sie offensichtlich davon abhält, Fragen zu stellen, haben Sie noch mehr Grund nachzufragen.

Genau diese Unwissenheit bereitet den Boden für so herbe Überraschungen wie: »Er hat mir doch tatsächlich nicht erzählt, dass er verheiratet ist!« Oder: »Sie hat mir wirklich nie gesagt, dass sie ein Kind hat!« Oder: »Er hat mir gegenüber nie erwähnt, dass er nicht wieder heiraten würde!« Oder: »Ich habe einfach nicht gewusst, dass er keine verbindliche Beziehung wollte!« Kommt Ihnen das bekannt vor?

Wenn Sie jemanden kennen lernen, sollten Sie eine Liste der Dinge anfertigen, die Sie wissen müssen, bevor Sie Ihr Herz ganz öffnen. Und wenn die Beziehung sich weiter entwickelt, sollte Ihre Liste entsprechend umfangreicher werden. Sie müssen nicht bei Ihrem ersten Telefongespräch auf all diese Fragen eine Antwort bekommen (und es ist wahrscheinlich auch besser, wenn Sie nicht darauf drängen, es sei denn, Ihre Liste ist ganz kurz). Aber Sie brauchen diese Antworten eher früher als später, um die kurzfristigen und langfristigen Möglichkeiten der Beziehung und deren Risiken richtig einschätzen zu können.

Lassen Sie sich nicht mehr auf Partner/Partnerinnen ein, die sich nicht auf Sie einlassen wollen

Er erzählt Ihnen, er könne seine Frau niemals verlassen. Er erzählt Ihnen, dass er nach Australien auswandern wird. Er erzählt Ihnen, dass er nur noch ein halbes Jahr zu leben hat. Er erzählt Ihnen, dass er allein auf Weltreise gehen will. Sie erzählt Ihnen, dass sie ihren Exfreund immer noch liebt. Sie erzählt Ihnen, sie könne sich niemals in einen Mann verlieben. Sie erzählt Ihnen, dass sie Probleme habe, einem Menschen wirklich zu vertrauen. Und obwohl jedes dieser aufrichtigen Bekenntnisse Ihnen ganz deutlich machen sollte, dass es Zeit ist, das Weite zu suchen, erwacht Ihr Interesse. Das Nächste, was Sie wissen, ist, dass Sie sich auf eine Person einlassen wollen, die sich nicht auf Sie einlässt, und Sie auf dem besten Weg sind, Monate oder Jahre Ihres Lebens damit zu vergeuden, sich um die Beziehung zu dieser Person zu bemühen.

Klingt das, als ob ich hier übertreibe? Ich wünschte, das wäre der Fall, aber es stimmt nicht. Ich persönlich habe solche Konstellationen Hunderte von Malen beobachtet, und ich bin immer wieder erstaunt, wie viele solcher Beziehungen es gibt. Männer und Frauen, die von Anfang an wissen, dass die Situation eine reale Beziehung unmöglich macht, beschließen, sich mit Leib und Seele auf einen anderen Menschen einzulassen. Und dann sagen sie: »Schau mich an ... schau, wie tief ich mich einlassen kann.«

Wenn ich auf diese verworrenen Konstellationen treffe, habe ich für die Beteiligten nur eine einzige Frage parat: »Wenn Sie sich auf jemanden einlassen, der sich überhaupt nicht auf Sie einlässt, lassen Sie sich dann wirklich ein ... oder haben Sie lediglich einen cleveren Weg gefunden, jeder realen Bindung aus dem Weg zu gehen?« Ich denke, Sie kennen meine Antwort auf diese Frage. Ich kann nur hoffen, dass Sie den Mut haben, mir zu glauben, und anfangen, sich anders zu entscheiden.

Hören Sie auf, ständig die Partner/Partnerinnen zu wechseln, weil Sie hoffen, die Liebe eines anderen Menschen könne Sie retten

Tammys Beziehungen sehen etwa so aus: Tammy lernte Billy kennen und verliebte sich in ihn. Sie waren so lange zusammen, bis Billy Tammy das Herz brach. Tammy pflegte ihr gebrochenes Herz, bis sie sich in Jake verliebte. Dann verließ Jake Tammy wegen einer anderen Frau, und Tammy war ständig depressiv, bis sie Colin kennen lernte und sich in ihn verliebte ...

Billys Beziehungen sehen etwa so aus: Er verliebte sich in Rhonda, aber die Beziehung machte ihn nicht glücklich, und während sie noch zusammen waren, lernte er Patti kennen, und das war das Ende seiner Beziehung mit Rhonda. Seine Beziehung mit Patti endete, weil er Grace begegnete, und seine Beziehung mit Grace brach ab, als er sich Hals über Kopf in Frieda verliebte, die ihn aber wegen eines anderen Mannes verließ. Billy hatte etwa 24 Stunden heftigen Liebeskummer, bevor das ganze Spiel mit June von neuem begann ...

Auch wenn es so aussieht, dass Tammy und Billy sehr verschieden sind (schließlich hat Tammy große Schwierigkeiten, sich von einer Trennung zu erholen, während Billy sich fast sofort der nächsten Frau zuwendet), gehen beide von der gleichen Voraussetzung aus. Sie glauben, dass ein neuer Partner bzw. eine neue Partnerin ihnen hilft, über ihren alten Schmerz und die Verwirrung hinwegzukommen. Aber das funktioniert nicht.

Wenn wir uns eine erfüllte verbindliche Beziehung wünschen, müssen wir zunächst einmal ohne einen Partner oder eine Partnerin unsere eigenen Stärken erfahren. Wir müssen mehr über den Heilungsprozess erfahren und richtig trauern lernen. Ja, Liebe heilt, aber wenn wir den Fehler machen zu glauben, die Liebe eines anderen Menschen könne uns erlösen, hat unser Verhalten immer etwas Verzweifeltes und wir fühlen uns in unseren Beziehungen zwangsläufig ohnmächtig.

Hier einige Vorschläge, wie Sie eine Trennung bewältigen können:

1. Nehmen Sie sich mindestens einen Monat Zeit, um zu verarbeiten, was geschehen ist, und damit ins Reine zu kommen, bevor Sie etwas anderes unternehmen.
2. Nutzen Sie diese Zeit, um die Beziehung zu sich selbst zu pflegen. Versuchen Sie, Dinge zu tun, die Ihnen Spaß machen. Entwickeln Sie mehr Unabhängigkeit. Genießen Sie Ihre Freundschaften. Beschäftigen Sie sich nicht ununterbrochen mit dem, was geschah, und isolieren Sie sich nicht von Menschen, die Sie gerne haben.
3. Wenn Sie nach mehreren Monaten immer noch von Kummer verfolgt werden, müssen Sie sich klar machen, dass Ihr aktuel-

ler Verlust emotionale Erinnerungen an frühere Trennungen auslöst, die sich mit Ihren augenblicklichen Gefühlen vermischen. Vielleicht fühlen Sie sich von diesem inneren Aufruhr ganz überwältigt und brauchen professionelle Hilfe. Die gute Nachricht lautet, dass diese Zeiten eine Chance sind, die Wunden zu heilen, die Verluste hinterlassen, sowohl alte als auch neue.

Bleiben Sie in Ihren Beziehungen im Hier und Jetzt

Barbara hat Terrance gestern Abend kennen gelernt. In Gedanken überlegt sie sich bereits, wie ihre gemeinsamen Kinder aussehen könnten.

Buddy trifft sich mit Glynis seit zwei Wochen. Er mag sie gern, aber er macht sich ständig Sorgen darüber, was mit der Beziehung geschieht, wenn er und sein bester Freund, wie geplant, zusammen in die Sommerferien fahren.

Viele Menschen sabotieren ihre Beziehungen, weil sie sich nicht erlauben, die Gegenwart zu genießen. Sobald sie sich in einer Verbindung wohl fühlen, zerstören sie dieses Gefühl, indem sie in die Zukunft abschweifen und konfuse Bilder vom Ausgang der Beziehung entwerfen. Ich weiß, dass ich selbst das auch getan habe. Gut, im Augenblick ist alles in Ordnung, habe ich immer zu mir gesagt, aber wie wird es werden, wenn wir zusammen bleiben? Ich tat das ganz automatisch, ohne zu begreifen, dass ich mich nur deshalb so leicht auf all diese zukünftigen Sorgen konzentrieren konnte, weil im Augenblick alles gut ging. Die Beziehung barg viele Möglichkeiten. Die Dinge waren im Wesentlichen in Ordnung, also begann ich sofort, Ausschau nach möglichen Störfaktoren zu halten und eilte 30, 40, 50 Jahre in die Zukunft voraus. Und begann mir auszumalen, wie »ungut« sich die Dinge entwickeln konnten. Das war

> Viele Menschen sabotieren ihre Beziehungen, weil sie sich nicht erlauben, das zu genießen, was sie im Augenblick haben.

eine scheußliche Angewohnheit, die mich völlig daran hinderte zu genießen, was ich hatte, und der Beziehung tatsächlich eine Zukunftschance zu geben.

Wenn eine Verbindung noch ganz am Anfang steht, sollten Sie sich völlig auf die Gegenwart konzentrieren. Sie müssen sich ganz dafür einsetzen, Ihr Gefühl von augenblicklicher Verbundenheit zu fördern. Und wenn Sie sich Fragen stellen, dann solche wie: »Wie fühle ich mich mit diesem Menschen?«, »Ist dieser Mensch freundlich und aufrichtig?«, »Bin ich offen und ehrlich?«, »Fühlen wir uns wohl miteinander, und wenn nicht, warum nicht?«

Natürlich müssen Sie sich Sorgen um die Zukunft der Beziehung machen, wenn Sie rote Lichter blinken sehen, die Sie vor möglichen Problemen wie Untreue, Missbrauch oder Bindungsschwierigkeiten warnen. Und es ist auch richtig, sich zu fragen, ob das Potential für eine liebevolle langfristige Beziehung vorhanden ist. Aber Sie sollten sich nicht wie besessen nicht zu beantwortende Fragen stellen: »Wie wird sie/er in 30 Jahren aussehen?«, »Wird sie/er dick werden?«, »Wird sie/er ein Doppelkinn haben?«, »Werden wir uns noch anziehend finden, wenn wir älter werden?«, »Werden wir uns ständig zanken?«, »Werde ich immer noch andere Männer/Frauen attraktiv finden?« Auf diese Fragen gibt es in der Gegenwart keine wirklichen Antworten, und wenn Sie versuchen, sie selbst zu beantworten, schafft das nur Verwirrung und führt Sie in die Irre. Ich habe es bereits gesagt, wiederhole es hier aber noch einmal: Beziehungen entwickeln sich Stunde für Stunde, Tag für Tag. Und deswegen sollten Sie auch all Ihre Aufmerksamkeit, Energie und Bemühungen auf das Hier und Jetzt richten. Sie müssen in jeden gemeinsamen Augenblick alles geben, was Sie zu geben haben, und die Erfahrung auskosten. Sie müssen *in* der Beziehung leben. Jedes Mal, wenn Sie Lichtjahre in die Zukunft vorpreschen, lassen Sie die Realität, die Beziehung und die Verbindung hinter sich.

Ihre Verhaltensmuster in den Griff bekommen

Vielleicht haben Sie sich in vielen der hier beschriebenen Verhaltensmuster und Beziehungskonstellationen selbst erkannt. Ich habe Sie hier nicht testen wollen, und es gibt keinen Grund, sich zu schämen. Im Gegenteil, Ihre Bereitschaft, sich in diesen Beschreibungen zu erkennen, zeugt von beträchtlichem Mut. Und sie zeigt auch, dass Sie bereit für Veränderungen sind.

Wenn diese Gewohnheiten harmlos wären, dann müssten Sie sich sicherlich nicht so genau anschauen, wie Sie sich auf dem Weg zur Liebe verhalten. Diese Gewohnheiten sind keinesfalls harmlos, sondern tatsächlich ziemlich zerstörerisch. Manchmal führen sie dazu, dass Menschen, denen wir am Herzen liegen, verwirrt, enttäuscht und verletzt werden. Dann wieder richten sie sich gegen uns selbst, so dass wir diese schmerzlichen Gefühle erleben. Und egal, in welche Richtung wir uns bewegen, wir kommen niemals bei einer wirklich verbindlichen Beziehung an.

Wenn wir uns über die Konsequenzen unserer Verhaltensweisen nicht im Klaren sind, ist das eine Sache. Aber jetzt sind Sie sich dieser Muster und ihrer Folgen bewusst. Es ist also an der Zeit, sich anders zu verhalten, damit Sie Ihr Ziel – eine langfristige, verbindliche Partnerschaft – wirklich erreichen. Ihre alten Beziehungsgewohnheiten und Verhaltensweisen haben Sie daran gehindert, sich offen und aufrichtig auf einen anderen Menschen einzulassen. Stattdessen sind Sie lange auf der Stelle getreten. Es ist Zeit weiterzugehen. Es ist Zeit, diese Gewohnheiten »über Bord zu werfen« und sich vom Herzen aus zu verbinden. Sind Sie bereit für diese Herausforderung? Ich denke, ja. Denn ich weiß, Sie haben den Mut.

In den vielen Jahren, in denen ich versuchte, die Liebe in mein Leben zu bringen, und immer wieder scheiterte, hatte ich das Gefühl, mich nicht verändern zu können. Ein Grund dafür war, dass ich meine Verhaltensweisen niemals in Frage stellte. Heute, wo ich in meinem Leben eine ganz reale Liebesbeziehung habe, weiß ich, dass Veränderung möglich ist. Und Sie können sofort damit anfangen, indem Sie sich darauf verpflichten, mit alten Gewohnheiten zu brechen und gesündere Verhaltensweisen zu entwickeln.

Die achte Herausforderung

Der Mut, sich den eigenen Ängsten zu stellen

Greg und Miranda sitzen in einem Vorstadtcafé und trinken Cappuccino. Es ist ein Sonntagmorgen Mitte Dezember. Letzte Nacht haben sie gefeiert, dass sie sich jetzt bereits einen Monat kennen, und zum ersten Mal miteinander geschlafen. Sie waren dabei ein wenig schüchtern und unbeholfen, wie es oft beim ersten Mal der Fall ist. Aber es fühlte sich auch nahe und liebevoll an. Könnte das der Anfang einer wirklichen Bindung sein? In den Köpfen der beiden schwirren Hunderte von Fragen durcheinander. Zum Beispiel:

- Erwartet sie/er jetzt, dass wir Silvester zusammen feiern? Ich habe mich schon vor Wochen mit meinen Freunden zum Skifahren verabredet und kann das nicht mehr absagen. Aber ich möchte nicht, dass sie einem anderen Mann begegnet, nur weil ich nicht da bin. Soll ich das ansprechen oder einfach warten?
- Nächste Woche ist Weihnachten. Soll ich ihm/ihr ein Geschenk kaufen? Wie viel soll ich ausgeben? Es soll kein großes Geschenk sein, damit es ihm/ihr nicht peinlich ist, wenn er/sie

nichts für mich hat, aber ich möchte auch nicht den Eindruck erwecken, dass ich geizig bin oder einen schlechten Geschmack habe.
- Bin ich wirklich bereit für etwas »Ernstes«? Eigentlich wollte ich mich ja noch ein paar Jahre umschauen. Ich frage mich, was sie/er erwartet.
- Ob sie/er wohl gemerkt hat, dass ich nicht immer gut im Bett bin? Ob sie/er mich noch anziehend findet? Ich frage mich, ob ich letzte Nacht etwas getan habe, was sie/er nicht besonders lustvoll fand? Wie kann ich das nur herausfinden?
- Vielleicht sollte einer von uns klar sagen, was er will? Aber was will ich denn überhaupt?
- Ich hätte diese Knoblauchkrabben gestern Abend nicht essen sollen. Ich muss wirklich aus dem Mund stinken.
- Sie/er kommt mir etwas zurückhaltender vor als letzte Nacht. Kann sie/er es vielleicht kaum erwarten, allein zu sein? Mir ist schon aufgefallen, wie sie/er den gut aussehenden Kellner/die hübsche Kellnerin gestern Abend angeschaut hat. Vielleicht bin ich doch nicht ihr/sein Typ.
- Er/sie blickt auf die Uhr. Wohin will er/sie? Hat er/sie noch eine Verabredung? Er/sie schaut jedem knackigen Hintern hinterher, der hier vorbei kommt. Wenn diese Beziehung eine Zukunft hat, bin ich dann ständig damit beschäftigt, dass ich nicht einen total durchtrainierten Körper habe?

All diese Überlegungen zeigen ein bestimmtes Maß an Angst, stimmt's? Beziehungen und Angst scheinen oft Hand in Hand zu gehen. Das gilt besonders für neue Beziehungen. Ob das nun gut oder schlecht ist, es ist nun einmal so, wenn wir lieben. Aber bei all unseren Bemühungen, die Liebe zu finden und festzuhalten, ist jeder von uns in bestimmten Bereichen besonders empfindlich. Einige von uns haben Furcht, abgelehnt zu werden. Manche fangen an, sich bedrängt zu fühlen. Wieder andere bekommen Angst um sich selbst. Und einige von uns machen sich Sorgen um die Menschen, die sie lieben. Oft sind diese Ängste lediglich ein Zeichen dafür, dass uns der andere am Herzen liegt und die Beziehung reale Chancen hat.

Wir alle wären glücklicher, wenn jemand uns sagen könnte, was wir tun und lassen sollen und was die Zukunft uns bringen wird. Wir wünschen uns einleuchtende, beruhigende und allwissende Erklärungen für unsere Ängste, sobald sie auftauchen. Und da es kein allwissendes Wesen gibt, das uns sagt, was unser Partner oder unsere Partnerin denkt unf fühlt, werden wir leicht verwirrt, gereizt oder unsicher. Wir möchten wissen, was im anderen vorgeht und möchten entsprechend darauf eingehen können. Wenn wir im Dunkeln tappen, werden wir oft von unseren Ängsten überwältigt. Sie beherrschen unser Denken und fangen schließlich an, auch unsere Beziehung und deren weiteren Verlauf zu bestimmen.

Oft sind unsere Ängste nur ein Zeichen dafür, dass uns der andere am Herzen liegt und die Beziehung reale Chancen hat.

Vom ersten Tag der Beziehung an ängstlich

Laura besuchte vor kurzem eine Party, wo sie einen Mann namens Scott kennen lernte, der sie sehr anziehend zu finden schien. Obwohl Laura nicht sicher war, ob er ihr gefiel, gab sie ihm ihre Telefonnummer und – auf sein Drängen hin – auch ihre E-Mail-Adresse. Als sie am nächsten Morgen ihren Computer anschaltete, fand sie ein E-Mail von Scott vor mit mehreren Witzen, die im Netz herumwanderten. Alles sehr lustig. Am nächsten Tag rief Scott sie an. Und am nächsten und übernächsten Tag auch. Obwohl Laura sich geschmeichelt fühlte, willigte sie eher widerstrebend ein, sich am Samstagabend mit ihm zum Essen zu treffen.

Als der Samstag näher kam, stellte Laura fest, dass ihre Vorfreude wuchs. Sie genoss all die kleinen Vorbereitungsrituale für eine Samstagabendverabredung und dachte, wie schön es wäre, jemanden zu haben, mit dem sie regelmäßig ausgehen konnte. Beim Essen entdeckte Laura dann Eigenschaften an Scott, die ihr gefielen. Er war witzig. Er war klug. Und am reizvollsten für sie war, wie sehr er sie zu mögen schien. Er zeigte ein ganz beharrliches Interesse an ihr. »Warum«, dachte sie für sich, »soll ich nicht mit jemandem zusammen sein, der mich mehr mag als ich ihn?«

Scott brachte Laura nach Hause und sie begannen sich vor ihrer Haustür zu küssen. Lange, ausgedehnte Küsse. »Wunderbar!« dachte Laura. Als Scott schließlich ging, sagte er, er würde sie anrufen. Laura war sich nicht sicher, was das hieß. Eigentlich erwartete sie, dass er sie am nächsten Tag oder am Montag anrief, um einfach nur Hallo zu sagen, aber das tat er nicht. Mittwochabend begann Laura sich Sorgen zu machen. Sie war sich unsicher, ob sie Pläne für den kommenden Samstag machen oder den Abend für Scott frei halten sollte. Sie fragte sich ängstlich, ob er sie überhaupt wieder anrufen würde und ob sie beim Essen etwas gesagt oder getan hatte, was ihn abschreckte. Sie dachte sogar daran, ihn selbst anzurufen. Sie kannte Scott kaum und musste trotzdem feststellen, dass *sie auf das Klingeln des Telefons wartete!*

Als Scott sie schließlich Samstagmorgen anrief und sie fragte, ob sie Sonntagnachmittag etwas zusammen unternehmen wollten, war Lauras unmittelbare Reaktion Erleichterung. Dann begann sie sich besorgt zu fragen, ob sie »Punkte verloren« habe. Warum wollte er nicht Samstagabend mit ihr ausgehen? Was war los? Wenn Laura sich ihre wahren Gefühle eingestehen würde, müsste sie zugeben, dass sie noch nicht einmal wusste, ob sie Scott mochte oder anziehend fand. Ihre Ängste um den zukünftigen Verlauf der Beziehung waren jedoch so intensiv, dass Scott automatisch Macht über ihr Leben bekam.

So ist Laura in Beziehungen. Und das ist kein Vergnügen!

Warum machen Beziehungen Laura Angst und geben ihr das Gefühl, keine Kontrolle zu haben?

Es ist kein Geheimnis, dass Männer mit ihrer aktiven und aggressiveren Rolle den Prozess des Werbens bestimmen und damit auch die Geschwindigkeit, mit der sich eine Beziehung entwickelt. Und es ist auch kein Geheimnis, dass die altmodischen Gepflogenheiten in Mann-Frau-Beziehungen – Junge umwirbt Mädchen – bei Frauen ein Gefühl von Ohnmacht und Ausgeliefertsein hinterlassen. Wenn Sie darauf warten, dass ein Mann, den Sie mögen, oder auch ein anderer Mensch Sie anruft, kann das Angst auslösen – und das Gleiche gilt für das Warten darauf, ob Sie die erste »Musterung« bestehen. Natürlich bekommen Männer auch Angst, wenn sie sich fragen, ob die Frau ihr Werben mit Ja oder Nein beantworten wird. Aber das ist etwas anderes. Als Mann bin ich in dem Wissen aufgewachsen, dass ich nicht darauf warten muss, »erwählt« zu werden. Ich bin derjenige, der wählt, und das ist ohne Frage die bessere Position.

In Lauras Fall ist dieses traditionelle Muster durch ihren individuellen Hintergrund verstärkt worden. Die Verluste und Geister in ihrem Leben haben sie besonders empfindlich gemacht. Nach außen hin scheint es keinerlei Gründe dafür zu geben, dass Beziehungen bei Laura Ängste auslösen. Sie hat eine intakte Familie mit liebevollen Eltern. Lauras Mutter jedoch wurde krank, als Laura noch sehr klein war, und musste oft für längere Zeit ins Krankenhaus. Laura weiß noch, wie sie sich immer besorgt fragte, ob ihre Mutter jemals zurückkommen würde. In diesen Jahren hatte Lauras Vater eine heimliche Affäre mit seiner Sekretärin – was Laura erst vor ein paar Jahren entdeckte. Damals begann sie auch die subtilen Botschaften ihrer Mutter zu verstehen, die ihr im Laufe der Jahre immer wieder sagte, wie wankelmütig Männer seien und wie wenig man ihnen vertrauen könne. Laura erhielt von ihren Eltern noch zwei weitere Botschaften: Eine Beziehung zu haben, sei das wichtigste im Leben und Laura sei so schön und klug, dass eines

Tages ein Mann komme, der sofort erkennen würde, wie wunderbar sie sei.

In Lauras Affären an der High School und auf dem College begann sich die Wirkung dieser Botschaften zu zeigen. Anders als den meisten ihrer Freundinnen fiel es Laura immer sehr schwer loszulassen, wenn eine Liebe zu Ende ging. Sie war nie zu oberflächlichen Verabredungen imstande und konnte nicht von einem Mann zum nächsten wechseln. Sie war jedes Mal überrascht vom Verhalten der Männer. Sie ging stets davon aus, dass die Beziehung ernst gemeint war und wurde des Öfteren enttäuscht. Laura fühlte sich aufgrund dieser Erfahrungen verletzt und verzweifelt. Und das blieb so lange so, bis sie einen neuen Mann kennen lernte und das Spiel wieder von vorne begann.

Als Laura Scott begegnete, war sie schon äußerst verletzlich geworden. Als Scott sie nicht anrief, obwohl er es versprochen hatte, nahm Laura sofort das Schlimmste an: *Er hat bereits eine Freundin. Sie war nur verreist und jetzt ist sie zurück ...oder ... er hat eine andere kennen gelernt. Er mag mich nicht mehr. Er will mich nicht. Ich verliere ihn.*

Und was ist mit Scott?

Scott ist einsam. Er ist immer einsam gewesen. Seine Mutter liebte ihn abgöttisch, doch sein Vater war oft längere Zeit abwesend, und noch schlimmer, Scotts Vater war zu Hause oft so verstimmt, dass man ihm nicht nahe kommen durfte. Scott hatte stets das Gefühl, dass seine Familie anders war als die seiner Freunde. Und obwohl er beliebt und ein guter Sportler war, hatte er nie wirklich das Gefühl, irgendwo dazuzugehören.

Wenige Wochen nach seinem College-Abschluss heiratete Scott, aber er wusste schon während der Eheschließung, dass das ein Fehler war, den er später bereuen würde. Er und seine Frau waren gute Freunde, aber es gab nicht viel Leidenschaft zwischen ihnen. Glücklicherweise wurde seine Frau nicht schwanger, und nach fünf Jahren erkannten sie beide, dass sie mehr erleben wollten. Scott begann, sich in Verabredungen mit Frauen zu stürzen. Das fühlte sich jetzt anders an, schließlich war er älter und sicherer. Er hatte einen guten Job, zog sich gut an und hatte seine eigene Wohnung. Und es gab so viele Frauen. Aber es war Scott offensichtlich nicht möglich, sich mit einer Frau einfach nur hin und wieder zu treffen. Wenn er keine Freundin hatte, setzte er alles daran, um eine zu finden. Und mit fast jeder Frau, mit der er sich verabredete, wurde es ernst. Scott erzählte diesen Frauen immer zu viel von sich, was er später bereute. Denken Sie daran, Scott ist einsam. Er wünscht sich Kontakt. Aber er weiß überhaupt nicht, ob er wirklich eine verbindliche Beziehung möchte. Er ist jetzt seit sechs Jahren allein, und seine Zerrissenheit bringt ihn ständig in Schwierigkeiten mit Frauen.

Bei Laura hat Scott bereits jetzt Angst, es könnte wieder auf das Gleiche hinauslaufen. Zuerst fragte er sich ängstlich, ob sie wohl mit ihm ausgehen würde. Als sie schließlich Ja sagte, hatte er Angst, sie könnte es sich noch anders überlegen. Und als sie wirklich kam, hatte er Angst, sie könnte ihn nicht sehr mögen. Also wählte er ein Restaurant, das sie beeindrucken würde und legte sich total ins Zeug, um sich sofort bei ihr beliebt zu machen. Scott konnte sich nicht eine Sekunde entspannen, weil er sich ständig abmühte, sich von seiner charmantesten Seite zu zeigen.

Aber nach dem Treffen mit Laura machte Scott sich andere Sorgen. Seine Bemühungen waren angekommen, das war deutlich. Laura mochte ihn tatsächlich und würde ihn sicher wieder sehen wollen, wenn er sie fragte. Jetzt hatte er neue Zweifel: Wie weit wollte er denn gehen mit Laura? Er mochte sie. Das war ganz klar. Aber wie sehr mochte er sie? Da war er sich nicht so sicher.

Scott begann, an die Frau zu denken, mit der er neulich Abend im Videoladen geflirtet hatte. Sie war sehr attraktiv. Er war sicher, dass er ein neues »zufälliges Treffen« arrangieren könnte, wenn er es darauf anlegte. Er dachte auch an die Frau in der Garderobe des Restaurants. Als sie Laura ihren Mantel reichte, hatten

Scott und sie sich angeschaut. Sie war sehr hübsch! War Scott bereit, seine Welt *nur* auf Laura zu beschränken? Scott hasste es, jetzt schon diese Entscheidung treffen zu müssen. Warum konnte er nicht einfach seinen Spaß haben? Warum mussten die Dinge immer so schnell ernst werden? Es würde Scott nicht weiterhelfen, wenn man ihm sagte, dass Laura ihn gar nicht gebeten hatte, eine Entscheidung zu fällen.

Als Laura positiv auf Scotts aktives Werben reagierte, war er einerseits erleichtert, andererseits lud er sich gleich ein neues Problem auf: seine Angst vor dem »Für-immer«. Je sicherer Scott ist, dass er Laura für sich gewinnen kann, desto nachdrücklicher stellt er sich die Frage, ob er die Beziehung überhaupt weiter verfolgen will. Ja, Scott hat sich immer sehr einsam gefühlt. Aber nicht einsam genug, redet er sich ein, um Jahre seines Lebens einer weiteren falschen Entscheidung zu opfern. Es gibt so viele andere Frauen, sagt er sich erneut. Und er weiß, er ist durchaus begehrt. Vielleicht ist er einfach noch nicht so weit. Vielleicht muss er noch warten. Zumindest sollte er sein Tempo drosseln und im Augenblick nicht den Anschein erwecken, dass er *zu sehr* interessiert sei. Wenn er zwei Samstagabende hintereinander mit ihr ausging, würden ihre Erwartungen an ihn sicherlich wachsen. Also beschließt Scott, auf Sonntag umzuschwenken und fühlt sich sofort erleichtert. Das Problem ist, was soll er nächste Woche tun? Wie kann er sich Lauras Interesse erhalten, ohne dass es *zu* groß wird? Scotts Ängste bringen ihn dazu, einen schmalen Grat zu beschreiten. Jetzt wo er Lauras Aufmerksamkeit gewonnen hat, möchte er sich etwas bedeckt halten – so bedeckt, dass er sie zwar nicht abschreckt, aber doch ein wenig auf Distanz hält.

Wann und wie bekommen wir Angst?

In Beziehungen wird meistens dann Angst ausgelöst, wenn wir Folgendes befürchten:

- Unser Partner/unsere Partnerin kommt uns zu nahe.
- Unser Partner/unsere Partnerin entfernt sich zu weit.

Natürlich treten diese Ängste nicht bei jedem von uns gleich bei der ersten Verabredung zutage. Viele Menschen mit Bindungsschwierigkeiten bleiben völlig ruhig und heben sich ihre Angstattacken auf, bis mehr auf dem Spiel steht. Typisch ist, dass Menschen an vier verschiedenen Punkten Angst bekommen:

1. Der Bammel nach dem ersten Abend
Ein gelungener erster (oder zweiter) Abend jagt vielen Menschen Angst ein. Einer der Beteiligten oder auch beide können sofort glauben, jetzt werde mehr von ihnen erwartet. Der andere fragt sich vielleicht sofort besorgt: »Wird er/sie wieder anrufen?«

2. Wir hatten Sex, was nun?
Auch wenn Menschen zum ersten Mal Sex miteinander hatten, kann das Angst auslösen. Wieder kann einer der Partner panisch befürchten, jetzt würde von ihm erwartet, dass er sich wirklich einlässt, und daraufhin beginnen, sich zurückzuziehen. Die Reaktion des/der anderen kann darin bestehen, auf größere Nähe zu drängen. Das ist oft der Beginn eines Teufelskreises mit festgefahrenen Rollen und Verhaltensweisen, was die Beziehung bedroht.

3. Es ist Zeit, ernst zu machen
Am häufigsten taucht die Angst dann auf, wenn das Paar sich lange genug getroffen und die Beziehung sämtliche Vorbereitungsphasen durchlaufen hat. Jetzt ist es Zeit, einen Schritt weiter zu gehen – und zusammenzuziehen. Typisch ist wiederum, dass einer der beiden Partner sich stark unter Druck fühlt und den anderen hin-

hält. Der andere, ebenfalls von Angst getrieben, reagiert oft mit Argumenten und Ultimaten.

4. Der Morgen danach
Manche Menschen nehmen eine Beziehung erst dann ernst, wenn sie sich ganz konkret und für alle sichtbar darauf eingelassen haben (das heißt am Morgen nach der Heirat oder in der Woche, nachdem das Paar zusammengezogen ist). Dann kann einer der Partner oder beide in Panik geraten. Er oder sie fühlt sich bedrängt, bekommt Zweifel oder fängt an, den anderen zu kritisieren.

Wovor haben wir in Beziehungen wirklich Angst?

Bei der Arbeit, unter Freunden und in unserer Familie können wir wahre Säulen der Zuversicht und Stärke sein. Aber in der Welt der Liebe und der Beziehungen sind wir reine Nervenbündel. Manchmal bringt uns der bloße Gedanke an eine emotionale Bindung aus dem Gleichgewicht. Wir haben schon Angst, bevor wir den ersten Schritt tun. Wir »kneifen« gleich zu Anfang und fahren fort zu kneifen, während die Verbindung tiefer wird und wir uns noch verletzlicher fühlen. Manchmal ist die Angst minimal, manchmal geradezu überwältigend.

Hier eine – unvollständige – Liste der Dinge, die uns bei der Liebe Angst machen:

Wir haben Angst vor Ablehnung. Wir befürchten, verglichen zu werden. Wir befürchten, verlassen zu werden. Wir befürchten, im Stich gelassen zu werden. Wir haben Angst, unsere Freiheit und Unabhängigkeit zu verlieren und nicht genug Schlaf zu bekommen. Wir haben Angst, unsere geheimen Lieblingsplätze aufgeben zu müssen. Wir haben Angst vor Erwartungen und davor, vereinnahmt zu werden. Wir befürchten, unsere körperlichen und geistigen Grenzen könnten sichtbar werden und man könnte uns dafür verurteilen. Wir haben Angst vor Enttäuschungen. Wir haben Angst davor, neue Prioritäten zu setzen. Wir fürchten uns vor unserer eigenen Verletzlichkeit und unseren eigenen intensiven Gefühlen. Wir haben Angst, die Kontrolle zu verlieren. Wir haben Angst vor Liebeskummer. Wir haben Angst, einen weiteren Fehler zu begehen. Wir befürchten, dies könnte in der Liebe unsere letzte Chance sein. Wir befürchten, missverstanden zu werden, und haben Angst, dass man uns nicht schätzt. Wir haben Angst, dass der andere uns für selbstverständlich hält. Wir befürchten, nicht halten zu können, was wir versprechen. Wir haben Angst, die Vergangenheit zu wiederholen. Wir befürchten, unsere Vergangenheit könnte uns verfolgen. Wir befürchten, von der Zukunft enttäuscht zu werden. Wir haben Angst vor Sex – vor allem: monogamem Sex – und seinen Folgen. Wir haben Angst, »zu weit zu gehen«. Wir haben Angst, nicht weit genug zu gehen. Wir fürchten uns vor den vielen Geistern, die sich zeigen, um uns daran zu erinnern, wie schwierig Beziehungen sind.

Und, am wichtigsten, wir haben Angst vor den Gefühlen, die mit der Angst selbst einhergehen.

Was unsere Ängste mit uns machen

Angst ist eine schwieriges Gefühl. Wenn wir ängstlich sind, bekommen wir Magenschmerzen, unser Brustkorb schmerzt und unser Herz schlägt schneller. Angst macht uns Angst, sie überwältigt uns und bringt uns aus dem Gleichgewicht. Sie lenkt uns ab, so dass wir uns nicht mehr auf unsere Arbeit konzentrieren können. Sie ist regelrecht schmerzhaft. *Sie kann uns daran hindern, das Leben zu genießen.*

Kein Wunder, dass wir alles Mögliche unternehmen, um die Angst loszuwerden. In Beziehungen versuchen wir meistens, unsere Angst unter Kontrolle zu bekommen, indem wir uns bemühen, unsere Gefühle in Schach zu halten. Wir versuchen auch, unsere Partnerinnen und Partner zu kontrollieren sowie den Verlauf der Beziehung selbst.

Tief in unserem Herzen wissen wir alle, dass Beziehungen sich allmählich und natürlich entfalten sollten. Unsere Angst jedoch drängt uns oft, diesen Prozess abzukürzen. Wir wollen wissen, dass wir die Kontrolle behalten. Das Bedürfnis, unsere Ängste zu kontrollieren, lässt uns Dummheiten begehen. Manchmal bringt es uns dazu, unsere Partnerinnen oder Partner von uns wegzuschieben. Manchmal bewirkt es, dass wir versuchen, unseren Partner oder unsere Partnerin an uns zu binden. Manchmal fangen wir vor lauter Angst einen Streit an. Manchmal möchten wir vor lauter Angst alles hinwerfen.

Unsere Ängste benennen

Wenn wir uns unsere Ängste einfach eingestehen und sie benennen, begreifen wir oft besser, wie sie unsere Beziehungen sabotieren. Hier einige Beispiele, wie unsere Ängste uns dazu bringen, kopflos zu handeln, und damit einer wirklichen Verbindung im Wege stehen.

Aussteigen in dem Moment, wo wir Panik bekommen (statt zu lernen, unsere Ängste zu verstehen und uns mit ihnen auseinander zu setzen)

Wenn Schauspielerinnen und Schauspieler die Bühne verließen, sobald sie Angst bekommen, gäbe es weder Oper noch Tanz, noch Theater. Wenn Sportlerinnen und Sportler in den Umkleideraum zurücklaufen würden, sobald Angst aufkommt, gäbe es keine öffentlichen Sportveranstaltungen. Wenn Geschäftsleute beim ersten Anzeichen von Angst aus dem Konferenzsaal gingen, würde unsere Wirtschaft zum Erliegen kommen. Wenn öffentliche Redner in dem Augenblick, wo sie Angst verspüren, vom Rednerpult zurücktreten würden, bekämen wir keine weitere Rede mehr zu hören. Und wenn jeder von uns aus seiner Beziehung aussteigen würde, sowie er Angst bekommt, gäbe es auf der ganzen Welt keine Beziehungen mehr. Angst ist nicht unbedingt etwas Schlechtes. Sie ist einfach eine Herausforderung. Und Sie müssen sich dieser Herausforderung stellen.

Fragen Sie Paare, deren Beziehung Sie aufrichtig respektieren, und sie werden Ihnen wahrscheinlich alle das Gleiche erzählen: Zu Beginn einer Beziehung – und das gilt selbst für die besten Beziehungen – gibt es viele Situationen, in denen die Partner sich immer wieder unsicher fühlen, zweifeln oder totale Panik bekommen. »Ist das richtig?«, »Stimmt der Zeitpunkt?«, »Ist das die Person, die ...?«, »Bin ich wirklich bereit?«

Auf all diese Fragen gibt es gute Antworten. Aber das Problem ist: Diese Antworten existieren *jetzt* noch nicht. Und genau deswegen ist es ein großer Fehler, *jetzt* etwas zu *tun*, außer tief durchzuatmen und »auf der Welle zu reiten«. Sie müssen lernen, sich mit Ihrer Angst innerlich auseinander zu setzen, statt sich von ihr beherrschen zu lassen. Sie müssen eine innere »Erwachsenenstimme« finden, die Ihre Furcht in Schach hält, bis Sie genau verstehen, woher sie stammt, oder bis Ihre Angst sich schließlich auflöst. Angst kann ein Zeichen dafür sein, dass Sie und Ihre Partnerin oder Ihr Partner sich näher kommen. Betrachten Sie sie als *positives* Zeichen.

Die Antworten auf Ihre ängstlichen Fragen werden sich mit der Zeit und im Verlauf Ihrer Beziehung von selbst einstellen. Im Augenblick ist nur eines sicher: Aussteigen ist keine Antwort. Geben Sie der Beziehung eine Chance! Was heute beängstigend scheint, kann schon morgen lächerlich oder unwichtig sein. Schon morgen können Sie das Gefühl haben, dieser Situation gewachsen zu sein. Die Angst kann schon morgen verschwinden, so dass Sie sich fragen:»Worum ging es denn überhaupt?« Ihre Aufgabe besteht darin, der Beziehung Tag für Tag eine Überlebenschance zu geben, statt einen Rückzieher zu machen, bevor Sie sich alle Ihre Karten angeschaut haben.

Das mangelnde Interesse des Partners/der Partnerin reizt einen

Wenn Sie Bryce vor zwei Tagen gefragt hätten, was er für Melissa, die Frau, mit der er sich regelmäßig trifft, empfindet, hätte er gesagt, er denke,»sie sei okay«. Aber wenn Sie ihn heute nach seinen Gefühlen für sie fragten, würde er sagen, er glaube, in sie verliebt zu sein. Was ist passiert, dass sein Herz so plötzlich umgeschwenkt ist? Melissa hat Bryce gerade gesagt, dass sie sich auch noch mit anderen Männern treffen will.

Wenn Sie Jennifer vor zwei Wochen gefragt hätten, ob sie ihrer Beziehung mit Keith langfristig eine Chance gäbe, hätte sie Ihnen geantwortet, sie sei sich nicht sicher, ob er wirklich »der Richtige« sei. Aber wenn Sie ihr diese Frage heute stellten, lautete die Antwort, sie würde Keith glattweg heiraten, wenn er ihr einen Antrag machte. Woher dieser plötzliche Wandel? Gestern hat Keith Jennifer gesagt, er sei sich nicht sicher, ob sie »die Richtige« für ihn sei.

So sieht die grundlegende automatische Reaktion von Menschen aus, die mit Bindungsängsten zu kämpfen haben: Wenn ihr Partner oder ihre Partnerin das Interesse verliert, wächst ihr Interesse. Wenn Sie Ihre Haltung automatisch ändern und den anderen genau in dem Augenblick »wollen«, wo Sie den Verdacht haben, dass sie bzw. er Sie »nicht will«, dann hat Ihre Reaktion wenig mit aufrichtigen Gefühlen oder ehrlichen Motiven zu tun.

Sie müssen diesen Mechanismus in den Griff bekommen, denn er ist ein Symptom dafür, dass Sie keine Beziehung wollen, die wirklich Potential hat. Machen Sie sich klar, dass das Desinteresse des anderen Ihnen die Freiheit gibt zu phantasieren, sich zu sehnen und sogar zu handeln, ohne Konsequenzen fürchten zu müssen. Damit eine Beziehung gelingt, müssen beide Beteiligten zur selben Zeit das Gleiche wollen. Wenn das nicht der Fall ist, zählt auch nicht, was Sie sonst noch gemeinsam haben.

Zu schnell zu viel Druck ausüben

Viele Menschen möchten die Phase der Verabredungen und der Anfänge einer Beziehung so schnell wie möglich hinter sich bringen, um ihre Angst ablegen und »zum normalen Stand der Dinge« zurückkehren zu können. Vielleicht empfinden Sie genauso und sind deswegen in Eile. Vielleicht haben auch Sie Angst, Ihre Gefühle oder die Gefühle Ihres Partners/Ihrer Partnerin könnten sich verändern, wenn Sie noch viel länger warten. Oder Ihr Vorwärtsdrängen ist Ihre Strategie, konkrete Aussichten bewusst zunichte zu machen. Welche Gründe Sie auch immer haben, Ihr Tempo ist beängstigend und erweckt den Eindruck, dass Sie kein klares Gespür für die angemessene Entwicklung einer Verbindung haben. Ihr möglicher Partner oder Ihre Partnerin kann sich nur fragen: »Mit wem hat er/sie eigentlich diese Beziehung? ... Ganz bestimmt nicht mit mir.«

Die Anfangsstadien einer Beziehung sind für beide Partner eine unschätzbare Gelegenheit, sich näher zu kommen. Dies ist eine Zeit, um Fehler zu machen und aus diesen Fehlern zu lernen und um notwendiges Wissen zu sammeln, auf dessen Grundlage Sie einschätzen können, ob die Verbindung eine Zukunft hat. Diese Anfänge sind Teil des Beziehungsprozesses, auch wenn sie mit viel Angst und Druck einhergehen mögen. Wenn Sie versuchen, diesen Prozess abzukürzen, lösen Sie nur zusätzliche Ängste und noch mehr Druck aus, was Ihre Chancen auf ein Gelingen ernsthaft verringert.

Den anderen zurückweisen, um selbst nicht zurückgewiesen zu werden

Charles liebt Selma aufrichtig, aber er empfindet enormen Druck, der nicht nur von ihr ausgeht, sondern auch von seiner Arbeit. Er hat Selma gerade gesagt, dass er sie in den nächsten Wochen nicht so häufig treffen möchte, weil er an einem umfangreichen Projekt arbeitet. Wie hat Selma reagiert? Indem sie ihm sagte, vielleicht sollten sie sich überhaupt nicht mehr sehen, wenn er so empfindet. Punkt.

In diesem Fall möchte Charles lediglich etwas Zeit und Abstand, um Unerledigtes im Büro nachzuholen und zu schauen, welchen Stellenwert die Beziehung für ihn hat. Wenn Selma ihn daraufhin gefragt hätte, was er damit genau meine, hätte das für beide eine Gelegenheit sein können, ihre Gefühle zum Ausdruck zu bringen, so dass die Verbindung weiter wachsen kann. Hätte Selma Charles vermittelt, dass sie ihn versteht und selbst etwas Zeit für sich braucht, hätten sich für beide neue Möglichkeiten eröffnet. Aber Selmas Reaktion half den beiden nicht weiter. Charles möchte sie nicht verlieren, also lenkte er ein und redete nicht mehr über das Thema. Er empfindet jedoch enorm viel Ärger. Er möchte nicht mit diesen Gefühlen durchs Leben gehen, und deshalb beginnt er, die Beziehung ernsthaft in Frage zu stellen.

Wir alle kennen das: Sie sind sicher, dass die Axt fallen wird, also greifen Sie selbst nach der Axt und holen zum ersten Schlag aus. Eine Zeit lang fühlen Sie sich dadurch besser; Sie spüren Ihre Kraft. Aber dann beginnen Sie sich zu fragen, ob Sie zu voreilig und zu hart waren. Das Problem ist, Sie werden es nie herausfinden.

Wenn wir das »sichere« Gefühl haben, zurückgewiesen zu werden, ist das oft eine Projektion aus der Vergangenheit, mit der wir zu kämpfen haben. Etwas an den Worten unseres Partners oder dem Verhalten unserer Partnerin erinnert uns an frühere Beziehungen, und wir ziehen sofort negative Schlüsse. Aber diese Schlussfolgerungen können völlig falsch sein.

Wenn manche Menschen kämpfen, machen sie sich bereit, eine Beziehung zu beenden; andere brechen einen Streit vom Zaun, um lediglich Dampf abzulassen. Wenn manche Menschen sagen, sie brauchen »mehr Raum für sich«, ist das ein Vorwand, um sich zu trennen; andere sagen, sie brauchen »ihren eigenen Raum«, und müssen einfach nur ein, zwei Tage allein sein. Manche Menschen erwidern einen Anruf nicht, weil sie sich aus der Beziehung davonstehlen wollen; andere rufen nicht zurück, weil sie an dem Tag einfach total erledigt sind. Es gibt nur einen Weg zu wissen, was los ist: Sie brauchen mehr Information. Ich will damit nicht sagen, dass Sie offen für eine Beziehung bleiben sollen, die Ihnen schadet. Ich schlage Ihnen lediglich vor, sich gut und klar zu informieren, so dass Sie Ihr Gleichgewicht bewahren und ein klares inneres Gefühl haben, wenn Sie feste und unwiderrufliche Entscheidungen treffen.

Kontrolle ausüben, um »Übergriffe« und andere Angst auslösende Situationen zu vermeiden

Eine Beziehung erfordert Kompromisse. Das heißt, Sie können nicht immer und in jeder Situation Ihren Kopf durchsetzen. Manche Menschen empfinden das, als würden sie ihre Freiheit und die Kontrolle über ihre eigene Umgebung verlieren. Das löst Angst aus. Oft reagieren wir darauf, indem wir versuchen, noch mehr Kontrolle auszuüben.

Ich weiß zum Beispiel, dass ich manchmal versuche, meine Angst in den Griff zu bekommen, indem ich das Verhalten meiner Partnerin kontrolliere. Wer tut das nicht? Als allein stehender Mann hatte ich mich sehr daran gewöhnt, mein Leben selbst zu bestimmen. Wenn meine Beziehungen dann enger wurden, musste ich mich immer wieder dem Thema Kontrolle stellen. Oft machte sich das an dem Gefühl fest, dass mein Raum besetzt würde, und das machte mir Angst. Dann versuchte ich zu kontrollieren, was sich in meiner Wohnung abspielte.

Wenn eine Frau begann, Zeit in meinem »Raum« (meinem

Junggesellenappartement) zu verbringen, bekam ich das Gefühl, die Kontrolle über meine Wohnung zu verlieren, und das gefiel mir nicht. Und schon wurde ich zur Karikatur des unflexiblen, kleinlichen Junggesellen. Und selbst wenn ich mich der Frau gegenüber gar nicht äußerte, reagierte ich innerlich. »Ihr« Kram lag überall herum, im Badezimmer, in der Küche, im Wohnzimmer. »Sie« fing an, Dinge umzustellen. Im Kühlschrank stand jetzt der Senf hinter dem Orangensaft, statt umgekehrt. Das fühlte sich an wie eine Invasion. Die Milch ging zu Ende (wie konnte man nur so viel Milch trinken?), und keiner kaufte neue. Ich konnte am Gewicht der Milchflasche in meiner Hand immer genau ablesen, wann es Zeit war, neue Milch zu kaufen. Aber wenn eine Frau begann, sich in meinem Appartement aufzuhalten, tauchte ein neuer Faktor auf: *Jemand anderes trank meine Milch.* Wie Sie sehen, hatte ich einige ziemlich hässliche Gedanken. Ich machte meiner Partnerin Vorwürfe, ohne mir darüber im Klaren zu sein, dass ich Beziehungsängste hatte.

Ich weiß noch, wie ich dachte, dass ich Ordnung brauche und dieser andere Mensch nur Chaos verursachen würde. Ich kam zum Beispiel einfach nicht damit zurecht, wenn überall die Sachen eines anderen herumlagen. Ich erzähle Ihnen das, damit Sie eine Vorstellung davon bekommen, wie idiotisch eine Person mit Bindungsproblemen argumentieren kann. Wenn ich das Gefühl bekam, dass »jemand anderes« in meinen Raum eindrang, beschäftigte mich manchmal ständig die Frage des Verbrauchs von Toilettenpapier. Unglaublich idiotisch, ich weiß. Aber ich kam nicht damit zurecht, dass jemand anderes so viel mehr Toilettenpapier verbrauchte als ich.

In der für mich perfekten Situation des Singles rechnete ich mir immer ganz genau aus, wie viele Rollen Toilettenpapier ich für drei Monate brauchte und lagerte sie in einem Wandschrank. »Sie«, wer immer dies war, verbrauchte mit ihrem Make-up und allem meinen für drei Monate berechneten Vorrat manchmal in wenigen Wochen. Das ärgerte mich. Ich gebe zu, dass meine unbewusste Angst mich zu einem unmöglichen Menschen werden ließ, der alle möglichen dummen Kleinigkeiten kontrollieren musste.

Als ich mit meiner Frau einen gemeinsamen Haushalt gründete, kamen viele dieser Themen hoch, die alle mit Kontrolle zu tun hatten. Jill zum Beispiel wollte unser zusätzliches Schlafzimmer sofort für Gäste »herausputzen«. Ich wollte dafür kein Geld ausgeben und fand es nicht wichtig. Ich fand, die Gäste konnten glücklich sein, überhaupt ein Zimmer für sich zu haben. Aber Jill wollte nicht nur ein Zimmer, sondern ein *schönes* Zimmer. Sie begann, neue Möbel zu kaufen, von denen sie einige nur vorübergehend in das Zimmer stellen wollte. Plötzlich hatte ich das Gefühl, die Kontrolle über meine unmittelbare Umgebung zu verlieren. Ich fand das emotional sehr beunruhigend, weil Übergangslösungen generell beängstigend für mich sind.

Natürlich hatten wir unsere Streitereien um diese Dinge. Selbst wenn ich mit dem, was Jill tut, überhaupt nicht einverstanden bin, kann ich sehen, dass es bei weitem kein so großes Problem wäre, wenn ich nicht das starke Bedürfnis hätte, meine direkte Umgebung zu kontrollieren. Und natürlich hätte ich gern mehr Kontrolle über Jills Entscheidungen.

Wenn wir zu Beginn einer Beziehung alles durch eine »rosarote Brille« sehen, scheint es nicht weiter wichtig zu sein, wie beide mit Dingen umgehen. Wir achten nicht so sehr darauf, ob Taschen auf dem Fußboden herumstehen, Kleider herumliegen, Betten nicht gemacht werden, die Stereoanlage an- oder ausgeschaltet ist und die Fenster offen oder geschlossen sind. Aber wenn die Beziehung real wird, können diese Themen äußerst wichtig werden. Für manche Menschen fühlt sich das an wie ein Kampf um Leben und Tod. Sie müssen sich immer wieder klar machen, dass es in Wirklichkeit um Ihre Angst geht, die Kontrolle über Ihre Umgebung zu verlieren. Sie streiten sich nicht um Werte, Lebensstile oder hygienische Fragen. Es geht um Kontrolle – die Kontrolle Ihrer Umgebung und des Verhaltens Ihres Partners oder Ihrer Partnerin.

Wir alle sind hin und wieder frustriert darüber, dass unsere Partnerinnen und Partner anders sind als wir selbst und wir nicht bestimmen können, was sie mögen, nicht mögen, brauchen oder tun. Meine Frau arrangiert sich mit diesen Dingen schneller als ich. Ich gebe zu, dass ich das schwierig finde. Ich habe jedoch gelernt zu begreifen, was da passiert, und das macht einen großen Unterschied. Auch in Ihrer Beziehung kann dieses Verständnis die Dinge sehr verändern.

Kontrolle und Verbundenheit sind wie Wasser und Öl. Sie vertragen sich einfach nicht miteinander. Echte intime Verbundenheit ist nur ohne Kontrolle möglich, wenn beide Partner wirklich »loslassen«. Beziehungen sind immer ein Risiko, und Kontrolle ist das Gegenteil von Risiko. Kontrolle ist ein Hindernis für Gefühle. Kontrolle ist Manipulation und verschließt die Türen zu unserem Herzen.

Eine intensivere Beziehung zu unserer Angst als zum Partner/zur Partnerin haben

Wir alle haben unsere ganz speziellen Ängste. Man braucht bei uns nur den richtigen Knopf zu drücken, und schon fangen wir an zu rotieren. Manche von uns rotieren häufiger als andere. Aber warum landen so viele von uns bei Partnerinnen oder Partnern, die wissen, wann und wie sie uns die entsprechenden Knöpfe drücken können? Was kommt zuerst? Reagieren wir auf die anderen, weil sie wissen, wie sie uns die Knöpfe drücken können? Oder reagieren wir zuerst auf die Ängste selbst?

Das sind in Beziehungen sehr wichtige Fragen, und zwar aus folgendem Grund: Oft bringen wir einem Menschen einfach deswegen starke Gefühle entgegen, weil wir glauben, die Person habe die Macht, uns mit unserer Angst in Kontakt zu bringen und auch davon zu befreien. Er oder sie findet den Schalter, der unsere Angst in Gang setzt. Vielleicht war er oder sie untreu, unzuverlässig oder hat uns zurückgewiesen. Wir bekommen so große Angst, dass wir schließlich glauben, der einzige Weg, unsere

Angst zu verlieren, bestünde darin, den Konflikt mit diesem Menschen zu lösen.

Und auch Folgendes passiert oft: Wir fühlen uns dem anderen so stark verbunden und die Anziehung zwischen uns ist so heftig, dass alle möglichen bislang verschütteten Gefühle aus unserer eigenen Vergangenheit zutage treten. Wir bekommen Angst – so große Angst, dass wir glauben, der einzige Weg, uns von dieser Angst zu befreien, bestünde darin, die Beziehung zu beenden und die Person zu verlassen, die diese Gefühle auslöst.

Angstgefühle können sowohl durch einen drohenden Verlust oder Bruch als auch durch eine starke positive Bindung ausgelöst werden. Wir müssen erkennen, dass wir diese Ängste in uns tragen. Sie können durch alle möglichen Situationen ausgelöst werden, und das passiert auch immer wieder. Es liegt bei jedem Einzelnen von uns herauszufinden, wie und warum wir Angst bekommen. Wenn wir uns darum bemühen, die Ursachen zu erforschen, machen wir uns a) nicht zu Opfern von Partnerinnen oder Partnern, die uns kontrollieren, indem sie unsere Ängste auslösen, und laufen b) nicht vor den wunderbaren Menschen weg, die, ohne es zu wollen, an unsere inneren Ängste rühren.

Einige grundlegende Hinweise zum Umgang mit Beziehungsangst

Lernen Sie, Ihre Angst zu analysieren

Angst entsteht nicht aus dem Nichts und stammt auch nicht unbedingt nur aus einer einzigen Quelle. Um herauszufinden, wo die Ursachen liegen, müssen Sie imstande sein, Ihre Angst in eine Zentrifuge zu stecken und so lange zu drehen, bis sich Ihnen alle Bestandteile erschließen. Dann können Sie mit den einzelnen Teilen arbeiten. Kurz gesagt, nehmen Sie Ihre Angst auseinander:

- Hier ist der Teil, wo er/sie mich an meinen kleinen Bruder/meine kleine Schwester erinnert, der/die mir immer alles weggenommen und kaputt gemacht hat. Und ich habe das Gefühl, als würde ich mein Leben lang an einem Menschen hängen bleiben, der mich ausnutzt.
- Hier ist der Teil, wo sie/er mich mit meinen Selbstzweifeln in Kontakt bringt und ich Angst bekomme, mit jemandem zusammen zu sein, der mich ständig darüber nachgrübeln lässt, was andere von mir denken.
- Hier ist der Teil, wo er/sie meine sämtlichen Unsicherheiten auf den Plan bringt und ich Angst habe, verlassen zu werden und für immer einsam zu sein.

Wenn wir uns aufregen, vermischen sich unsere Ängste und unser Bedürfnis nach Kontrolle. Wenn Sie dann noch versuchen, auf Ihre Weise die Kontrolle zurückzugewinnen (Distanz schaffen, weggehen, einen Streit anfangen, auf dem anderen herumhacken), entsteht ein einziges großes Durcheinander. Sie müssen aber nicht glauben, dass all diese Komponenten zusammengenommen ein hoffnungsloses Chaos ergeben. Wenn Sie die Teile erst einmal vor sich auf dem Tisch liegen haben, können Sie mit ihnen einzeln arbeiten.

Steigern Sie sich nicht in Ihre Ängste hinein, indem Sie in »Entweder-oder«-Kategorien denken

Vinnie und Cheri zum Beispiel streiten sich ständig über Cheris Bruder, Ray, und Rays besten Freund, Donny. Vinnie ist eifersüchtig, weil er findet, dass seine Freundin Cheri viel zu oft mit den beiden telefoniert. Er hat das Gefühl, dass sie, Ray und Donny sich viel zu nahe sind, und kann damit nicht umgehen. Cheri sagt, Vinnie habe keinen Grund zur Eifersucht, denn die drei seien zusammen aufgewachsen wie Geschwister und fühlten sich auch so. Außerdem meint sie, dass Ray und Donny gern mit ihr über ihre Probleme mit ihren Freundinnen reden; Cheri hört sicherlich gern zu. Vinnie hingegen behauptet, Donny interessiere sich für Cheri als Frau und Ray ermuntere ihn dazu.

Letzte Woche stellte Vinnie ihr ein Ultimatum: »Entweder du hörst auf, dich mit den beiden herumzutreiben, oder mit uns ist es aus!« Cheri entgegnete, sie habe nicht vor, ihr ganzes restliches Leben mit einem Menschen zu verbringen, der sie ständig überwacht. Bei diesem Streit gingen Vinnie und Cheri beide fast aufs Ganze. Beide sagten Dinge, die sie später bereuten. Es gelang ihnen, die Situation zu entschärfen – vorübergehend. Aber der Streit ist nicht zu Ende oder gelöst. Wir können sehen, wie Vinnie und Cheri bei diesem Konflikt fast nur noch in einem »Entweder-oder«-Denken gefangen sind.

In Wirklichkeit weiß Vinnie gar nicht, ob sein Misstrauen gegen Donny wirklich berechtigt ist. Und er hat mit Sicherheit nicht das Recht, Cheri zu verbieten, mit ihrem Bruder zu reden. Cheri weiß ebenfalls nicht, ob Vinnies Eifersucht so extrem ist, dass er kein guter Partner für sie ist. Statt zuzulassen, dass ihre Ängste sie auseinander bringen, müssen Vinnie und Cheri einen Weg finden, an der Beziehung zu arbeiten. Kann die Situation geklärt werden? Ist es Cheri möglich, den Kontakt zu Ray und Donnie etwas zu reduzieren? Kann Vinnie sich einverstanden erklären, etwas freundlicher zu sein und mit den Dreien Pizza essen oder ins Kino zu gehen, damit er sich mit ihrer Freundschaft wohler fühlt?

Wenn wir Angst haben, fühlen wir uns manchmal so unwohl, dass wir das, was uns ängstigt, einfach nur »hinter uns bringen wollen«. Also treiben wir die Situation auf die Spitze. »Wenn es schon vorbei sein soll, dann besser gleich« – dieser Glaubenssatz bestimmt unser Denken und Handeln. Und indem wir auf »ganz oder gar nicht« beharren, steuern wir auf das zu, was wir am meisten befürchten: dass die Beziehung in die Brüche geht.

Lernen Sie, durch Ihre Angst hindurchzuatmen

- Ihr Partner/Ihre Partnerin ist nicht so leidenschaftlich und ihr Zusammensein nicht so intensiv wie sonst. Sie geraten in Panik. Findet er/sie mich immer noch anziehend? Entfernt er/sie sich von mir? Sie haben eine ganze Reihe von Verhaltensweisen auf

Lager, mit denen Sie die Beziehung ins Wanken bringen und die emotionalen Reaktionen auslösen, die Sie in Ihrer Unsicherheit bestärken: Sie können einen Streit vom Zaun brechen; Sie können anfangen zu weinen; Sie können Erklärungen fordern.

- Er/sie trödelt herum, und Sie sind schon fünf Minuten zu spät. Plötzlich stellen Sie sich vor, ein Leben lang immer nur warten zu müssen. Das macht Sie ärgerlich und Sie fühlen sich wie in der Falle. Sie sind auf dem besten Weg, einen Streit vom Zaun zu brechen und durch die Tür zu verschwinden.
- Er/sie hat beschlossen, ein Auto zu kaufen, das Ihnen überhaupt nicht gefällt, in einer Farbe, die Sie hassen. Sie fürchten das Gerede der Leute, wenn Sie in solch einem absurden Gefährt herumfahren. Das, denken Sie und betrachten den Menschen, den Sie eigentlich von Herzen lieben, ist mehr, als ich ertragen kann. Sie sind bereit, den häuslichen Frieden aufs Spiel zu setzen.

In Notfällen besteht der erste Schritt immer darin, bis zehn zu zählen. Gehen Sie noch einen Schritt weiter. Lernen Sie, durch Ihre Angst hindurchzuatmen. Dies ist die Phase, in der man dem Täter kurz vor seinem Gewaltakt zuruft: »Legen Sie Ihr Gewehr beiseite, wenn Ihnen Ihr Leben lieb ist!« Nehmen Sie den Ratschlag eines Menschen an, der die Kunst des Sabotierens von Beziehungen perfekt beherrscht: Es gab zu Beginn der Beziehung mit meiner Frau viele Situationen, in denen ich mich nur dadurch abhalten konnte, unsere Verbindung zu stören, dass ich langsam und tief atmete und wartete, bis meine spontanen Angstreaktionen vorbeigingen. Und sie gingen vorbei.

Ich habe mich früher immer lustig gemacht über Menschen, die von der Macht des Atems sprachen, aber ich habe gelernt, mit Hilfe des Atems meine Ängste zu bewältigen. Wenn wir große Angst haben, halten wir meistens unseren Atem an, bis er sich seine Bahn sucht – er uns explodieren lässt oder uns wie gelähmt macht. Üben Sie doch einmal: Die gute Luft einatmen, die Angst ausatmen.

Steigern Sie sich in Ihre Ängste nicht bis zur Besessenheit hinein

Die Beziehung, die Sie zu Ihrer Angst haben, kann einer Dampflokomotive gleichen. Wurde das Feuer erst einmal entzündet, beginnen Sie immer schneller Kohle nachzuschaufeln, bis ein wahres Höllenfeuer lodert.

Martha und Syd zum Beispiel sind seit einigen Monaten zusammen. Diese Woche sagte Syd, seinen Eltern ginge es nicht gut, also müsse er am Wochenende zu ihnen fahren. Er hat Martha das ganze Wochenende nicht angerufen, und jetzt ist Montagmorgen. Martha muss an ihren letzten Freund, Sean, denken, der sich ständig so verhielt. Sie fängt an durchzudrehen und ruft ihre beste Freundin an. Sie ruft Syd an. Der Anrufbeantworter schaltet sich ein. Sie legt den Hörer auf und wählt seine Nummer noch mehrmals. Sie ruft wieder ihre beste Freundin an. Zusammen malen sie sich aus, was geschehen sein könnte. Ihre Phantasien kreisen um einen Syd, der Martha entweder betrügt oder irgendwo im Graben liegt und nach ihr ruft.

Martha beginnt sich zu fragen, ob Syd eine Affäre mit der Frau hat, die mit ihm im Fahrstuhl seines Wohnhauses geflirtet hat. Ja, denkt sie. Das ist es! Sie ruft wieder ihre beste Freundin an, und die beiden sprechen diese Möglichkeit durch.

Wer weiß, wo Syd ist? Martha wird es schon bald wissen. Warum kann sie nicht loslassen? Es ist ein Fehler zuzulassen, dass die Angst Sie so packt, bis Sie nichts anderes mehr fühlen können. SIE HABEN DIE WAHL: Sie können Ihre Angst von außen betrachten, bis sie vorbeigeht, oder Sie können zulassen, dass sie bis zur kritischen Masse anwächst.

Lassen Sie Ihr Verhalten nicht zum Spiegel Ihres Konfliktes werden

Manchmal agieren wir unsere innere Zerrissenheit aus, indem wir uns völlig widersprüchlich verhalten. Gerade noch sehnen Sie sich nach Ihrem eigenen Raum, und zwei Tage später bitten Sie

Ihre Partnerin oder Ihren Partner, mit Ihnen nach Paris zu fahren. Versuchen Sie sich einmal vorzustellen, wie verwirrend und verletzend es für den anderen sein muss, wenn sein Leben durch Ihre emotionalen Achterbahnfahrten völlig durchgeschüttelt und auf den Kopf gestellt wird.

Wenn Sie in den Höhen und Tiefen Ihrer Bindungsängste gefangen sind, passiert es leicht, dass Sie diese Stimmungskurven dramatisch ausagieren – Trennung, Versöhnung, Auszug, Wiedereinzug, heftige Streitereien und tränenreiche Entschuldigungen. Dieses Hin und Her gehört zum destruktivsten Verhalten von Menschen mit akuten Bindungsproblemen. Versuchen Sie also, Ihr Testen und Aussortieren entweder allein, mit einem neutral gesinnten Freund oder Familienmitglied (einer Person, die Ihre Gefühle garantiert für sich behält) oder in der Praxis eines einfühlsamen Therapeuten zu erledigen. Ihr Handeln in Beziehungen sollte auf gut durchdachten Entscheidungen beruhen und nicht den Entscheidungsprozess selbst widerspiegeln.

Erkennen Sie Ihre Flucht- oder Angriffsreaktion als solche

Viele Menschen sind aufgrund ihrer persönlichen emotionalen Geschichte so empfindlich geworden, dass sie in dem Augenblick, wo sie einem anderen menschlichen Wesen nahe kommen, ähnlich empfinden wie Personen, die an Phobien leiden. Diese klassischen phobischen Reaktionen bestehen aus Wellen von Angst, dem Gefühl akuter Bedrohung, Hyperventilation und/oder erschwertem Atmen, Herzstolpern oder -rasen, Magenbeschwerden, Schweißausbrüchen oder Schüttelfrost. Wir können diese Gefühle immer dann erleben, wenn wir Angst bekommen. Manchmal haben wir Verlustängste (denen vergleichbar, die wir in unserer persönlichen Vergangenheit bereits erlebt haben); manchmal verbinden wir mit intimen Beziehungen unangenehme Gefühle und fürchten uns vor diesen; manchmal löst die Nähe einer verbindlichen Beziehung eine echte Klaustrophobie bei uns aus.

Sie müssen Ihre Angst erkennen, sobald sie Ihnen ins Gesicht starrt, sonst können Sie sie nicht bewältigen. Zum Beispiel:

Wenn Liam keine Beziehung hat, ist er ein ziemlich passiver Geselle, der zu viel alleine ist. In dem Augenblick jedoch, in dem eine Beziehung anfängt, ernst zu werden, fallen ihm plötzlich all die vielen Frauen ein, mit denen er gern Sex haben möchte, bevor er sich wirklich einlässt. Das ist der »Fluchtteil« der Flucht- oder Angriffsreaktion.

Als Max und Brittany sich kennen lernten, fand Max Brittany unglaublich klug und gut aussehend. Jetzt, wo die Beziehung anfängt tiefer zu gehen, beginnt Max Brittanys Mängel zu sehen. Und sobald er Fehler findet, weist er Brittany darauf hin. Sofort und ständig. In einem herablassenden Ton. »Warum kannst du für den Mülleimer nicht die größeren Tüten nehmen, damit sie nicht aufreißen?«, »Wie konntest du vergessen, die große Plastiksodaflasche in die Wertstoffsammlung zu geben?« Und als sie ein romantisches Abendessen mit sechs Gängen für sie beide kochte und sie sich in der Nacht darauf leidenschaftlich liebten: »Warum hast du nicht daran gedacht, über Nacht den Topf einzuweichen, in dem du das Huhn gekocht hast? Jetzt ist das Spülbecken ganz fettig und sieht nicht besonders appetitlich aus.« Wenn wir Max dabei beobachten, wie er an Brittany herummäkelt, haben wir ein perfektes Beispiel dafür vor Augen, wie jemand eine Beziehung boykottiert. Dies ist der »Angriffsteil« der Flucht- oder Angriffsreaktion.

Wenn eine Verbindung tiefer geht und Bedenken, Zweifel und Ängste hochkommen, müssen wir unsere Furcht als solche erkennen. Wir müssen begreifen, dass diese Angst es ist, die den Wunsch in uns weckt, den anderen anzugreifen, Szenen zu machen, wegzulaufen oder zu lügen. Wenn Sie das nächste Mal in Ihrer Beziehung einen zerstörerischen Impuls verspüren, sollten Sie versuchen, inne zu halten und sich zu fragen, was Sie dazu treibt. Woher stammt der Antrieb für Ihre destruktiven Impulse? Sie können ziemlich sicher sein, dass Ihre Ängste ansonsten außer Kontrolle geraten.

Betrachten Sie Angst als Gefühl, nicht als Auftrag zum Handeln

Manche Menschen erkennen nicht, dass Angst ein Gefühl ist, das vorbeigeht. Zum Beispiel:

Clint überlegt, ob er mit Winnie zusammenziehen soll, aber der Gedanke macht ihn nervös. Als er im Supermarkt in der Schlange steht, bekommt er wirklich Angst. Ist er zu einer so engen Beziehung imstande? Wird sie ihn glücklich machen? Vielleicht möchte er noch andere Frauen kennen lernen. Er sieht eine hübsche Blondine mit einem Einkaufswagen voller Tofu und Gemüse. Er beginnt ein Gespräch mit ihr. Im Handumdrehen hat er ihre Telefonnummer. Und während er am Flirten ist, nimmt seine Angst vor dem Zusammenziehen mit Winnie ab. Aber jetzt hat er neue Themen, die ihm Angst machen. Angenommen, er lädt die hübsche Vegetarierin zum Essen ein? Angenommen, Winnie findet das heraus? Noch mehr Angst.

Manche Menschen betrachten Angst nicht als Gefühl, sondern als Auftrag zum Handeln. Sie wissen nicht immer, dass sie Angst haben, sie wissen lediglich, dass »etwas nicht stimmt«. Sie fühlen sich unglücklich. Vielleicht rebelliert ihr Magen, sie haben Kopfschmerzen, Herzrasen oder fühlen sich ständig bedroht. Vielleicht bekommen sie sogar weiche Knie. Statt uns hinzusetzen und uns unser Unwohlsein anzuschauen, wollen wir meistens sowohl vor dem Gefühl weglaufen als auch vor der Person, der wir vorwerfen, dass sie dieses Gefühl in uns auslöst – das heißt vor dem für uns wichtigen Menschen. Wir wollen etwas tun – ganz gleich was –, um diese Angst nicht mehr empfinden zu müssen. Doch die Dinge, die wir unternehmen, um der Angst zu entkommen, führen oft zu noch mehr Problemen und Ängsten.

Wie jede andere Emotion auch kann die Angst uns nur dann beherrschen, wenn wir dies zulassen. Sie haben die Wahl. Beziehungsangst ist lediglich eine emotionale Reaktion auf eine Situation, die als solche beängstigend ist: einem anderen menschlichen Wesen wirklich nahe zu kommen. Glauben Sie jedoch nicht, Ihre Angst sei ein »Zeichen« dafür, dass Sie einen Fehler machen.

Finden Sie heraus, mit welchem Tempo Sie gut leben können, ohne in Bedrängnis zu geraten

Sie kennen sich. Sie wissen, an welchem Punkt Sie sich so sehr verwickeln, dass Ihre Ängste hochsteigen. Wann bekommen Sie Angst zu verlieren, was Sie haben? Wann bekommen Sie das Gefühl, dass Ihnen die Dinge über den Kopf wachsen? Wenn wir eine neue Beziehung anfangen, legen wir meistens ein zu schnelles Tempo vor – oder lassen es uns von unserem Partner oder unserer Partnerin diktieren. Alles wird zu schnell zu wichtig. Erwarten Sie nicht, dass der Mond vom Himmel fällt, dann geraten Sie auch nicht so stark in Bedrängnis. Behalten Sie immer etwas Kraft für sich, damit Sie von Ihren Ängsten nicht überwältigt werden.

Immer wenn wir eine Situation schaffen, die uns oder unseren Partner bzw. unsere Partnerin mit Angst erfüllt, sind wir unser eigener schlimmster Feind. Bestimmte Dinge treiben eine Beziehung sehr schnell voran, seien Sie also vorsichtig damit. Benutzen Sie Sex nicht, um die Entwicklung einer Beziehung zu beschleunigen. Machen Sie keine Pläne für die Zukunft, bevor die Beziehung wirklich reif dafür ist. Das bezieht sich sowohl auf gemeinsame Urlaube und Ferien als auch auf eine Verlobung, eine Heirat oder das Zusammenwohnen.

Es stimmt, dass zumindest ein Teil unserer Angst in Beziehungen eine Reaktion auf Dinge ist, die im Außen geschehen, aber viele Ängste fabrizieren wir auch selbst. Sie drängen selbst schnell voran – und sind dann beunruhigt. Sie versprechen dem anderen zu viel und bekommen dann entsetzliche Angst vor Ihren eigenen Versprechungen. Sie setzen sich mit Ihren eigenen Phantasien über die ideale Entwicklung Ihrer Beziehung selbst unter Druck.

Finden Sie ein Selbst, mit dem Sie leben können

- Paul glaubt, Randall erwarte von ihm, dass er sich so anzieht und verhält wie ein erfolgreicher Verleger. Also kommt er ihren Erwartungen nach, indem er Flanelljackets trägt und Dichterlesungen besucht, obwohl er lieber Sweatshirts anziehen und sich auf Basketballplätzen amüsieren würde.
- Dodi ist ein paar Jahre älter als Geoff. Sie macht sich solche Sorgen, älter auszusehen, dass sie sechs Mal in der Woche zur Gymnastik geht und nie mit Menschen ihres Alters zusammen ist.

Angst entsteht immer dann, wenn Sie sich bemühen, jemand anderes zu sein als genau der Mensch, der Sie wirklich sind. Ob Ihnen das gefällt oder nicht, Ihr reales Selbst ist die einzige Person, die mit einer realen Beziehung umgehen kann. Und, wie ich wahrscheinlich schon einmal gesagt habe, wenn Ihre Beziehung scheitert, dann wollen Sie wissen, dass sie für *Sie* fehl geschlagen ist, und nicht, weil Sie sich nicht als der Mensch zu erkennen gegeben haben, der Sie wirklich sind.

Bauen Sie sich ein Leben auf, das stark genug ist, den Stürmen der Angst zu trotzen

- Loretta glaubt, sie könne ohne Liebe nicht leben. Sie ist sicher, dass sie kaum noch atmen können würde, sollte ihre Beziehung mit Josh enden.
- Woodys sämtliche Träume und Hoffnungen kreisen um sein Leben mit Deedee. Was würde er denn tun, wenn sie ihn enttäuschte?

Das Ausmaß unserer Ängste hängt unter anderem davon ab, was auf dem Spiel steht. Manche Menschen lassen sich von einer Beziehung total vereinnahmen. Sie wollen sie so sehr. Vielleicht zu sehr. Kein Wunder, dass sie ständig mit Beziehungsängsten zu kämpfen haben.

Als Kinder lernten wir von den drei kleinen Schweinchen. Denken Sie an das niedliche kleine Schwein, das klug genug war, sich ein Haus aus Backstein zu bauen. Das Haus des klugen Schweinchens war so stabil, dass selbst der große böse Wolf es nicht umblasen konnte. Bauen Sie sich ein Leben auf, das Ihnen so viel Freude macht, dass Sie sich fragen können, ob Sie jemals bereit wären, es zu ändern – selbst wenn die große Liebe Ihres Lebens auftauchen würde.

Je mehr »Leben« Sie auf die Waagschale bringen, desto geringer die Wahrscheinlichkeit, dass Sie unter akuter Beziehungsangst leiden. Auch wenn die Liebe Ihr Leben immer noch bereichern kann, haben Sie weniger zu verlieren, sollten Sie sie aus irgendeinem Grund nicht erleben.

Finden Sie heraus, ob Ihr Partner/Ihre Partnerin Ihnen Angst macht oder ob die Beziehung Ihre eigenen Ängste zum Vorschein bringt

Machen wir uns nichts vor, manche Menschen arbeiten darauf hin, ihren Partnerinnen oder Partnern Angst zu machen. Wenn Sie mit jemandem zusammen sind, der Sie belügt, betrügt oder manipuliert, dann bekommen Sie zu Recht Angst. Das Gleiche gilt für Partner oder Partnerinnen, die nicht anrufen oder kommen, wenn es verabredet war; die ständig schräge Geschichten erzählen; die Ihnen ihre Liebe vorenthalten oder nicht nachvollziehbare Grenzen setzen; die versuchen, Ihr Verhalten zu kontrollieren oder auf mehr Nähe drängen, als Sie wollen. Solche Menschen sabotieren die Beziehung aktiv. Es gibt also triftige Gründe für Ihre Angst. Trotzdem müssen Sie sich fragen, warum Sie ängstlich *bleiben*. Es liegt bei Ihnen, sich Rat zu holen oder die Beziehung zu beenden.

Finden Sie also heraus, wer oder was Ihre Angst auslöst. Denken Sie daran, Krisenberatung beginnt damit, dass Sie einen Dialog mit sich selbst beginnen. Besprechen Sie das Problem – sprechen Sie die Dinge, die Sie beunruhigen, laut aus. Heißen Sie all die unterschiedlichen Stimmen willkommen, die zu Ihrem Unbehagen beitragen. Schreiben Sie alles auf, was Sie empfinden und was passiert. Sie tun das für sich. Diese Schritte werden Ihnen helfen. Benutzen Sie das, was Sie aufgeschrieben haben, aber nicht, um ständig darüber nachzugrübeln, wie Ihr Partner oder Ihre Partnerin Sie verletzt haben mag. Sie suchen nach Wegen, um *für sich selbst* angemessen zu handeln. Denken Sie daran, auch wenn Ihr Partner oder Ihre Partnerin versuchen sollte, Ihnen Angst zu machen, würden Sie nicht so schnell reagieren, wenn Sie nicht Ängste mit sich herumtrügen, die leicht abrufbar sind.

Kommen Sie in Kontakt mit Ihrem »Regulator«

Gena, eine allein stehende Mutter, und Dean treffen sich seit einigen Monaten regelmäßig etwa alle zwei Wochen und hatten am letzten Wochenende zum ersten Mal miteinander Sex. Zu dem Zeitpunkt machte Dean den Vorschlag, zusammen über ein verlängertes Wochenende wegzufahren. Gena nahm ihn gleich beim Wort und begann sich nach einem Babysitter umzusehen. Dean aber überdachte noch einmal, was er vorgeschlagen hatte, und bekam Bedenken – vor allem aus finanziellen Gründen. Er hat im Augenblick nicht das Geld zu verreisen.

Heute beim Abendessen begann Gena über ihr geplantes Wochenende zu reden, und Dean musste ihr sagen, dass er nicht wisse, ob er fahren könne. Genas spontane Reaktion – Enttäuschung – verwandelte sich in Angst (was wollte Dean ihr damit wirklich sagen?). Um über ihre Gefühle hinwegzukommen, wurde Gena dann defensiv und ärgerlich. Was Dean eigentlich glaube, so fragte sie, auf was ihre Beziehung hinauslaufe? Dean sagte: »Nun, ich weiß nicht. Ich dachte, wir beide genießen es, zusammen zu sein. Ich dachte, wir würden uns weiter treffen und sehen, was passiert.« Gena reagierte darauf mit den Worten: »Das habe ich schon mal gehört. Ich weiß genau, worauf das hinausläuft. Ich muss an meine Tochter denken. Ich glaube, es ist besser, sofort einen Schlussstrich zu ziehen.« Und damit stürmte sie aus dem Restaurant. Im Grunde flippte Gena aus. Sie nahm die Situation zum Anlass, sich ihren eigenen Angstphantasien zu überlassen.

Als Gena Dean konfrontierte, war ihr »Regulator« ausgeschaltet. Es gab keine dritte Seite, die ihr Rat gab, kein Forum, an das sie sich mit dem Problem wenden konnte, rein gar nichts. Auf einer Ebene waren Genas Instinkte richtig. Wenn das, was Dean sagte, so negative Gefühle in ihr auslöste, mussten diese Gefühle Beachtung finden. Aber wie? Als sie anfing, in Bezug auf ihre Zukunft mit Dean Angst zu bekommen, hätte Gena sich eine Minute Zeit nehmen müssen, um herauszufinden, wie sie mit diesen Gefühlen umgehen konnte. Sie hätte in Kontakt mit ihrem eigenen inneren Regulator kommen müssen. Gena hätte das Thema mit nach Hause nehmen und auf diesem Wege rational entscheiden können, ob – wenn überhaupt – etwas zu tun oder zu sagen war. Sie hätte sich ein, zwei Tage oder auch eine Woche Zeit lassen können, um sich zu beruhigen. Sie hätte nach Hause gehen und ein schönes Bad nehmen, ein Glas warme Milch trinken und zu Bett gehen können, um gut zu schlafen in der Hoffnung, dass am nächsten Morgen alles anders aussehen würde. Oder sie hätte im Restaurant ein wirkliches Gespräch mit Dean führen können, um herauszufinden, was das alles bedeutete und was sie beide empfanden. Aber Gena hat noch nicht einmal bis zehn gezählt. Wenn sie das getan hätte, hätte sie vielleicht Raum für ihren inneren »Regulator« geschaffen, damit dieser die Situation in die Hand nehmen und sie ins Gleichgewicht hätte bringen können.

Gena ließ zu, dass sie innerlich durchdrehte und sich das Schlimmste ausmalte. Das machte ihr solche Angst, dass sie die klassischen Symptome einer Phobie bekam – Flucht oder Angriff. Und sie überließ sich diesen beiden Reaktionen. Viele Menschen sind wie Gena. Wenn sie in ihrer Beziehung Enttäuschungen wittern, fällt es ihnen leichter, alles hinzuwerfen und die Beziehung zu beenden. Auf diese Weise müssen wir die Realität der Beziehung nicht leben und sehen, ob diese für beide Partner einen Weg bietet, denn genau das macht eine reale Beziehung aus.

Nehmen wir einmal an, Gena hätte die Situation anders gehandhabt und einfach gesagt:

»Oh, da bin ich aber enttäuscht. Ich habe mich so darauf gefreut, mal eine Zeit lang mir dir alleine zu sein.«

Gena war wirklich aufgebracht. Warum glaubte sie, es sei besser, Dean ihren Ärger zu zeigen statt ihre Enttäuschung? Schließlich ist sie ursprünglich enttäuscht gewesen. Wie hätte Dean auf ihre Enttäuschung reagiert? Gena hätte aus dieser Reaktion sehr viel über die Zukunft der Beziehung erfahren. Vielleicht hätte Dean sie in ihrer Enttäuschung reizend gefunden und mit ihr über seine eigene Frustration und seine eigenen Probleme gesprochen. Dies hätte der Beziehung geholfen zu wachsen. Stattdessen machte Gena aus der Situation eine Kraftprobe.

Immer wenn Sie eine Flucht- oder Angriffsreaktion erleben, müssen Sie in Kontakt mit Ihrem Regulator kommen, bevor Sie irgendetwas unternehmen.

Holen Sie sich professionellen Rat für Ihre Angst

Ich kann nicht genug betonen, wie zentral gute Hilfe beim Umgang mit Ihrer Beziehungsangst ist. Eine gute Therapeutin oder ein guter Therapeut wird Ihnen helfen können, Ihr Leben zu erforschen, um zum Kern Ihrer Angst und deren Entstehungsgeschichte zu gelangen. Therapeutische Hilfe kann Sie in die Lage versetzen, Ihre Beziehung realistisch einzuschätzen und Zugang zu Ihrem »Regulator« zu bekommen. Wenn Sie Rat und Hilfe suchen, sorgen Sie für sich. Lassen Sie sich von Ihren Ängsten nicht zur Flucht aus einer guten Beziehung oder zum Bleiben in einer unguten Beziehung treiben.

Bleiben Sie dran!

Beziehungsangst durchleben ist wie ein wildes Pferd reiten. Wirklich. Wenn Sie im Sattel sitzen bleiben und die Kontrolle behalten, wird das Pferd zwangsläufig müde. Das zu wissen, motiviert Sie noch stärker, den Ritt zu überstehen. Sie sind stärker als

Ihre Ängste. Bestimmt. Sie können sich das Versprechen geben, sich nicht mehr von Ihren Ängsten beherrschen zu lassen, ganz gleich, ob Sie sich vor Verlust oder vor einer Bindung fürchten.

Wenn Sie es zulassen, kann Ihre Angst Ihnen eine Menge beibringen. Versuchen Sie, Ihre Angst als Lehrmeister zu betrachten, der Ihnen Wissen vermittelt. Dieses Wissen ist sehr wertvoll. Sie brauchen es für Ihre Beziehungen und auch für Ihr allgemeines Wachstum. Wenn Sie in die Luft gehen oder Ihre Beziehung hinschmeißen, um Ihre Angst loszuwerden, schütten Sie das Kind mit dem Bade aus.

Zum Abschluss: Bekommen, was Sie wollen

Als ich beschloss, dieses Buch zu schreiben, sollte es kurz und spritzig werden: »Weg mit dem Alten, her mit dem Neuen, und das alles mit ein paar leichten Schritten ...« Und ich wollte, dass es eine durch und durch positive und hoffnungsvolle Botschaft enthielte, denn so sehe ich die Zukunft von Paarbeziehungen. Als ich dann zu schreiben begann, wurde ich schnell daran erinnert, wie komplex und vielschichtig das Thema Bindung noch immer ist.

Auch wenn ich den Prozess, »eine Bindung einzugehen«, gern als Feiern der Möglichkeit für dauerhafte Liebe betrachte, weiß ich genau, dass es in diesem Buch um ein Großreinemachen geht. Hinfällige Entscheidungen, überholte Phantasien und Formulierungen, alte Zweifel, Programme und Ängste – all das muss aussortiert, eingepackt, versiegelt und aus Ihrem Weg geräumt werden, damit dieser für eine echte Bindung frei wird. Aber wenn Sie erst einmal das Gröbste beiseite geschafft oder zumindest einen klareren Blick entwickelt haben, beginnt sich etwas ganz Ungewöhnliches zu entwickeln: Heilung, Verständnis, Verzeihen, eine emotionale Neuausrichtung. Die Möglichkeit für wirkliche Liebe und Bindung entfalten sich langsam vor Ihnen wie eine wunderschöne Blüte. Etwas, das so kompliziert schien, scheint plötzlich so einfach, direkt und klar. Etwas, das so fremd zu sein schien, fühlt sich plötzlich so natürlich und richtig an.

Das ist ähnlich wie beim Tennisspielen, wenn Sie mir den Vergleich erlauben. Sie brauchen Hunderte von Unterrichtsstunden und Tausende von Übungsstunden und müssen unzählige Bälle treffen, bevor Ihr Spiel sich ebenso leicht anfühlt, wie es aussieht. Und wenn Sie erst einmal so weit gekommen sind, empfinden Sie es als das Natürlichste von der Welt und können sich kaum mehr daran erinnern, was für ein Kampf es war, an diesen Punkt zu gelangen. Heute kommt meine Frau nach Hause, gibt mir an der Tür einen Begrüßungskuss, und das fühlt sich an wie das Natürlichste von der Welt. Doch dahin zu gelangen war harte Arbeit.

Im Augenblick mögen Sie sich fragen: »Wie lange wird es dauern, bis ich in meinem Leben eine verbindliche Beziehung habe?«, »Wie kann ich wissen, ob ich das Richtige tue?«, »Wie soll ich wissen, ob ich bereit bin?«, »Kann ich die Herausforderung annehmen, die diese Beziehung darstellt?«, »Lohnt sich denn dieser ganze Kampf?« Ich kann alle Ihre individuellen Fragen natürlich nicht mit Sicherheit beantworten, aber ich kann Ihnen eine kurze Liste von Regeln mitgeben und hoffen, dass Sie diese bei Ihrer einzigartigen und abenteuerlichen Reise zu einer verbindlichen Beziehung beherzigen.

Eine Bindung eingehen ... ERFORDERT SEHNSUCHT

Sie müssen eine tiefe Beziehung in Ihrem Leben wirklich wollen. Sonst haben Sie das Gefühl, dass sich die ganze Mühe nicht lohnt und halten ständig nach Gelegenheiten und Gründen Ausschau, um sich aus dem Staub zu machen. Sie sollten sich nicht deswegen um eine Partnerschaft bemühen, weil andere Ihnen sagen, mit Ihnen stimme etwas nicht, wenn Sie das nicht tun. Oder weil Sie Schuldgefühle haben. Sie sollten sich dafür einsetzen, weil Sie ganz klar wissen, was eine wirkliche Bindung bedeutet und warum Sie sie für Ihr Leben wollen.

Eine Bindung eingehen ... ERFORDERT ZEIT

Die Beziehung, die Sie sich wünschen, entsteht nicht über Nacht, nur weil Sie das Gefühl haben, »bereit« zu sein. Bindung ist ein Prozess, der sich langsam in Stadien entwickelt und sich ständig weiter entfaltet. Mit Ihrem ängstlichen Wunsch nach einer sinnvollen Beziehung beschleunigen Sie diesen Prozess nicht. Wenn überhaupt, arbeiten Sie damit nur gegen sich. Stellen Sie sich vor, Sie wollten ein Haus bauen, in dem *Sie* leben möchten, und gehen dabei Schritt für Schritt vor – nur so kann ein Haus entstehen. Genießen Sie Ihr Bauvorhaben.

Eine Bindung eingehen ... ERFORDERT ENERGIE

Ganz gleich, wie wunderbar Ihre Partnerin oder Ihr Partner und wie intensiv die körperliche Anziehung zwischen Ihnen ist – eine verbindliche Beziehung bedeutet immer harte Arbeit. Aber mit dieser Arbeit bringen Sie Liebe in Ihr Leben, und das ist eine außergewöhnliche Belohnung.

Eine Bindung eingehen ... ERFORDERT RISIKEN

Sie werden Chancen ergreifen müssen. Sie werden sich verletzlich machen müssen. Sie werden Ihr Herz wirklich öffnen müssen. Wenn es darum geht, eine liebevolle, verbindliche Beziehung aufzubauen, gibt es keine Möglichkeit, auf Nummer Sicher zu gehen. Der einzige Weg, sich zu schützen, besteht darin, LANGSAM vorzugehen, und dazu ermutige ich immer wieder. Wenn dies die Beziehung des Jahrhunderts ist, werden Sie auch ein Jahrhundert Zeit haben, um sie zu genießen. Gehen Sie Ihre Risiken also in kleinen, handhabbaren Portionen ein.

Eine Bindung eingehen ... ERFORDERT HILFE

Wenn Sie sich bereitmachen, den Rest Ihres Lebens mit einem anderen Menschen zu verbringen, müssen Sie dabei nicht nur auf sich selbst bauen und sollten das meiner Meinung nach auch nicht. Sie werden aus vielen Quellen Unterstützung bekommen, wenn Sie darum bitten. Freunde und Ihre Familie können Ihnen den Rücken stärken, wenn Sie Ihre Wünsche klar äußern. Selbsthilfegruppen für bestimmte persönliche Themen können ebenfalls eine große Unterstützung sein. Auch in spirituellen und kirchlichen Gruppen finden Sie Hilfe. Und vergessen Sie nicht die professionelle Hilfe von Seiten ausgebildeter Berater und Therapeuten. Ein wenig Beratung kann ein Paar enorm darin unterstützen, die Annäherungsphase einer Beziehung durchzustehen.

Eine Bindung eingehen ... ERFORDERT ZWEI

Bitte denken Sie daran, dass eine verbindliche Beziehung nur dann möglich ist, wenn beide Partner das gleiche Ziel anstreben und das zur gleichen Zeit. Ihre Sehnsucht ist sicherlich ausschlaggebend, aber ebenso entscheidend ist die Sehnsucht Ihres Partners bzw. Ihrer Partnerin. Wenn Sie sich mit Haut und Haar auf einen Menschen einlassen, der sich nicht einlassen will, ist das eine Übung in Vergeblichkeit, hinter der sich oft Ihre eigenen unerforschten Ängste verbergen. Wenn Sie und Ihre Partnerin bzw. Ihr Partner nicht auf das gleiche Ziel hinarbeiten, dann ist es unwahrscheinlich, dass Ihre harte Arbeit belohnt wird.

Eine Bindung eingehen ... ERFORDERT VERTRAUEN

Sie müssen daran glauben, dass eine reale, liebevolle Bindung mit einem anderen Menschen möglich ist. Ganz gleich, wie Ihre Beziehungsgeschichte und Ihr familiärer Hintergrund aussehen und wie viel Angst Sie mitbringen, Sie müssen Vertrauen haben. Ja, es kann schwierig werden. Ja, Sie können sich völlig überfordert fühlen. Aber Sie wissen in Ihrem Herzen, dass die Liebe für Sie erreichbar ist. Ich weiß aus jahrelanger Erfahrung, dass das für Sie möglich ist. Aber Sie selbst müssen Vertrauen mitbringen.

Eine wirkliche Bindung ist etwas Magisches. Sie wird Sie verwandeln. Wenn Sie Ihr Leben mit einem Menschen verbringen, den Sie lieben und der Sie ebenfalls liebt, kann dadurch das Beste in Ihnen zum Vorschein kommen. Das ist das Wunderbare an einer Bindung – das wirklich Erstaunliche –, dass sie Ihnen so viel mehr gibt, als sie erfordert.

Anhang

Die acht größten Hindernisse auf dem Weg zur Liebe überwinden – Eine kurze Zusammenfassung

DIE ERSTE HERAUSFORDERUNG: Der Mut, keine Vorwürfe mehr zu machen

Vorwürfe verbergen die Wahrheit; sie führen immer zu Gefühlen von Entfremdung und Getrenntheit. Vorwürfe verhindern, dass Sie etwas Wertvolles von der Beziehung lernen, die gescheitert ist. Jede Beziehung besteht aus zwei verantwortlichen Parteien. Solange Sie anderen Menschen vorwerfen, dass sie mit ihren Fehlern und Kämpfen eine wirkliche Bindung in Ihrem Leben verhindern, kommen Sie nicht weiter und wachsen nicht. Veränderungen beginnen, wenn Sie die Verantwortung übernehmen für Ihre Gefühle und Ihre Ängste, Ihr Gelingen und Ihr Scheitern.

DIE ZWEITE HERAUSFORDERUNG: Der Mut, sich von alten Geistern zu verabschieden

Wir alle werden von unserer Vergangenheit verfolgt und tragen eine komplexe Last mit uns herum. Erforschen Sie Ihre persönliche Geschichte. Akzeptieren Sie sie, um Heilung zu finden.

Und erlauben Sie sich, von ihr zu lernen. Finden Sie heraus, wie Ihre Vergangenheit Ihre Entscheidungen und Ihr Verhalten bestimmt. Lernen Sie begreifen, dass Ihre Geister verantwortlich sind für Ihre komplexen Gefühle. Veränderung beginnt, wenn Sie sich Ihrer Vergangenheit stellen.

DIE DRITTE HERAUSFORDERUNG: Der Mut, sich selbst zu finden und für sich einzustehen

In einer Beziehung leben heißt auch, sich selbst besser kennen lernen, sich mehr und mehr akzeptieren und sich für sich selbst einsetzen. Wenn Sie nicht anfangen, Ihren Mangel an Selbstwahrnehmung, Selbstrespekt, Selbstliebe und Fürsorge für sich selbst aufmerksam wahrzunehmen, kommen Sie nicht weiter. Veränderung beginnt, wenn Sie die Beziehung zu sich selbst wirklich schätzen, so dass Sie sie mit einem anderen Menschen teilen können.

DIE VIERTE HERAUSFORDERUNG: Der Mut, in der Realität verwurzelt zu bleiben

Das reale Leben und die reale Liebe finden in einer realen Beziehung mit einem realen Partner in der realen Welt statt. Ein Leben, das in der Phantasie abläuft (ob in Ihrer Phantasie oder in der eines anderen Menschen), bringt Ihnen vielleicht magische Erfahrungen von Liebe, führt Sie aber nicht zu einer Liebe, der Sie vertrauen können. Für diese Liebe müssen Sie real sein und auf dem Boden bleiben. Vielleicht klingt das langweilig, wenn Sie es nie versucht haben, aber wenn Sie es leben, ist es keinesfalls langweilig, sondern lebendig und sinnvoll. Veränderung beginnt, wenn Sie mit beiden Füßen auf der Erde stehen und bereit sind, dort auch zu bleiben.

DIE FÜNFTE HERAUSFORDERUNG: Der Mut, sich so zu zeigen, wie man ist

Wenn Sie eine liebevolle Bindung eingehen wollen, die »hält« und im Lauf der Zeit tiefer geht, müssen Sie Stück für Stück darlegen, wer Sie wirklich sind. Das heißt, Ihre Gedanken und Gefühle sowohl Ihre eigene Vergangenheit als auch neue Erfahrungen betreffend mit Bedacht mitteilen. Wenn Sie in Beziehungen nichts von sich preisgeben, nehmen Sie sich und Ihrem Partner bzw. Ihrer Partnerin den Klebstoff, der Sie zusammenhält. Wenn Sie hoffen, nur durch körperliche Intimität ein dauerhaftes Band knüpfen zu können, nehmen Sie Ihrer Beziehung sehr viel. Veränderung beginnt, wenn Sie als Person sichtbar werden.

DIE SECHSTE HERAUSFORDERUNG: Der Mut, Akzeptanz zu lernen

Setzen Sie sich mit den Klischeevorstellungen auseinander, die Sie zu einer destruktiven Partnerwahl bewegen. Hören Sie auf, potentiell liebevolle Partnerinnen oder Partner kritisch zu beäugen und abzulehnen und öffnen Sie die Tür für menschliche Verbindungen. Wenn Sie sich von Ihrem Wunsch nach Perfektion beherrschen lassen, bleiben Sie isoliert und leer. Wenn Sie an primitiven Idealbildern von möglichen Partnern und deren Verhalten festhalten, kommen Sie kein Stück weiter. Veränderung beginnt, wenn Sie das »Menschliche« in sich und anderen akzeptieren.

DIE SIEBTE HERAUSFORDERUNG: Der Mut, neue Wege einzuschlagen

Der alte Weg wird Sie immer wieder zum Ausgangspunkt zurückführen. Ihre alten Verhaltensmuster werden sich nicht von selbst verändern und Sie werden sie auch nicht los, indem Sie sich lediglich etwas Anderes wünschen. Veränderungen erfordern, dass wir alte Gewohnheiten, mit denen wir uns selbst behindern, ablegen. Wir müssen Schritte in neue Richtungen unternehmen. Hören Sie auf, darauf zu warten, dass ein anderer Partner oder eine andere Partnerin bessere Seiten in Ihnen zum Vorschein bringt, ein anderes Selbst. Veränderung beginnt, wenn Sie zu dem Schluss kommen, dass *Sie* imstande sind, sich in Beziehungen anders zu verhalten und eine Beziehung aufzubauen, die hält.

DIE ACHTE HERAUSFORDERUNG: Der Mut, sich den eigenen Ängsten zu stellen

Beugen Sie sich Ihrer Angst vor Nähe nicht. Es ist möglich, dass Sie angesichts Ihrer Furcht neue Kräfte entwickeln. Angst ist untrennbarer mit dem Prozess der Bindung verknüpft. Wenn zwei Menschen sich nahe genug kommen, um eine dauerhafte Verbindung einzugehen, tauchen immer Fragen und Zweifel auf. Wir machen uns ständig verletzlich. Selbstzweifel kommen regelmäßig hoch. Wenn sich eine Beziehung vertieft, kann uns die Vorstellung, unsere Freiheit zu verlieren, manchmal überwältigen. Gehen Sie davon aus, dass immer Ängste zum Vorschein kommen werden. Das alles ist normal. Und vielleicht noch wichtiger: Das alles ist zu bewältigen, wenn Sie aufhören, wegzurennen. Wenn Sie der Angst die Oberhand lassen, kommen Sie nicht weiter. Veränderung beginnt, wenn Sie sich versichern, dass Sie größer sind als Ihre Angst.

Dank

Bücher entstehen, weil außer den Autoren noch viele weitere Menschen dazu beitragen, und dieses Buch bildet da keine Ausnahme.

Als Erstes muss ich meiner Frau Jill danken, die mich zu diesem Buch inspiriert hat. Ohne ihren Glauben an die Liebe und die Wichtigkeit verbindlicher Beziehungen wäre all dies nicht geschrieben worden.

Als Nächstes gilt mein unermüdlicher Dank Julia Sokol, meiner langjährigen Co-Autorin und »Co-Expertin«, deren scharfe Einsichten, tief greifendes Verständnis und außerordentliches Schreibtalent jedes Projekt prägen, an dem wir zusammen arbeiten.

Ich danke auch den vielen Männern und Frauen, die ihre Zeit und ihre Erfahrungen so großzügig mit mir geteilt haben, damit andere davon profitieren können.

Wenn ich für das Thema Beziehungen Bestätigung, Austausch und tiefere Einsichten suche, ist es mir ein großer Trost zu wissen, dass ich mich an Dr. Irene Harwood wenden kann. Sie hat mir in den letzten sieben Jahren immer wieder geholfen, dass meine Arbeit Gestalt annimmt, und dafür möchte ich ihr hier danken.

Und dann gibt es noch viele weitere kleine Wesen – Maggie, Carla, Holly, Harry und Huck –, die ihre eigenen besonderen Lektionen über Liebe und Bindung lehren. Gott segne euch alle.

Wie immer gilt mein Dank auch Barbara Lowenstein und ihrem begabten, engagierten Team für die Arbeit, die sie hinter den Kulissen erledigen.

Und schließlich geht mein ganz besonderer Dank an die Belegschaft von M. Evans Publishing und besonders an George de Kay für seine Intelligenz und Unterstützung in all diesen Jahren.